재앙의 지리학

재양의 지리학

기후붕괴를 수출하는 부유한 국가들의 실체

로리 파슨스 지음 | 추선영 옮김

Carbon Colonialism

오월의봄

추천의 글

제로웨이스트나 플라스틱 사용 줄이기가 기후위기를 막을 수 있을까? 냉정하게도, 《재앙의 지리학》의 저자 로리 파슨스는 그것만으로는 터무니없다고 전제하며 글로벌 공급망이 감추고 있는 진실을 직시해야 한다고 말한다.

21세기 이래로 글로벌 북반구의 주요 국가들은 탄소 배출을 절감하기 위해 다양한 정책들을 펼쳐왔고, 한국 역시 그래왔다. 유럽연합은 그 결과 1990년 56억 톤이었던 이산화탄소 순배출량이 2018년 42억 톤으로 감소했다고 주장한다. 미국, 중국, 일본, 영국, 한국 역시 수십 년 안에 탄소 중립을 실현하겠다는 계획을 자랑스럽게 선전하고, 다른 한편에서는 글로벌 기업들이 '지속가능성'과 'ESG'라는 장밋빛 전망을 신화화한다. 하지만 이런 노력들이 모두 생색내기에 지나지 않는다면? 실제로는 늘어나는 탄소 배출을 감추는 면피성 효과에 그칠 뿐이라면?

글로벌 생산 네트워크는 기후붕괴의 현장을 감춘다. 가령 벽돌이나 옷은 더 이상 하나의 국가에서 생산되지 않으며, 다양한 공장과 국가를 거쳐 가공된 후 소비자에게 전달된다. 이런 식의 생산은 비용을 낮추고 효율성을 높이지만 공급망의 실체를 희미하게 만든다. 《재앙의 지리학》은 이런 환상이 어째서 잘못됐는지 설득력 있게 논증하고, 그 기만을 폭로한다. 나아가 오늘날 글로벌 북반구의 주요 국가들이 내세우는 계획들이 탄소 배출이라는 지구적 문제를 개별 국가 이슈로만 제시함으로써, 진정한 문제 해결을 가로막는다고 지적한다. 국내에서 배출되는 탄소만을 기준으로 삼는 '낡은' 탄소 회계 메커니즘이 글로벌 기후붕괴 시대에 무의미하다는 것이다.

이 책은 국지적 의미에서 지속가능성을 실현하는 것이 불가능하다고 말하며, '녹색 약속'에 대한 의혹을 끈질기게 제기한다. 재앙의 시대에 기후위기는 결코 동등하게 경험되지 않기 때문이다. 이 책에서 가장 인상적인 대목은 저자가 캄보디아 벽돌 가마와 의류 하청 공장에서 일하는 노동자, 도시 빈민의 시선에서 글로벌 공급망과 탄소 식민주의의 그늘을 직시하는 순간이다. 캄보디아 같은 가난한 국가가 신자유주의 개발 모델을 받아들이자 자연에 대한 통제권은 시장에 넘어갔고, 평범한 사람들의 삶은 여지없이 파괴됐다. 재앙은 북반부보다는 남반구에 비교도 되지 않을 만큼 더 많이 몰려오고 있으며, 가난한 사람들과 글로벌 하청 공장에서 일하는 노동자들에게 훨씬 더 가혹하다.

로리 파슨스는 국경 안에서 배출한 탄소를 집계할 것이 아니라, 우리가 사용한 탄소를 중심으로 배출량을 집계해야 한다고 말한다. 탄소 배출을 제대로 추적하려면 공급망에서의 배출과 관련해 지구적 관점을 취하고, 글로벌 공급망을 규제하는 법적 조치를 감행해야 한다. 저자가 말했듯 그것은 기업의 선의에만 맡겨두기에는 너무나 중요한 과제다. 이제 자연환경은 탄소 식민주의의 추출 대상이 아닌, 양도할 수 없는 주체로 인정되어야 한다. 《재앙의 지리학》은 '제로웨이스트도 아니라면 대체 할 수 있는 게 뭐냐'라는 질문 앞에서 말문이 막히곤 하는 우리에게 중요한 지도가 될 것이다. **—홍명교,《사라진 나의 중국 친구에게》저자·플랫폼c 활동가**

————

2050년 탄소중립(순배출량 0)을 달성하면 우리는 행복해질까? 우리가 기후변화에 대응하면서 잊지 말아야 할 질문이다.

온실가스 배출량, 탄소 예산, 산업화 이전 대비 지구 평균기온 상승치 등 기후변화를 이야기할 때, 너무 많은 숫자가 등장한다. 하지만 숫자에는 삶이 담겨 있지 않다. 당신이 입은 티셔츠의 라벨에 캄보디아 노동자의 초과 노동과 환경오염, 기후변화로 잦아진 가뭄과 농민의 이산이 표기되지 않는 것처럼 말이다. 우리는 혹시 숫자 환원주의에 빠지지 않았는가? 숫자로 표기된 목표를 달성하면 아무 문제도 없는 걸까?

저자는 기후변화 담론의 접힌 사회경제적 틈새를 탐험하며 그동안 주류 기후변화 담론이 다루지 않았던 분석과 통찰을 보여준다. 그리고 현재의 기후변화 대응은 선진국이 탄소 배출을 가난한 나라와 빈곤한 계급에 체계적으로 외주화하는 시스템이라고 거듭 강조한다. 기후변화는 숫자가 아니다. 세계 시민, 부자와 빈자 그리고 가축과 야생 동식물의 삶과 얽힌 현상이다. 우리는 무엇을 바라보아야 하는가? 숫자인가? 삶인가?

기후변화에 관한 극단적 태도 두 가지가 있다. 하나는 기술이 결국 우리를 구원해줄 것이라는 믿음이고, 다른 하나는 내일모레라도 인류가 멸종할 것처럼 떠벌리는 공포다. 하지만 기후재난은 SF 영화의 스펙터클처럼 다가오지 않는다. 사회경제적 삶을 느리게 투과하면서 고통을 배가하고 절망을 일상화한다.

우리는 기후변화라는 느린 재난의 시대에 살고 있다. 저자는 낙관적 기술중심주의나 종말론적 공포주의에 안주하지 않으면서, 어떻게 선진국과 거대 기업이 자신들이 일으킨 기후변화의 효과를 가난한 국가로 떠넘겨 사회경제적인 재난으로 증폭시키는지 훌륭하게 보여준다. 2015년 파리협정 이후 전 세계적으로 이뤄진 기후 대응에서도 선진국은 달라지지 않았다. 나는 이 책을 읽으며 '내가 너무 순진했던 건 아닐까?'라고 여러 차례 생각했다. 산업혁명 이후 권력을 잡은 세력은 저 앞에서 다양한 전략을 구사하며 나아가고 있는데, 나는 그저 텀블러를 들고 서 있는 모습이라니. '기후행동'은 왜 '경제정의'여야 하는가? 그 질문에 대한 명료한 답이 여기 있다.
　　　　　　　　　—남종영, 《동물권력》 저자 · 기후변화와동물연구소장

캄보디아의 벽돌 가마에서는 나이키, 아디다스 등 유명 브랜드의 버려진 옷들을 불태운다. 벽돌을 굽기 위해서다. 따라서 캄보디아의 벽돌 가마는 흔히 '패스트패션의 지옥'으로 불린다. 저렴한 상품에 익숙해진 부유한 북반구의 소비자들이 외면하는 세상의 끝. 그리고 이렇게 생산된 벽돌의 상당수는 다시 북반구로 수출된다.

　저자 로리 파슨스는 벽돌 가마를 비롯해 캄보디아의 다양한 현장을 직접 누비며 '글로벌 생산' 체계에 가려진 민중의 목소리를 부각하고 생태파괴의 참상을 폭로한다. 그가 보기에 글로벌 추출 경제는 환경 비용과 탄소 배출량을 자국이 아닌 다른 곳에 전가하는 방식으로 작동된다. 다시 말해 북반구의 깨끗한 환경은 남반구의 환경오염과 저임금을 대가로 조성된 것이다. 또한 북반구의 탄소 감축은 남반구에 오염 산업과 탄소 배출을 외주화하며 탄소 회계 장부를 조작한 눈속임에 불과하다.

　《재앙의 지리학》은 감춰진 글로벌 생산의 세계를 정면으로 바라보지 않으면 지금 인류가 당면한 기후-생태 위기를 극복할 수 없다고 단언한다. 남반구에서 자연자원을 추출하고 그 대신 쓰레기와 탄소를 끊임없이 투기하는 '탄소 식민주의'의 불평등이 지속되는 한 기후재앙은 날로 증대하고, 그 위험은 남반구 민중들에게 일방적으로 전가된다는 것을 현장에서 길어 올린 생생한 필치로 논증한다.

그런 맥락에서 이 책은 오늘날 기후-생태 위기의 실제적 배경을 파악하는 데 아주 중요한 통찰을 제시한다. 지구 행성의 위기를 단지 일국적 차원의 탄소 감축 문제로 환원하거나 소소한 환경 실천 따위로 협소화하는 관점에서 벗어나, 전 세계에 걸쳐 얽히고설켜 있는 글로벌 공장 시스템을 더 넓은 시선으로 응시하라는 것이다. 유독 보수적이고 좁은 관점에 매몰된 한국의 상황에 일침을 가하는 예리한 지적이 아닐 수 없다.

지극히 온당하고, 그래서 긴요한 책이 도착했다. 글로벌 생산 체계의 위선을 똑바로 응시하고 탄소 식민주의를 종식시키자는 저자의 외침이 그저 반갑고 귀중하다.

—이송희일, 《기후위기 시대에 춤을 추어라》 저자·영화감독

프롤로그   **지속가능한 미래라는 신화**   **13**

지속가능성을 향한 진화? • 22 │ 무지라는 이윤 • 33

1부 │ 글로벌 경제의 어두운 세계

1 장   **글로벌 공장의 500년 역사:**   **46**
       모든 것을 휩쓸어버리는 경제 체계

산업 노동력의 탄생 • 55 │ 의류 산업의 과거와 현재 • 67

2 장   **'훌륭한 소비'와 '지속가능성'이라는 함정:**   **78**
       공급망의 심연

글로벌 공장의 그린워싱 • 92
글로벌 공장이라는 거대한 공백 • 105

3 장   **탄소 식민주의:**   **118**
       부유한 국가들은 어떻게 배출량을 외주화하는가

의류 산업의 지리학 • 129 │ 기후변화의 감춰진 진실 • 135
탄소 식민주의 • 141

2부 | 기후변화라는 거대한 불평등

4장   **기후 불안정성:**   **152**
글로벌 불평등이 만들어낸 취약성

신호와 잡음 • 159 │ 기후변화의 경험들 • 171

5장   **돈이 말한다:**   **184**
기후 발언을 둘러싼 권력관계

인간 그리고 자연 • 194 │ 기후 지식이라는 권력 • 199
볼 수 있는 힘 • 205

6장   **양의 탈을 쓴 늑대들:**   **222**
기업 논리는 어떻게 기후행동을 포섭하는가

강우 도박 • 231 │ 기후 진실의 정치학 • 242

에필로그   **탄소 식민주의를 부추기는 여섯 가지 신화**   **257**

환경에 대한 여섯가지 신화 • 264 │ 첫 번째 신화 • 267
두 번째 신화 • 271 │ 세 번째 신화 • 277 │ 네 번째 신화 • 283
다섯 번째 신화 • 289 │ 여섯 번째 신화 • 292
탄소 식민주의를 종식시키자 • 295

주 • 303

일러두기

- ( )는 저자의 것이며, [ ]는 옮긴이가 본문 내용의
  이해를 돕기 위해 덧붙이거나 보충 설명한 부분이다.
- 외래어 표기는 국립국어원 원칙을 따르되, 경우에
  따라 관행화된 표기를 쓰기도 했다.
- 본문에 언급된 문헌 중 국내 출간본이 있는 경우 그
  제목을 따라 표기했다.
- 각 부와 장의 제목, (각 장 안에 배치된) 소제목의
  경우, 원서를 참조하되 독자들의 이해를 도울 수 있는
  방향으로 수정하거나 보충했다.

지속가능한
미래라는 신화

기후붕괴에 맞서 싸울 새로운 전선

2018년 초, 나는 캄보디아의 수도 프놈펜 변두리에 자리 잡은 어느 매립지 주변을 서성이고 있었다. 무더운 한낮의 태양이 공기를 달궜다. 꿈쩍하지 않는 무거운 공기 속에서 쓰레기장만이 살아 움직였다. 열두어 마리의 소들은 천쪼가리를 우물우물 씹고 있었고, 소보다 두어 배는 되는 수의 넝마주이들은 소들 사이에서 천쪼가리를 모아 삼베 자루에 담고 있었다. 이따금 굴착기가 차체를 재게 놀리면서 쓰레기 더미의 측면으로 올라가 새로 들어온 섬유 폐기물을 실어 나를 터였다. 천쪼가리는 케이블 타이가 가득 담긴 비닐봉지나 얽히고설킨 실뭉치와 뒤섞여 있었다. 이따금 유명 브랜드 라벨이 붙은 옷가지들을 담은 포대가 실려와 커져만 가는 쓰레기 더미에 포대째로 얹히게 될 터였다. 그리고 이미 여기저기에 이런 포대들이 아무렇게나 나뒹굴고 있었다. 막스앤스펜서Marks & Spencer, 조지George, 풀앤베어Pull & Bear, 월마트Walmart, 갭Gap 같은 라벨이 붙은 옷가지들이 나뒹구는 쓰레기장은 유명 브랜드들의 의류 전시장을 방불케 했다. 모두 지속가능성 실천을 약속하며 쓰레기 매립 방식을 자사 공급망에서 제거하겠다고 자랑스럽게 선언한 브랜드들이었다.

그러나 유명 브랜드 라벨이 붙은 옷가지들이 나뒹굴고 있다는 사실 자체에 놀란 것은 아니었다. 어쨌든 내가 그 옷가지들을 공장에서부터 직접 추적해온 것은 아니었기 때문이다. 사실 나는 의류에 대해 조사한 적이 아예 없었다. 그저 몇 달 전 캄보디아 벽돌 부문의 고질병이 된 채무 담보 노동[가계의 빚을 노동으로 대신 갚는 방식. 채권자의 집에서 노예처럼 일하는 형태로 이뤄진다] 문제를 탐구하는 프로젝트에 착수했을 뿐이었다. 막대한 빚더미 위에 올라앉은 농민들이 수년 또는 심지어 수십 년에 달하는 노동계약에 묶인 상태에서 기존에 빌린 대출을 갚아나가는 캄보디아 벽돌 부문은 잔인한 산업이다. 나는 벽돌 가마를 방문하고 나서야 비로소 천쪼가리를 땔감 삼아 벽돌을 굽는 가마가 얼마나 많은지 깨달았다. 가마의 흙바닥에는 주요 글로벌 브랜드의 리벨이 붙은 옷기지들이 니뒹굴고 있었다. 그것들은 대부분의 사람들은 거의 알지 못하는 더러운 비밀을 드러냈다. 즉 의류 공장이 의류 폐기물을 폐기물 처리 업체에 팔아넘겼다는 비밀, 그것들이 매립지로 운반되었다는 비밀, 그중 일부가 결국 유독성 연기가 되어 가망 없는 산업에 발목이 잡힌 채무 담보 노동자들과 아동 노동자 주위를 맴돌게 될 것이라는 비밀 말이다.

일상적으로 사용되는 무해한 재화가 그토록 큰 인간의 고통과 환경파괴에 연루될 수 있다고 생각하니 소름이 끼친다. 그것은 여러모로 나쁜 선례를 남기는 탈선, 근절될 수 있고, 근절되어야만 하는 탈선처럼 느껴진다. 실제로, 우리가 구입하는 거의 모든 것은 어느 정도 환경에 대한 착취, 그리고 그 환경에 의존해 생계를 건사하는 민중에 대한 착취와 관련되어 있다. 우리가 구입하는 거의 모든 것은 탄소 배출을 통해 기후붕괴climate breakdown와 현지의 환경저하environmental degradation에 (그리고 보통은 그 두 가지 모두에) 기여한다. 그러나 그린워싱greenwashing이 너무나 흔한 나머지 거의 모든 제품이 환경에 유익하다고 외치는 세계에서는 이런 사실을 모르는 체하는 경향이 있다. 아니, 이런 사실은 아예 눈에 띄지도 않는다.

그렇다면 우리 눈에 보이는 것은 무엇인가? 환경붕괴에 대해 생각하면 무엇이 떠오르는가? 부유한 세계에 살고 있는 사람이라면 흔히 다음 중 하나를 떠올릴 것이다. 녹아내리고 있는 툰드라에서 오도 가도 못하는 북극곰, 아마존에서 타오르는 산불, 플라스틱으로 가득 찬 수천 마일의 바다, 살인적인 무더위에 시달리면서 가뭄의 피해를 입고 있는 지역사회. 개중에 허리케인 카트리나 혹은 2021년 독일의 마을들을 휘저은 홍수 같은 서구권의 사례를 떠올린 사람도 몇 명 있을지 모르겠다. 그러나 자신이 사는 소도시, 자신이 사는 동네, 자신의 집 앞 길거리를 사례로 떠올리는 사람은 그리 많지 않을 것이다. 기후위기를 멀게 느끼든 가깝게 느끼든, 우리는 항상 기후위기에서 한 걸음 물러나 있기 때문이다. 기후위기는 우리에게 해당되는 일이 아니다. 절대로 아니다.

부유한 글로벌 북반구의 시민들에게는 이런 식의 믿음이 전혀 비논리적이지 않다. 지금까지 유럽과 미국은 덜 부유한 글로벌 남반구 국가들에 비해 기후변화의 영향을 훨씬 더 적게 받아왔기 때문이다. 결정적으로 유럽과 미국은 기후변화의 영향을 완화할 자원을 훨씬 더 많이 가지고 있다. 기후변화에 취약한 자연환경을 가지고 있다는 지리적인 측면에서 볼 때, 네덜란드와 방글라데시는 대동소이하다. 그러나 20세기 중반 국가 차원의 댐 건설 프로그램을 시행한 이후, 네덜란드에 홍수는 더 이상 중대한 문제가 아니게 되었다. 기후변화의 영향에 관한 한, 돈이 중요하다. 북반구에는 돈이 있고 남반구에는 돈이 없다. 그리고 이 불균형은 기후위험의 지리학에 반영되어 있다.

[하나의 국가처럼 좀 더] 국지적인 수준의 환경이라고 해서 별반 다른 것은 아니다. 부유한 세계는 산업화가 유발한 피해의 복구라는 측면에서 큰 진전을 이뤄왔다. 한때 런던의 대기오염은 건강에 매우 해롭기로 악명이 자자했다. '완두콩 스프' 색깔 같은 갈색 안개가 하늘을 뒤덮을 때마다 수십 명이 목숨을 잃을 수 있을 정도였기 때문이다. 그러나 유럽의 대다수 주요 도시들과 마찬가지로, 런던의 대기오염은 최근 수십 년에

걸쳐 현저히 개선되었다. 템스강에서 다뉴브강 및 라인강에 이르는 유럽 대륙의 주요 하천들에는 물고기가 돌아왔다. 부유한 세계는 산업의 더러운 단계를 지나 **진보해온** 것처럼 보인다. 부유한 국가들은 유독성 화학물질에 의존하면서 질식할 것 같은 매연에 시달렸던 과거의 방식을 자신들이 새롭게 터득한 더 깨끗한 방식으로 대체하면서 **진화해온** 것처럼 보인다.

세계의 나머지 부분들이 동일한 경로를 따르지 않았음에도 이런 관념은 흔들리지 않고 있다. 델리와 베이징은 숨 막히는 대기오염에 시달린다. [인도네시아] 자와바라트주의 치타룸강 강둑에는 500여 개의 공장이 늘어서 있어 오염을 유발한다. 오염이 심해 물고기보다 플라스틱 폐기물이 훨씬 더 많아지면서, 어촌 마을 주민들은 물고기를 잡는 대신 그 폐기물을 수집해 재활용업자에게 판매해 생계를 건사하게 되었다. 그러나 이와 같은 사례들은 부유한 세계가 환경 부문에서의 진보에 대해 지니고 있는 관념에 오히려 더 힘을 실어준다. 즉 '한때 우리도 저랬으니 조만간 그들도 우리의 발자취를 따라올 것'이라는 관념을 강화한다. 이런 추론에는 심지어 과학적 근거도 있다. 오염을 GDP에 대응시킨 환경 쿠즈네츠 곡선 Environmental Kuznets Curve이 바로 그것이다. 이 곡선은 국가의 경제 개발 과정에 따라 상승하다가 이후 하강하는 양상을 보인다.

이것은 매력적인 논거이며, 암묵적으로든 명시적으로든 기후변화에 대한 담론에 확고히 고착되어왔다. 탄소 배출과 오염은 모든 국가가 거쳐가는 단계다. 이 말인즉슨 우리가 점점 더 심화되는 기후변화의 위험을 회피하는 능력(결정적으로 돈)을 확보해왔으므로, 나머지 국가들 역시 각자의 곡선을 쉼 없이 계속해서 따라가다 보면 이런 능력을 확보하게 될 것이라는 말이다. 부유한 국가들은 이 담론을 수용한다. 왜냐하면 쉽게 납득할 수 있고, 부유한 세계가 [다른 곳들보다] 더 안전하고 더 건강한 이유를 논리적이고 도덕적으로 설명할 수 있는 담론이기 때문이다. 그러나 만일 그것이 진실이 아니라면? 만일 한 곳이 깨끗하기 **때문에** 나머지 한 곳이 파괴된 것이라면? 만일 한 곳이 안전하기 **때문에** 나머지 한 곳이 위험해진 것이라면?

이런 발상이 완전히 생소한 것은 아니다. 미래를 위한 금요일Fridays for Future과 멸종에 대한 반란Extinction Rebellion 같은 단체가 기후정의climate justice라는 발상을 주류화했기 때문이다. 기후정의는 현재 세계가 직면하고 있는 기후변화에 대한 부유한 국가들의 역사적 책임을 강조한다. 또한 기후변화가 기후변화를 유발하지 않은 사람들에게 피해를 줄 수 있다는 의미에서 기후변화를 '간접흡연'[1]에 빗대면서, 최대 탄소 배출국들과 최소 탄소 배출국들이 직면한 취약성의 차이를 부각한다. 탄소 배출과 그것이 미치는 영향에서 나타나는 불평등은 기후변화가 표출되는 경위를 이해하는 데 매우 중요하다. 그러나 이것이 이야기의 전부는 아니다. 특정 인구 집단이 더 취약해진 것은 단지 우연이 아니다. 탄소 배출과 마찬가지로, 탄소 배출의 결과에 노출되는 것도 불가항력이 아니다. 양자 모두 동일한 경제 논리에 뿌리를 내리고 있다.

해수면 상승을 예로 들어보자. 해수면 상승은 인간이 유발한 기후변화의 가장 파괴적인 영향 중 하나로 알려져 있다. 중간 등급의 경고 시나리오에 따르면, 이번 세기 중반까지 해수면이 0.6~1.1미터 상승해[2] 해안 저지대 지역에서 물에 완전히 잠기거나 수면 위 1미터가량만 남긴 채 잠기게 될 면적이 최대 10억 제곱킬로미터에 달할 것으로 예상된다.[3] 이는 불가피해 보이는 만큼이나 단순하다는 점에서 설득력 있는 미래의 상이다. 우리는 기온이 상승하리라는 것을 알고 있다. 우리는 기온이 상승하면 빙하가 녹는다는 것을 알고 있다. 우리는 빙하가 녹으면 해수면이 상승하리라는 것을 알고 있다. 그러므로 이런 해안 저지대 지역은 이미 사라진 것이나 다름없고, 해당 지역에 살고 있던 주민들은 이미 실향민이 되어 어디론가 떠난 것이나 다름없다.

그러나 그것은 말처럼 단순한 문제가 아니다. 인간사회는 강인하고 수완이 뛰어나며, (최소한 국지적인 수준에서나마) 자연을 조작할 수 있는 능력이 충분하다. 사람들은 종종 네덜란드의 사례를 지목하곤 한다. 11세기에 시작되어 수백 년 동안 이어진 국가 차원의 제방 건설 활동이 이뤄지기 전까지 네덜란드는 국토의 대부분이 물에 잠겨 있었기 때문이다. 이보다 덜 알려진 사례로는 런던의 템스 배리어Thames Barrier에서 매일같이 일어나는 기적을 꼽을 수 있다. 오르락내리락하면서 영국의 수도를 안전하게 보호하는 [방벽인] 템스 배리어가 없었다면 템스강은 주기적으로 범람해 런던을 덮쳤을 것이다. 베네치아도 흡사한 체계를 운영 중이다. 심지어 내륙의 도시들조차 예기치 못한 수위水位 상승에 대비해 보호 체계를 발전시켜왔다. 예를 들어, 1910년 매우 파괴적인 홍수를 겪은 프랑스 정부는 그랑 라크 드 센Grands Lacs de Seine(센강의 큰 호수들)이라고 불리는 일련의 저수지 건설에 착수했다. 이는 이른바 파리의 동맥으로 간주되는 센강에 홍수가 미치는 압력을 완화해 1910년 파리 대홍수급의 참사를 다시는 겪지 않도록 보장하기 위한 조치였다.

이런 사례들을 통해, 기후변화가 초래하는 위험에 노출되는 취약성이 결코 불가피한 것이 아님을 확인할 수 있다. 이것은 선택, 혹은 좀 더 적절하게는 부富의 유무에 따라 결과가 달라지는 함수이다. 기후변화로 인해 폭풍, 홍수, 해수면 상승 같은 위험의 횟수가 증가하고 강도도 세지고 있지만, 이것은 근본적으로 새로운 현상이 아니다. 비용이 많이 들 뿐, 그런 위험들을 완화할 수 있는 방법은 이미 검증되어 있다. 그러나 자카르타에는 런던이나 베네치아처럼 해수면 상승에 맞서 싸울 수 있는 자원이 없고, 방글라데시에는 해수면에 근접해 있거나 해수면보다 낮은 땅덩어리(네덜란드 면적의 59퍼센트에 해당)를 보호하기 위한 홍수 방어 시설을 구축하는 데 필요한 자본이 없다.

다시 말해, 재해 위험의 지리학에서는 돈이 빠질 수 없다.

아이티, 미얀마, 방글라데시, 파키스탄 같은 국가들은 산사태, 가뭄, 홍수, 폭염에 직면해 있고 이런 위험들은 앞으로 더욱 악화될 것이다. 수백만 명의 민중에게 이것은 농사의 중단과 식량의 부족을 의미한다. 그러나 그 의미를 **반드시** 이런 결과에서 찾아야**만 하는** 것은 아니다. 그것의 원인은 부의 창출에 관련된 환경 비용을 부를 축적하는 곳과 동떨어진 타지에서 지불하는 체계에 있다. 그 체계를 이 책에서는 탄소 식민주의라고 부른다. 탄소 식민주의는 천연자원을 계속해서 추출하고 수출한 뒤, 해당 자원의 소유자들로부터 동떨어진 곳에서 이윤을 창출하는 유구한 체계[식민주의]의 가장 최근 버전이다. 탄소 식민주의는 여러모로 오래된 이야기에 추출에 감춰진 비용, 즉 자원의 향연과 역관계에 있는 탄소 청구서를 새롭게 추가한다.

　한편 여기에는 또 다른 차원이 있다. 환경적 위험은 자연적 위험의 문제일 뿐만 아니라 그 위험에 직면한 현지 여건의 문제이기도 하다. 만일 넘쳐흐른 물에 인간의 분뇨와 유독성 화학물질이 가득하다면 홍수의 영향은 훨씬 더 심각해질 것이다. 앞서 언급한 해수면 상승, 폭우, 세계에서 가장 심하게 오염된 수로가 한데 모일 때마다 공공보건 재앙이라는 위협에 노출되는 자카르타의 사례를 비롯해, 이것은 홍수의 위협을 받는 글로벌 남반구의 많은 지역에서 흔히 발생하는 일이다. 이와 마찬가지로, 벽돌 산업이 수백만 세제곱미터에 이르는 농지를 거둬가지 않았고 연기와 더위를 유발하지 않았다면, 방글라데시는 예측할 수 없는 강우가 유발한 홍수와 가뭄에 훨씬 더 수월하게 대처할 수 있었을 것이다. 기후변화는 전지구적 문제다. 그러나 기후변화의 피해를 형성하는 데 중요한 역할을 하는 것은 현지의 경제적 요인과 산업적 요인이다.

이 책의 나머지 대부분에서는 환경적 위험의 글로벌 경제와 그것의 기원, 세부사항, 결과를 오롯이 탐구할 것이다. 그러나 그 조사의 핵심은 다음과 같은 질문에 있다. 만일 글로벌 생산이 기후변화에 대한 취약성을 형성하는 데 그토록 큰 역할을 한다면, 우리가 재해를 여전히 자연적인 것으로 취급하는 이유는 무엇인가? 이 책이 주장하는 것처럼, 그 이야기의 핵심은 환경저하의 본질이 숨겨져 있다는 것이다. 그 이야기는 경제성장의 본질과 기술 및 사회적 진보에 대한 핵심 신념에 뿌리를 내리고 있는데, 이 신념들은 빠르게 무너지고 있다.

지속가능성을 향한 진화?: 글로벌 생산의 감춰진 진실

2017년, 캄보디아의 벽돌 가마를 처음으로 방문했다. 어느 노인이 천이 담긴 가방을 맹렬히 타오르는 용광로 안으로 쉴 새 없이 던져 넣고 있었다. 낮은 굴뚝에는 검고 두꺼운 연기가 맴돌고 있었고, 불꽃 아래로는 플라스틱이 녹은 물이 여러 갈래로 갈라져 꾸물꾸물 흘러가고 있었다. 노동자인 아버지를 따라 간간이 일하러 나오는 어린 소년 노동자가 기침을 하다가 라벨 더미들을 헤치면서 20피트가량 떨어진 곳에 위치한 알루미늄으로 지은 집으로 향했다. 소년이 헤치고 지나간 라벨 더미들 중에는 몇 주 전 내가 런던의 의류 매장 선반에서 보았던 라벨들도 있었다.

인지 부조화의 순간이었다. 그러나 탄소 배출, 환경저하, 글로벌 생산, 그리고 빈곤이라는 문제가 결합된 이와 같은 장면들은 전 세계 곳곳에서 매일 수백만 번 되풀이되는 장면이다. 문제는 기업의 지속가능성이라는 시각에서는 이런 장면들이 결코 보이지 않는다는 것이다. 전 세계 사람들의 눈에는 글로벌 생산이 단순하고, 깨끗하며, 마치 탈탄소화되고 있는 것처럼 보이겠지만, 현실은 그렇지 않다. 즉 글로벌 생산의 세계는 현지 환경을 파괴하면서 탄소집약적 생산을 하고 있지만 규제에서 벗어나 있어 눈에 띄지 않는다. 그 세계는 전 지구적인 탄소 배출에 맞서 싸우는 우리의 능력을 무력화할 뿐 아니라 더 작은 규모로 발생하는 영향을 글로벌 생산의 공급망이라는 복잡한 물류 속에 감춘다. 바로 이 감춰진 글로벌 생산의 세계가 기후붕괴에 맞서는 싸움의 새로운 전선이다.

글로벌 생산의 세계가 감춰지게 된 것은 지난 반세기 동안 부유한 사회와 국가에서 진행되어온 어마어마한 변화 때문이다. 1970년대까지만 해도 세계경제를 선도하는 국가들은 곧 세계 최대 제조국들로서, 티셔츠와 토스터기 같은 일상의 재화를 직접 제조해 자국의 시장에 판매했다.[4] 그러나 이제 부유한 국가의 소비자들이 일상생활에서 사용하는 대부분의 제품은 해외에서 생산된다. 전 세계 국가들이 해외에서의 생산 활동을 확장하고 심화하면서 공급망은 점점 더 복잡해지고 국제화되었다. 이제 의류 매장의 옷걸이에서 고를 수 있는 의류가 온전히 하나의 국가에서 비롯되는 경우는 드물다. 대부분의 의류는 다양한 경작지, 다양한 공장, 다양한 국가를 거쳐 가공된다.

이런 식의 생산은 비용을 낮추고 효율성을 높이지만 모호성을 초래한다. 공급망이 길어질수록 꾸준하게 추적하기는 더 어려워진다. 중개인이 늘어날수록 감독은 더 줄어든다. 이보다 더 중요한 사실은 중개인들이 국경을 넘나들 때 물류 검문소는 물론 법적 세계와 정치적 세계도 함께 넘나든다는 것이다. 번화가의 소매점에서 '메이드 인 베트남' 표식이 붙은 토스터기를 구입했다고 생각해보자. 이 토스터기는 어떤 환경 기준을 준수하는가? 조립 공정은 베트남의 기준을 준수할지 모른다. 그러나 표준적인 토스터기에 들어가는 157가지의 부품[5]은 베트남을 그저 스치고 지나갔을 뿐이다. 이 토스터기에 사용된 강철, 아연, 플라스틱, 구리, 니켈 중 니켈에 대해서만 생각해보자. 매장에서 구입한 토스터기에 사용된 니켈의 생산지는 어디인가? 분명 베트남은 아닐 것이다. 베트남은 오직 하나뿐인 니켈 광산을 드문드문 운영하기 때문이다. 우리는 인도네시아가 현재 전 세계 니켈의 약 3분의 1을 생산한다는 것을 알고 있다. 따라서 이 토스터기에 사용된 니켈은 인도네시아에서 생산되었을 가능성이 꽤 높다. 여기서 중요한 진실은 우리가 그것을 알지 못한다는 것이다.

악몽은 그것을 아는 사람이 누구인지 수소문할 때부터 시작된다. 상점 주인도 모르고 심지어 제조사조차 모른다. 양자모두 대개 제품의 공급망을 직접 감독하지 않기 때문이다. 베트남에 위치한 조립 공장조차 모른다. 부품을 어디에서 구입했는지는 알지만 부품에 사용된 원자재의 출처는 모르기 때문이다. 심지어 부품을 만든 사람들조차 부품에 사용된 원자재의 출처를 확신하지 못할지 모른다. 대부분의 경우 중개 공급업체를 통해 원자재를 구입하기 때문이다.

그리고 이것은 합법성의 문제를 고려하기 이전의 이야기이다. 비록 세계의 거의 모든 국가가 모종의 환경 기준과 노동기준을 비준하긴 했지만, 이런 기준의 집행 여부와 집행 수준은 국가마다 천차만별이다. 글로벌 남반구에 자리 잡은 많은 국가들은 엄격하게 모니터링할 역량이 없다. 모니터링을 수행하는 국가라고 하더라도 부패는 드문 일이 아니다. 부패라고하면 (유럽의 공장들이 수 세기 동안 그래왔던 것처럼) 현지의 하천에 폐수를 방류하는 행위를 의미할 수도 있고, 그 공장들이 만드는 재화를 수입하는 국가에서는 용납하지 않을 법한 오염물질을 대기에 배출하는 행위를 의미할 수도 있다. 결정적으로, 이런 유의 환경적 불평등은 주요한 위반 행위이지만 소비자에게는 보이지 않는다. 그런 위반 행위가 명시적으로 기록되지 않을뿐더러, 그마저도 소비자에게는 압축적인 형태로만 전달되기 때문이다. 의류를 생산하는 공장이 인근의 호수로 이어지는 하수관에 접착제와 염료로 가득한 폐수를 쏟아버린다는 것은 라벨에는 절대로 기록되지 않는다. 애당초 이런 의혹을 제기하는 사람조차 없다. 일반적으로, 공장이 국가 기준을 준수한다고 주장하면 그것만으로 추가 조사가 필요 없는 것으로 간주되기 때문이다.

어떤 면에서 이것은 완벽하게 합리적인 것처럼 보인다. 어쨌든 생산은 대체로 항상 이런 식으로 이뤄져왔기 때문이다. 그러나 최근의 글로벌화된 시대에서는 공간적 거리와 국경의 역할이 두드러진다. 전통적인 산업 제조라는 맥락에서 기업(예를 들어 브리티시 슈즈 British Shoes Inc.라는 신발 회사)은 특정 지역(예를 들어 랭커셔)에서 여러 개의 공장을 소유할 수 있다. 만일 브리티시 슈즈를 위해 신발을 만드는 공장 중 한 곳이 현지의 하천에 산업 폐기물을 쏟아버려서 물고기가 죽고 지역 주민들이 질병에 시달린다면, 해당 지역 주민들은 대처 방법을 강구할 수 있을 것이다. 그들은 지방정부에 민원을 제기할 수 있을 것이고, 지방정부는 해당 공장에 그 행위를 중단하라고 명령할 수 있을 것이다. 만일 그래도 문제가 해결되지 않는다면, 민원은 해당 공장뿐 아니라 기업 자체를 규제하고, 필요하다면 제재를 가할 수 있는 정부 부처와 환경 기관으로 넘어갈 수 있을 것이다.

물론, 이것은 이상적인 시나리오에 불과하다. 사실상 대부분의 국내 산업은 그것이 위치해 있는 현지 환경에 계속해서 상당한 피해를 입히고 있기 때문이다. 그럼에도 이런 이상적인 상황을 검토해본 이유는 이것이 글로벌화된 공급망에서 이와 유사한 문제를 다룰 때 등장하게 되는 대처 방식과 대비되기 때문이다. 이제 이것과 맞먹는 시나리오를 생각해보자. 영국의 소비자에게 판매할 신발은 이제 랭커셔가 아니라 캄보디아 중남부에 자리 잡은 캄퐁스페우주에서 생산된다. 만일 해당 지역의 주민이 원한다면, 앞의 사례에서처럼 지방정부에 공장이 하천에 접착제를 쏟아버리고 있다는 민원을 제기할 수 있을 것이다. 그러나 캄보디아 사례에서는 공장의 소유자가 곧 권력자인 것이 현실이다. 그들은 이런 관행을 감추거나 민원을 막을 방법을 수월히 찾아낼 수 있을 것이다. 그리고 그런 경우는 실제로 비일비재하다.

해당 지역의 주민들이 이런 민원을 상급 기관에 제기하고자 할 때도 문제가 발생할 수 있다. 국내 사례와 다르게 이 공장은 재화를 판매하는 회사가 소유한 공장이 아니다. 따라서 개별 공장을 아무리 제재한들, 가장 거대한 경제적 행위자인 브랜드가 이런 기준을 더 광범위하게 시행하도록 보장할 방법은 없다. 사실 브랜드들은 일반적으로 생산 공정에서 동떨어진 관할권에 자리 잡고 있다. 따라서 생산이 이뤄지는 국가의 정부 당국은 브랜드들이 하는 일에 거의 영향력을 행사할 수 없다. 반면 자본의 도피라는 유령, 즉 과도한 규제를 가하면 브랜드가 해당 국가를 떠나버릴지도 모른다는 불안은 이 모든 의사결정의 이면에 항상 도사리고 있다.[6] 정부는 해외 생산에서 발생하는 돈을 원하고, 브랜드는 개입주의적인 정부의 규제에서 벗어나길 원한다. 따라서 첫 번째 시나리오와 다르게 글로벌화된 생산 공정에서 환경 관리는 두더지 잡기 게임이 된다. 즉 환경적 영향은 구조적 변화와 결부되지 못한 채 개별적으로 다뤄지며, 그마저도 그 수준이 특히 심각할 때만 다뤄진다.

이쯤 되면, 회의적인 독자들은 다음과 같은 질문을 던지고 싶을 것이다. '좋아요. 생산하는 국가의 정부는 규제를 시행할 만한 역량이 없고, 공장으로서는 자체적인 규제를 시행할 만한 동기가 없다는 말이군요. 그렇다면 브랜드가 직접 자기와 연계된 공장을 **점검**해서 이런 관행을 뿌리 뽑으면 어떨까요?' 이것은 합리적인 지적이다. 그리고 간단히 답하자면 일부 브랜드는 사실 일부 경우에서 일부 공장에 대해 그렇게 하고 있다. 그러나 이런 조치는 생각만큼 효과적이지 않다. 그 이유를 이해하기 위해 공급망에 대한 '브랜드의' 깔끔한 '관점'에서 벗어나 '인간의 관점'을 가지고 현장의 현실에 좀 더 가까이 다가가볼 필요가 있다.

그렇게 하기란 생각만큼 쉽지 않다. 왜냐하면 최근 몇 년 사이 우리 모두가 세계화라는 발상에 익숙해져버렸기 때문이다. 운송과 통신의 혁신 덕분에 공간은 확실히 압축된 듯하다. 다시 말해, '지리는 죽었다'. 기술의 급속한 발전으로 인해 공간적 거리가 더 이상 예전과 같은 의미를 지니지 못하게 된 것이다. 휴일을 세계 각지에서 보내는 것은 오늘날 많은 사람들에게 당연한 일상이 되었다. 즉 런던에서 방콕을 오가는 3만 킬로미터의 왕복 여행은 많은 사람들에게 더 이상 예외적인 여정이 아니라 매년의 휴가를 보내는 방법이 되었다. 싱가포르와 뉴욕 간 화상회의 덕분에 반구를 가로질러 실시간으로 대화를 나눌 수 있게 되었다. 이것은 이제 기적이 아니라 수백만에 이르는 노동자의 일상적인 업무 방식으로 자리 잡았다. 장기간 지속되어온 공간적 거리의 법칙을 거스르는 일상에 너무 익숙해진 나머지, 우리는 공간적 거리의 법칙이 끝났다는 사실을 [아예] 내면화하게 되었다.

그러나 많은 학자들은 지리의 죽음이 극에 달한 근대적 진보의 열기 속에서 선포된 다른 많은 죽음들과 마찬가지로 크게 과장되어왔다고 지적한다.[7] 이제 많은 사람들은 비행시간을 기준으로 세계를 바라본다. 런던에서 뉴욕은 5시간, 파리에서 베를린은 2시간, 샌프란시스코에서 시드니는 20시간 같은 식으로 말이다. 우리는 영화 몇 편을 감상할 시간에 상상할 수 없을 정도로 먼 거리를 횡단할 수 있다. 그리고 이와 같은 주요 국가의 수도는 고밀도 항공망과 광섬유 케이블을 통해 정말로 연결되어왔을지 모른다. 그러나 공간적 거리는 이 반짝반짝 빛나는 대륙 간 가교 너머에 여전히 매우 생생하게 살아 있다.

달라진 점이 있다면 공간적 거리를 가로지를 수 있는 최대 속력과 보통의 이동 능력 사이의 격차가 상당히 벌어지게 되었다는 점이다. 캄보디아의 수도 프놈펜에서 8시간을 이동하면 도착할 수 있는 곳에 위치한 고립된 공장에서 런던에 위치한 브랜드의 본사로 이동하는 것은 얼마든지 가능하다. 그러나 어느 방향으로든 한 번이라도 실제로 여행을 해본 사람은 얼마 되지 않는다. 공간적 거리라는 개념적 영역과 관련해 우리가 간과하고 있는 것은 이론적으로는 가능할지 모르지만 실제로는 비실용적이고, 적잖은 비용이 들며, 결정적으로 정보 교환이라는 측면에서 가치가 거의 없는 여정이 경제적·물류적으로 실현될 수 있는지 여부다.

영국의 슈퍼마켓 브랜드 세인스버리^{Sainsbury's}에 의류를 납품하는 공급업체인 투^{Tu}를 예로 들어보자. 투는 13개국에 자리 잡은 312곳의 공장에서 의류를 공급받는다. 앞서 언급한 글로벌 공급망의 사례를 계속해서 이어가보자면, 이 공장 중 24곳은 캄보디아에 자리 잡고 있다.[8] 그러나 다른 많은 주요 브랜드처럼 투는 캄보디아에 물리적 실체를 두고 있지 않다. 투는 캄보디아에 사무실도 없고, 직원도 없으며, 소유한 공장도 없다. 그 대신 자신들이 직접 통제하지 않는 파트너 공장에 일감을 하도급해 수주한 주문을 처리한다. 만일 "우리 사업장에서는 새로운 기술을 사용해 탄소를 줄이고 에너지 효율성을 극대화한다"[9]는 발주 브랜드의 환경적 약속을 협력업체 공장들이 일관성 있게 준수하고 있는지 확인하고자 한다면, 투 같은 공급업체가 가장 먼저 할 수 있는 일은 해당 공장에 문의하는 것이다. 그것은 오직 전화기를 집어 들기만 하면 되는, 지극히 간단한 일일 것이다. 그렇지만 만일 투 같은 공급업체가 협력업체 공장에서 무슨 일이 일어나고 있는지 실제로 **확인**하고자 한다면, 확인에 수반되는 물류를 고려해야 할 것이다.

런던에서 방콕까지 14시간을 비행한 뒤, 여기에서 다시 1시간을 더 비행해 프놈펜 국제공항에 도착하고 나서야 본격적인 여정이 시작된다. 가상의 투 조사관은 자동차를 빌려 타고 도시개발이 주춤하기 시작한 프놈펜의 가장자리로 향한다. 인구 밀도가 높고 시끄러운 풍경이 어느새 저층 주택 건설 현장으로 바뀌기 시작한다. 이동하는 동안 관목지와 가로수가 펼쳐지고, 도로변에서는 오직 휘발유만 판매하곤 하는 노점을 간혹 만나볼 수 있다. 여행 안내서에 따르면, 캄보디아 수도의 북서부에 위치한 바탐방주의 가장 외딴 공장까지는 자동차로 5시간이 걸린다. 그러나 장기간 지속되는 도로 공사로 인해 먼지가 피어오르는 도로를 덜컹거리면서 천천히 이동하게 되므로, 일반적으로는 최소한 8시간이 걸린다. 따라서 가상의 투 조사관은 바탐방주 주도州都에 위치한 호텔에서 하룻밤을 보낸 뒤, 다음 날이 되어서야 자동차로 한 시간 거리에 있는 공급업체 공장으로 출발하게 될 것이다.

마침내 공장에 도착한 가상의 투 조사관은 높은 담벼락에 둘러싸인 공업단지 바깥 도로변에 자동차를 세울 것이다. 정문으로 마중 나온 사람들을 만난 가상의 투 조사관은 등받이가 높은 가죽 의자와 커다란 나무 탁자가 갖춰져 있고 에어컨이 가동되는 관리 사무소로 안내될 것이다. 이 공장의 관리자는 캄보디아에 위치한 대부분의 의류 공장 관리자들처럼 외국인이다. 그들은 보통 중국(사례의 절반 이상), 한국, 홍콩 혹은 아시아와 서구권의 여러 부유한 국가 출신이다. 일반적으로 관리자가 직접 영어를 구사하지는 않기 때문에 친절한 통역사가 가상의 투 조사관에게 기업의 환경 인증에 대해 설명할 것이다. 재봉실과 창고를 둘러보고, 어쩌면 폐기물 처리를 겉핥기식으로 조사하는 일정까지 포함한 시설 견학이 준비될 것이다. 수백에 달하는 노동자가 형광등 불빛 아래에서 일하고 있을 것이다. 시설은 깨끗해 보일 것이다. 그러나 기계가 굉음을 울리는 매우 더운 공장에서 견학이 이뤄질 것이므로, 가상의 투 조사관이 공장에서 제공하는 설명을 훌쩍 넘어서는 무언가를 파악하기란 어려울 것이다. 생산 측면에 대한 조사는 통상 미소, 악수, 출발, 24개 공장 중 다음 공장에 도착이라는 순서로 진행될 것이다. 이번 조사에서는 이동 시간을 포함해 3일이 소요되었다.

　이것은 수년간 내가 현장에서 직접 경험한 내용과 이런 조사를 주기적으로 수행하는 사람들과의 인터뷰 내용을 바탕으로 꾸민 가상의 이야기일 뿐, 실제로 일어난 일은 아니다. 왜냐하면 이런 조사에 나서는 브랜드가 거의 없기 때문이다. 사실 바로 이 점이 이 이야기를 통해 전달하고 싶은 진실이다. 글로벌 공급망, 특히 경쟁이 치열해 비용이 최우선 순위인 공급망에서는 계약을 체결하는 일과 체결된 계약을 확인하는 일 사이의 괴리가 너무 큰 나머지 점검이 거의 생략되곤 한다. 물리적 거리 그리고 현실 물류의 지리학은 여전히 중요해서, 알려지는 대상, 그 대상이 알려지는 수준, 제기되는 질문의 종류를 결정한다. 그로 인해 관찰된 현실과 추정된 현실 사이에 괴리가 발생한다. 물리적 거리가 더 멀수록, 그리고 그곳에 도달하기까지의 여정이 더 험난할수록, 공급망을 담당하는 사람들과 일상적인 지속가능성 업무를 담당하는 사람들 사이의 실제적인 접촉은 더 약해진다.

무지라는 이윤: '모른다는 것'은 어떻게 자본의 그린워싱에 기여하는가

이 모든 것은 글로벌화된 세계의 환경에 관한 근본적이고 핵심적인 진실을 가리킨다. 즉 우리가 아는 것은 우리가 생각하는 것보다 훨씬 더 적다. 그러나 지금껏 그보다 더 적게 다뤄진 핵심적인 진실이 또 있다. 바로, 무지無知는 수익성이 지극히 높다는 것이다. 개별 국가 단위로 측정되는 탄소발자국 감축 수치는 사람들을 공급망의 지속가능성이라는 허위 주장이 횡행하는 그릇된 길로 이끈다. 환경을 파괴하는 경제 과정을 깨끗한 것으로, 혹은 최소한 더 깨끗해지고 있다고 가장하는 능력은 환경붕괴를 무시하는 것이 갈수록 어려워지는 세계에서 점점 더 높은 가치를 부여받고 있는 자원이다. 글로벌 생산이라는 어두운 양탄자 아래에 불편한 것, 구미에 맞지 않는 것, 더러운 것, 위험한 것을 쓸어 넣어 감출 수 있는 능력은 식민주의의 한결같은 특징이었다. 영국 같은 식민국에게 "자연은 재구성해 유용하게 사용할 수 있는 백지 같은 상태"[10]였다. 따라서 식민지에서 일어났던 수탈의 흔적은 식민지 내부에 고스란히 남았다. 불평등하게 저하된 현재의 세계는 단순히 식민지 체계가 남긴 유산이 아니라 여러 방식으로 그 체계를 물려받은 상속자이다. 무엇보다도 글로벌 공장은 점점 더 많은 양의 폐기물을 계속해서 주변부로 밀어내고 있다. 그러나 이보다 훨씬 더 중요한 것은 탄소 식민주의의 두 번째 차원을 이루는 글로벌 공장에 대한 지식의 통제다. 다시 말해 이런 체계가 정의롭고, 깨끗하며, 공정하다고 선포하는 것은 여전히 가능하다.

기후에 대한 유의미한 조치를 꺼리는 이들이 물려받은 능력 중 가장 유용한 것은 아마도 은폐하는 능력과 사람들을 잘못된 길로 이끄는 능력일 것이다. 어쨌든 기후변화에 대한 과학적 증거를 두고 과학자들끼리 유의미한 논쟁을 벌였던 1970년대와 1980년대는 지나갔고, 그 시대를 능가했던 1990년대와 2000년대 초반 역시 지나갔다. 주로 화석연료 로비에 연루된 이익집단이[11] 정치인들과 매체 측에 의혹의 씨앗을 뿌려놓은 탓에 이 시대의 사람들은 인간을 온난화의 원인으로 **확신**할 수 있는지, 또는 온난화의 원인이 인간이 아니라 이전 세기에 기후를 바꿨던 종류의 변화(지구와 태양의 관계 변화 또는 화산 활동을 통해 '자연적으로' 생성된 온실가스의 변화)는 아닌지[12] 의심했다. 문제의 본질을 흐리는 이런 흐름은 기후에 대한 유의미한 조치를 한동안 지연시키고 주의를 다른 곳으로 돌리려는 의도를 부추겼다. 그러나 이와 같은 논거가 체계적으로 파훼됨에 따라 21세기에는 이목을 끄는 경험적 증거가 과학적인 합의를 강화하는 기후합의climate consensus의 시대가 열렸다.

2003년 유럽의 치명적인 폭염, 2005년 허리케인 카트리나, 2008년 사이클론 나르기스^{Nargis}와 같은 사건 중 어느 것도 기후변화가 실재한다는 생각 그 자체를 확인해주지는 못했다. 그러나 매년 무서울 정도로 꼬박꼬박 기온 기록이 갈아치워지는 와중에 이런 사건들이 주기적으로 발생하자 사람들은 기후변화를 현재의 가시적인 문제로 인식하기 시작했고, 결과적으로 환경 논쟁의 지형이 바뀌었다. 기후변화가 이미 시작되어 지금 여기에서 발생하고 있고, 위험하며, 점점 더 악화되고 있다는 사실을 더 이상 부인할 수 없게 된 것이다.

새롭게 부상한 여론의 지형 속에서, 글로벌 경제를 구성하는 수많은 행위자들과 이해관계자들은 접근법을 바꿀 수밖에 없는 처지가 되었다. **뭐라도 하라는** 대중의 압박을 거스를 수 없게 된 정치인들과 기업 행위자들은 자신들이 사실은 [이미] 뭐라도 하고 있다는 것을 보여주어야만 했다. 그러나 비단 대중만이 그들에게 압박을 가하는 것은 아니다. 주주, 투자자, 심지어 대중조차 환경적 지속가능성과 더불어 경제 확장을 요구한다. 두 마리 토끼를 한꺼번에 잡기란 쉬운 일이 아니다. 탄소 배출을 감축하는 동시에 경제를 확장할 수 있는 방법을 둘러싸고 다양한 이론이 제시되었고, 노벨상 수상자인 윌리엄 노드하우스^{William Nordhaus}의 녹색성장 모델 같은 일부 이론은 큰 찬사를 받았다. 그러나 이 책 후반부에서 좀 더 상세하게 논의하겠지만, 전 세계적인 수준에서 이런 이론들의 효과를 입증할 수 있는 증거는 거의 찾아볼 수 없다. 지구 전체를 고려할 때 경제성장과 환경저하가 계속해서 함께 진행되고 있음을 목격하게 된다는 것이 바로 오늘날의 불편한 진실이다.[13]

기업 거버넌스 수준에서 볼 때, 이 문제에 대한 해결책은 위에서 살펴본 것과 대체로 비슷하다. 기업의 입장 내지는 사실상 정치적인 입장에서 볼 때, 필요한 것은 지속가능성이 아니라 오직 지속가능한 것**처럼 보이기만** 하는 것이다. 그리고 바로 이것이 수십 년간 이뤄져온 기업의 '그린워싱'에서 충분히 입증된 현상이다.[14] 그러나 초기의 그린워싱 시도는 한낱 거짓말에 그친 경우가 많았던 반면("더러운 탄소 배출을 깨끗하고 바람직한 주행거리"로 전환하겠다고 대중을 속인 셰브론^{Chevron}의 악명 높은 F-310 휘발유가 대표적이다), 새롭게 글로벌화된 오늘날의 경제는 최소한의 노력으로 지속가능한 것처럼 보일 수 있는 훨씬 더 정교한 기회를 제시한다. 위에서 간략하게 설명한 것처럼, 길고 복잡한 공급망에 대해 '묻지도 따지지도 않는' 접근법만으로도 산업이 환경에 미치는 여러 영향을 충분히 감출 수 있다. 그 덕분에 기업은 그 어느 때보다 더 쉽게 지속가능성이라는 외양을 갖출 수 있게 되었다.

물론, 이런 접근법에는 근본적인 결함이 있다. 전 세계적인 차원에서 기후변화에 대한 유의미한 조치가 취해지지 않는다면 기후변화의 영향은 앞으로도 계속, 더욱 강력해진 모습으로 나타날 것이다. 그러나 위에서 간략하게 설명한 것처럼 이것은 보기보다 큰 문제가 아니다. 국가의 부는 기후변화가 가하는 위협에 대응할 수 있는 가장 효과적인 해독제이기 때문이다. 따라서 국가의 부는 심지어 지속가능성조차 희생시키면서 계속해서 경제를 확장하게 만드는 왜곡된 유인책으로 작용한다. 우리가 할 수 있는 일은 사실상 둘 중 하나다. 환경파괴에 기여하길 멈추거나 그 영향을 완화하기 위한 자원을 축적하거나. 지금까지의 증거에 따르면, 두 가지를 동시에 수행할 수는 없다.[15] 그리고 자원 추출 증가와 전 지구적인 탄소 배출의 가속화는 우리가 계속해서 두 번째 경로를 선택할 것임을 시사한다.

이런 맥락에서 건강하고 안전한 환경은 점점 더 희소하고 불평등한 자원이 되어가고 있다. 많은 부유한 국가의 환경은 지속적으로 개선되는 반면, 나머지 국가의 환경은 정반대의 궤도를 그리면서 저하되고 있다. 이런 현상들은 [글로벌 경제와 무관한] 별개의 과정이 아니라, 우리 삶의 방식을 떠받치는 가장 더럽고 가장 파괴적이지만 여전히 필수적인 산업적 과정을, 그 글로벌한 영향의 타격을 더 오래 견뎌야만 하는 국가들로 수출해온 글로벌 경제의 결과이다. 오늘날의 글로벌 공급망은 탄소 배출을 통해 전 지구적인 환경 위험을 증가시키는 동시에 이런 위험을 다루는 데 필요한 자원을 빨아들인다. 이런 공급망은 환경 부문에서 나타나는 진보가 아닌 환경 부문에서 이뤄지는 거래를 시사한다.

이 책의 나머지 장들에서는 이런 방식을 뒷받침하는 체계와 과정을 2개의 부로 나눠 간략하게 보여줄 것이다. 1부 〈글로벌 경제의 어두운 세계〉에서는 글로벌화된 생산의 환경적 측면과 관련해 사람들이 착각하는 내용을 간략하게 소개한 뒤, 그 생산의 여러 측면을 형성하는 환경상의 진보라는 담론에 균열을 낼 것이다. 이 담론이 사람들을 안심시키면서 그릇된 길로 이끌기 때문이다. 이 책의 목표는 경제와 환경의 관계를 바라보는 방식을 재설정하는 데 있다. 무엇보다 우리가 여기까지 오게 된 과정을 묻는 중대한 질문으로 시작하는 1장에서는 환경이라는 렌즈를 통해 세계화의 역사를 간략히 소개할 것이다. 앞으로 설명하겠지만, 지난 반세기 동안 진행된 글로벌 생산 지형의 변화는 전 세계적 환경변화에 대한 사람들의 경험을 형성해왔다. 자원 추출과 환경저하는 경제개발이라는 더 거대한 과정의 결과인 동시에 경제개발을 형성한 원인이기도 했다. 저하된 경관이 사회적 변화와 경제적 변화를 부추기면서, 환경저하를 촉진하는 불평등이 심화되거나 새로운 영역에서 자원 추출이 이뤄졌다.

지금의 상황을 뒷받침하는 좀 더 폭넓은 맥락을 설명하는 1장에 이어, 2장에서는 전 세계 소비자들의 입에 끊임없이 오르내리는 질문을 검토할 것이다. 바로, 이 문제를 해결하기 위해 우리가 **할** 수 있는 일은 무엇인가라는 질문이다. 2장에서는 소비자의 지식과 영향력에 대한 문제를 철저하게 조사하면서, 공급망의 길이와 복잡성 자체가 투명 망토가 되어 생산을 덮어버리는 방식을 탐구할 것이다. 그린워싱과 글로벌 공장의 역사를 다루는 2장에서는 국제적 물류와 컨테이너 화물이라는 복잡한 세계에서 지속가능성에 대한 주장을 무력화하는 소비자의 지식 공백을 조명할 것이다. 궁극적으로 2장에서는 소비자로서 우리가, 우리가 의존하는 생산의 역학에 대해 얼마만큼의 지식을 가지고 있는지, 그리고 글로벌 공장의 그린워싱에 반박하기 위해 어떤 조치를 취해야 하는지 질문할 것이다.

글로벌 공급망이 현지 환경에 미치는 영향을 은폐하는 방법을 탐구하는 2장에 이어, 3장에서는 시야를 넓혀 글로벌 생산이 더 큰 규모의 탄소 배출을 은폐하는 방법을 보여준다. 탄소 배출은 지구가 직면한 가장 큰 환경위협이다. 따라서 최근 수십 년간, 최소한 서류상으로는 그 어느 때보다 더 엄격한 규제가 시행되고 있다. 주요 국가들이 탄소 배출 추세의 방향을 바꾸는 데 상당한 진전을 이루면서, 수 세기 동안 항상 위로만 치솟았던 곡선이 드디어 아래로 꺾이기 시작했다. 유럽연합의 이산화탄소 순배출량은 1990년 56억 톤에서 2018년 42억 톤으로 감소했다. 유럽연합 역사상 최대 탄소 배출국 중 하나인 영국은 1990년 이후 탄소 배출량을 44퍼센트 감축했다고 주장한다. 이는 전 세계를 선도하는 성과이지만, 보이는 것이 전부는 아니다. 글로벌 공급망의 다른 부분에서는 엄청난 규모의 탄소 배출이 눈에 띄지 않게 은폐되고 있기 때문이다. 글로벌 주변부로 전가된 탄소 배출은 탄소 회계 메커니즘에서 벗어나 있다. 3장에서는 이것이 곧 탄소 식민주의라고 주장할 것이다.

1부를 통해 글로벌 경제에서 탄소 배출과 환경저하가 은

폐되는 방식을 간략하게 소개한다면, 이어지는 2부에서는 글로벌화된 경제 체계가 기후변화의 영향을 구조화하는 방식을 탐구한다. 이 책의 후반부에서 드러나는 것처럼, 기후변화에 대한 취약성은 특정 민족과 특정 지역에 내재하는 특징이 아니라 불평등한 경제적·정치적 권력의 결과이다. 이런 측면을 살펴보기 위해 4장에서는 산업적 차원의 지속가능성 중 극도로 과소평가된 측면인 노동문제를 다룬다. 4장을 통해 확인할 수 있듯, 기후변화에 대한 취약성은 환경적 조건의 변화뿐 아니라 그런 변화에 대처하는 데 필요한 자원의 변화와도 관련이 있다. 가진 돈이 더 적다는 단순한 사실은 폭풍과 홍수에서부터 흉작으로 인한 식량 부족에 이르는 기후변화의 모든 측면에서 더욱 취약하다는 것을 의미한다. 그러므로 글로벌 공급망은 수출지향적 국가의 많은 노동자들이 기후변화에 점점 더 취약해지도록 만드는 한편, 기후변화의 영향을 추동하는 이중의 역할을 수행한다. 즉 글로벌 공급망은 기온 상승, 예측할 수 없는 강수량, 해수면 상승이 미치는 압력을 점점 더 높이는 동시에 그 영향이 직격하는 곳에 노동자를 배치한다.

이 책은 이와 같은 문제가 글로벌 경제의 지속가능성에 대한 논의의 최전선에 놓여야 하지만 현실에서는 여전히 뒷전으로 밀려나 있다고 주장한다. 부유한 국가들의 주도 아래 개별 국가 단위의 탄소 회계 목표와 지속가능한 소비 관행에만 계속해서 초점을 맞춰왔기 때문이다. 5장에서는 기후행동에 대한 담론을 바꾸지 못하는 우리의 고질적인 무능력의 바탕을 이루는 몇 가지 이유에 대해 논의한다. 5장에서 주장하는 것처럼, 이 문제는 환경에 대한 발언권의 유무, 즉 환경적 사고를 뒷받침하고 인간과 글로벌 경제의 관계를 재고하는 우리의 능력을 무력화하는 글로벌 불평등에 근원을 두고 있다. 누구의 말과 누구의 발상이 높이 평가되고, 누구의 말과 누구의 발상이 폄하되는지는 단순히 누구의 말이 가장 타당한가의 문제가 아니다. 그와 반대로, 발언할 권리는 부와 밀접하게 관련되어 있고, 여러 세대에 걸쳐 계승된다. 산업의 정치학을 새롭게 구성하기 위해서는, 국내에서 재화를 생산하는 노동 인력과 그 생산 환경에 기울이는 만큼의 관심과 주의를 해외의 노동 인력과 생산 환경에도 기울여야 한다. 그리고 그전에 먼저 식민지에 예속된 그들의 목소리부터 반드시 되돌려주어야만 한다.

그러나 6장이 보여주듯 이것은 말처럼 쉬운 일이 아니다. 환경주의의 세계를 구성하는 다양한 계열의 민중, 단체, 견해를 돌아보는 6장에서는 글로벌 기후 담론을 형성하는 권력의 동학과 이해관계를 부각한다. 도입부에서 글래스고에서 개최된 제26차 유엔 기후변화협약^{UN Climate Change Conference} 당사국총회 현장의 이모저모를 소개한 뒤, 재무 전문가에서부터 환경운동가에 이르기까지 기후변화 및 지속가능성 정책과 관련된 분열된 지형을 조사함으로써 어떤 이해관계가 환경붕괴를 둘러싼 우리의 사고방식을 형성하는지 살펴본다. 6장의 목표는 기후변화를 둘러싼 핵심 전장이 더 이상 기후변화가 존재한다는 현실과 그것이 인간 때문이라는 사실(혹은 그 중요성)

을 부정하는 사람들이 아니라 긴요하고 절실한 실천 및 행동을 지연시키고 축소하려는 '양의 탈을 쓴 늑대들'이라는 것을 입증하는 데 있다. 환경주의의 표면 아래에서 들끓는 이런 냉전은 기후변화를 부인하는 사람들에 대한 떠들썩한 비난과 달리, 지식·정책·담론의 통제권을 획득하기 위해, 그리고 무엇보다 중간 지대를 확보하기 위해 싸운다. 말하자면, 대중에게 신중한 기후행동 모델을 제시하고자 하는 것이다. 우리가 치러야 할 가장 큰 전투는 신중함을 가장한 이런 거짓 목소리에 맞서는 것이다.

[이 프롤로그를 포함한] 7개의 장을 바탕으로 결론을 내리는 에필로그에서는 이 책의 가장 중요한 요점을 제시한다. 즉 자연적·인위적·환경적 위험의 영향으로부터 지켜내야 할 물리적 안전을 의미하는 환경안보는 희소하고 소모적인 자산이다. 전 세계적으로 점점 더 불평등하게 분배되고 있는 환경안보environmental security는 글로벌 남반구에서는 급속히, 글로벌 북반구에서는 좀 더 서서히 축소되고 있다. 이런 체계 속에서는 환경안보 축소에 대처하는 데 필요한 자금을 오직 그런 영향을 악화하는 수단을 통해서만 확보할 수 있다. 사실상 가뭄과 홍수같이 서서히 진행되는 재해를 비롯한 기후변화의 영향은, 더 부유한 국가에서는 수출하고 덜 부유한 국가에서는 경제성장의 대가로서 수입하는 방식으로 거래된다. 바로 이것이 글로벌 경제가 기후변화를 악화하는 방식이다. 그러나 우리는 이런 악순환을 보지 못한다. 이런 무능력의 바탕을 이루는 것

은 지속가능한 소비의 힘에서 기후 취약성의 지리학에 이르는 여섯 가지 신화다. 에필로그에서는 기후위기에 대한 진정한 조치를 무력화하는 여섯 가지 신화를 하나하나 간략하게 소개하고, 그런 신화들에서 벗어나 다른 방식으로 생각하도록 돕는 도구를 제공함으로써 이 세계에 진정한 변화를 일으키는 데 기여하고자 한다.

글로벌 경제의

어두운 세계

1장

글로벌 공장의 500년 역사:
모든 것을 휩쓸어버리는 경제 체계

2015년 봄 무렵, 나는 캄보디아의 해안 소도시인 시아누크빌과 캄포트를 오가는 새롭게 복원된 기차에 몸을 실었다. 창문 너머로 캄보디아 남서부 해안의 아름다운 경관이 지나갔다. 울창한 숲이 우거진 언덕, 맹그로브, 선로를 따라 늘어선 캄보디아 야자나무 특유의 동그란 잎사귀가 보였다. 이런 목가적인 장면 덕분에 전면에 보이는 회색의 위협적인 콘크리트 공장이 더욱 어색하게 느껴졌다. 게다가 공장에 인접해 있는 산은 무자비한 기계에 의해 절반쯤이 누더기처럼 파헤쳐져 황폐한 모습이었다. 그렇게 사라진 산은 고운 가루[시멘트 가루]가 되어 무섭도록 빠르게 진행되는 캄보디아 도시들의 콘크리트 성장을 부추길 터였다. 기차 선로의 덜컹거리는 소리 너머로 멀리서 쇠와 돌이 서로 부딪히는 소리가 들려왔다. 그 소리를 듣고 있노라니, 산과 관련된 캄보디아 속담 여러 개가 떠올랐다. 대부분의 속담은 겸손이나 주제 파악 같은 의미를 전달하려 한다는 점에서 비슷했다. '팔이 짧은 자여, 산을 끌어안으려고 하지 마라' 혹은 '낚싯줄을 산에 던지지 마라' 같은 것들이 대표적이다. 산은 항상 힘, 권위, 영속성을 상징한다. 따라서 난데없이 해체되어 불품없어진 산의 모습은 심금을 울리기에 충분했다.

서구권에서 온 사람들이 이와 같은 장면들을 목격하면 너나 할 것 없이 뻔한 말을 하는 경향이 있는데, 이번에도 어김이 없었다. 나와 함께 기차에 오른 동료는 그 흔한 질문을 기어이 입에 올렸다. "어쩌면 사람들이 이럴 수 있지? 어떻게 이토록 아름다운 자연환경의 가치를 눈곱만큼도 존중하지 않을 수 있느냐고." 다른 한편으로 캄보디아 사람들의 반응은 엇갈린다. 어떤 사람들은 그것을 비극이라고 매도할 것이고, 또 다른 이들은 파괴를 한탄하면서도 그것이 캄보디아의 산업 발전에 필요하다고 인정하는 좀 더 낙관적인 태도를 보일 것이다. 그렇지만 탈선으로 해석되든 희생으로 해석되든, 무너진 산은 필연적으로 근대적 현상으로 보일 수밖에 없다. 산을 무너뜨리려면 자연 세계를 그토록 완전하고 급속하게 변화시키는 기술과 화석연료가 필요하기 때문이다.

이것은 납득할 만한 추정이다. 어쨌든 지난 수십 년 동안 환경파괴가 경각심을 불러일으킬 만큼 빠르게 진행되어왔기 때문이다. 기본적으로 땅에서 재료를 캐내는 글로벌 원료 추출은 1970년 이후 220억 톤에서 700억 톤으로 3배 이상 증가했다.[1] 추출은 바위, 보석, 화석연료에만 해당하는 이야기가 아니다. 심지어 산업혁명이 세계를 변화시키기 시작한 18세기 이후 전 세계에서 사라진 숲은 수십 년간 매해 약 1900만 헥타르 언저리에 머물면서 비교적 안정적인 규모를 유지했지만, 20세기에 접어들면서 돌연 치솟아 1980년대에 1억 5000만 헥타르로 정점을 찍었다. 다른 한편에서는 생물종이 감소하는 속도가 빨라져왔다. 이를 보여주는 가장 노골적인 수치는 아마도 지난 반세기 동안 인구는 2배 이상 증가한 반면 전 세계 동물의 수는 70퍼센트 하락했다는 통계일 것이다.[2]

최근 세계는 차원이 다른 규모의 환경파괴를 목도하고 있지만, 그 기저에 깔려 있는 관행은 결코 새로운 것이 아니다. 사실 인간에게 산을 파괴하거나 지표면에 거대한 분화구를 남기는 광산을 개발할 힘을 부여한 것은 산업혁명이 아니었다. 2000년 전 로마인들은 산업혁명보다 속도는 다소 느리지만 그 못지않은 수준으로 자연 세계를 무시하면서 환경을 파괴하고 있었다. 이탈리아의 카라라봉과 그리스의 펜텔레콘산은 역대 로마 황제들을 위해 이뤄진 수 세기에 걸친 대리석 채석의 상처를 여전히 간직하고 있다. 해당 지역을 좀 더 평민적인 수준에서 초토화했던 광산의 영향은 오늘날에도 확인된다. 기원전 6세기부터 기원후 2세기까지 유럽의 철 생산을 지배했던 토스카나의 포풀로니아 같은 철강 도시의 중공업에 매년 백만 에이커의 숲에 맞먹는 땔감이 필요했다는 기록이 남아 있는데, 이것은 이례적인 일이 아니었다. 도자기 생산이 그에 비례하는 황무지를 만들어낸 것처럼, 이런 거점들은 로마제국 전역에 걸쳐 있었다. 이렇듯 그 옛날에도 제국은 지속불가능성에 뿌리를 내리고 있었다.

어쩌면 이것은 그리 놀라운 일이 아닐 것이다. 어쨌든 추출과 착취는 항상 함께 진행되어왔기 때문이다. 추출에는 특정 종류의 노동력이 필요하다는 점을 그 한 가지 이유로 꼽을 수 있다. 브라질의 아마존에서부터 콩고민주공화국의 코발트 광산에 이르는 전 세계 어디에서나 추출을 주로 떠맡아온 것은 사회의 주류에서 분리된 특정 노동력이었다. 일반적으로 추출에 종사하는 노동자들은 남성이고, 가족과 지역사회로부터 장기간 격리되어 있었다는 점에서 사회적 지위가 유사하다. 다시 말해 글로벌 경제를 계속해서 뒷받침하는 가장 지속가능하지 않은 과정을 추진하기 위해서는 그전에 먼저 추출에 종사하는 노동자들을 사회로부터 추출해내야만 한다.[3]

이런 관계는 오늘날 가장 극단적인 형태로 나타나고 있다. 세계에서 지속가능성이 가장 낮은 다수의 노동은 지역사회에서 강제로 분리되었거나 작업장에 억류되었거나, 혹은 둘 모두에 해당하는 사람들이 떠맡는다. 그 악명 높은 사례로 콩고의 코발트 광산을 꼽을 수 있다. 그곳에서 일하는 노동자들은 대개 남성이고, 아동도 꽤 있다. 그들은 위험하고, 유독하며, 종종 치명적인 작업을 수년간 수행하면서, 스마트폰과 전기자동차 같은 첨단 기술 혁신에 필요한 광물을 제공해왔다. 어마어마한 탄소와 인적 비용[4]이 수반되는 노동이기에, 주로 매우 저렴하면서도 결정적으로 착취하기 매우 쉬운 노동력, 즉 사실상 일회용 노동력이 없으면 이와 같은 노동은 수행될 수 없다.[5] 흡사한 사례가 전 세계에서 발견된다. 방글라데시의 벽돌 가마[6]에서부터 생계를 위해 어쩔 수 없이 어족 자원을 고갈시키는 태국 어부[7]에 이르기까지, 민중과 환경에 대한 학대는 동시적으로 이뤄지는 경향이 있다.

게다가 인간에게 위해를 가하려는 의지가 가장 강한 사람들이 바로 자연을 더욱 기꺼이 착취하는 사람들이라는 사실은 도덕적 차원을 넘어서는 문제다. 그것은 경제적 불가피성의 문제이다. 대부분의 경우 자연환경은 글로벌 원자재 수요에 보조를 맞출 수 있을 정도로 빠르게 재생되기 어렵다. 따라서 추출 산업은 끊임없이 새로운 지역으로 확장해야 한다. 즉 더 먼 곳까지 길을 내고, 더 깊이 땅을 파며, 더 광범위하고 무차별적으로 그물을 던져야 한다. 이 모든 활동의 근원에는 경제적 문제가 자리 잡고 있다. 우리는 규모의 경제라는 발상, 즉 더 많이 만들수록 제품이 더 저렴해진다는 발상에 익숙해져 있다. 그러나 추출에 관한 한 종종 정반대의 진실이 드러난다.[8] 광물을 추출하기 위해 땅을 더 깊이 파든, 아마존으로 들어가는 새로운 진입로를 더 멀리 내든, 희소성의 증가는 비용의 증가로 이어진다. 이윤을 흑자로 유지하기 위해서는 착취된 노동을 사용할 수밖에 없다.[9]

전 지구적 규모에서 볼 때 추출은 수익성이 낮다. 바로 이것이 과거 식민 지배를 받았던 국가가 독립 이후 그 식민국을 따라잡기 위해 몸부림치는 근본적인 이유 중 하나다. 대부분의 식민지들은 추출을 중심으로 조직되었고 제국의 성장을 추동하는 원자재를 제국에 제공했다. 그 결과 식민지는 심지어 제국의 관리자들을 축출한 이후에조차 그들이 확립해놓은 근본적인 경제 구조에서 벗어날 수 없었다. 그 구조는 새롭게 독립한 국가들의 발전을 계속해서 방해했다. 기본적으로 원자재를 수출하는 국가는 원자재를 가공·제조·재판매하는 국가보다 더 낮은 경제적 가치를 획득한다.[10] 따라서 글로벌 북반구에서 글로벌 남반구로 수출하는 재화를 만드는 데 사용되는 1와트의 에너지, 1헥타르의 토지, 1시간의 노동에 대한 대가를 치르기 위해 글로벌 남반구는 더 많은 단위의 에너지를 생산해야 하고, 더 많은 토지를 사용해야 하며, 더 많은 시간 동안 노동해야 한다. 그 평균 비율은 토지 5 대 1, 에너지 3 대 1, 노동 13 대 1로 집계된다.[11] 다시 말해, 추출 국가들이 그들이 추출한 원자재를 사용하는 국가들에 비해 점점 더 가난해지는 것은 "물리적으로 불가피한" 현상이다.[12]

그러나 정말 물리적으로 불가피한가? 캄포트의 훼손된 산이 나의 시야에서 벗어나자, 이 글로벌 과정들이 물리적인 성질을 띠고 있다는 데 의심의 여지가 없어 보였다. 그러나 이것이 분명 이야기의 전부는 아니었다. 캄보디아는 콩고가 아니다. 콩고와 달리 캄보디아는 분명 추출에 대한 공정한 몫을 받았다고 할 수 있기 때문이다. 21세기 초반 캄보디아는 세계 최악의 벌목률을 기록한 국가 중 하나로 떠올랐다. 그리고 지난 20년 동안 생태적으로 중요한 톤레삽 호수를 오염시키고 그곳에서 물고기를 극심하게 남획한 끝에, 모니터링 결과에 따르면 이제는 그물에 "물고기보다 쓰레기가 더 많이"[13] 걸리는 국가가 되었다. 그러나 캄보디아는 오늘날의 글로벌 경제에 참여하는 다른 많은 국가들처럼 하나의 독립적인 생산국으로 자리매김했고, 그에 걸맞은 경제적 성과를 내고 있다. 즉 캄보디아는 기적의 10년이라고 불리는 1999년부터 2008년까지 평균 두 자릿수의 성장률을 기록하면서, 21세기의 첫 10년 동안 세계에서 여섯 번째로 빠르게 성장하는 국가가 되었다.

그렇다면 이것은 제조가 점점 더 지배적인 부문으로 자리 잡아가고 있는 개발도상국인 캄보디아가 이제 과거의 식민국, 즉 캄보디아가 생산하는 의류를 수입하는 훨씬 더 부유한 국가들이 거쳐온 것과 동일한 성장 궤도에 올랐다는 의미인가? 이것이 지난 40년 동안 국제 개발을 지배해온 합의된 의견이지만, 이론의 영역을 넘어 실제로 저소득 국가에서 고소득 국가로 성공적으로 전환한 국가는 극소수에 불과하다. 주된 사례로 꼽을 수 있는 국가는 그리스, 싱가포르, 한국 정도이고 대부분의 경우 초기의 약속은 '중진국 함정middle-income trap'[14]으로 알려진 것 속으로 사라졌다. 중진국 함정은 가난한 추출 경제가 첨단 기술을 갖추고 대량으로 소비하는 부유한 경제로 이행하는 일이 쉽지 않다는 것을 의미하는 전문용어다.

개발도상국들이 '중진국 함정'에 빠지는 이유에 대해서는 의견이 분분하다. 그러나 이 문제를 어떤 시각에서 보든 한 가지 분명한 것은 그 어떤 논쟁에서도 구체적인 현장의 경험을 찾아볼 수 없다는 점이다. 서류에 기록된 산업화는 깨끗하고, 과학적이며, 심지어 필연적인 결과처럼 보일지 모른다. 그러나 현실에서 이뤄지는 글로벌 경제의 통합은 훨씬 더 추악한 짐승의 모습을 하고 있다. 그 체계에서 살아가는 민중은 급격하고 고통스러운 격변 속에서 삶과 생계를 유지해나가야 하기 때문이다. 일부는 기꺼운 마음으로 그런 결정을 내리지만, 많은 이들은 선택지가 제한되어 있는 여건에서 고심 끝에 결정을 내린다. 그리고 그 결정은 미래에 다른 사람들이 누릴 혜택을 내세워 현재의 개인에게 상당한 희생을 강요한다.

바로 이것이 기후변화뿐 아니라 더 거대한 규모의 자본주의에서 이뤄지는 경제개발에 대한 생생한 경험이다. 공장을 건설한다 하더라도, 최소한 초기에는 노동력이 자동으로 유입되지 않는다. 관련된 지역사회와 민중의 입장에서는 산업 노동으로의 전환이 사회적·문화적·정서적 개변의 과정이기 때문이다. 산업 노동자가 된다는 것은 최소한 아들들과 딸들이 그들의 친구, 가족, 부모, 자녀를 고향에 남겨둔 채 종종 기약 없이 떠나 있어야 한다는 것을 의미한다. 산업 노동자가 된다는 것은 끊임없이 높은 압박감을 견디면서 매일, 매주 혹은 심지어 매년을 거의 숨 돌릴 틈 없이 노동해야 한다는 것을, 그리고 쥐꼬리만 한 임금을 받기 위해 불편하고 심지어 고단한 노동조건을 감수해야 한다는 것을 의미한다. 관련된 지역사회와 민중의 입장에서 산업 노동으로의 전환은 국민 계정에서 매년의 성장률을 분석할 때 지표로 사용하는 GDP 점수에 1점을 추가하는 것처럼 순조롭고 예측 가능하지 않다. 그들에게 그것은 파열이고, 희생이며, 불확실성이다.

다른 한편으로 산업 노동으로의 전환은 많은 예비 노동자들이 양손에 움켜쥐는 기회이기도 하다. 그렇다면 여기서 다음과 같은 질문을 던질 수 있다. 즉 산업 노동자들은 이 모든 고충, 위험, 불편함이 존재하는 산업 노동으로 피난을 떠나기 위해 무엇으로부터 탈출하고 있는가? 전통적으로 이것은 산업 발전에 대한 설명에서 거의 제기되지 않는 질문 중 하나였다. 글로벌 남반구는 '미지의 영토'로 인식된다. 이런 인식이 지속되는 이유는 글로벌 남반구를 묘사하는 용어가 계속해서 바뀌었기 때문이다.[15] '식민지'에서 '제3세계 국가'로, 다시 '신흥 시장'으로 진화하는 표식은 심대한 지정학적 이행을 반영한다. 이 세 가지 용어 모두의 근원에는 단지 '시장의 마법'[16]이 도래했다는 이유만으로 토지와 민중을 변혁해 해방시킬 수 있으리라는 인식이 자리 잡고 있다. 그러나 이런 인식이 수 세기 동안 지속된 데 반해 현실은 결코 그와 같이 나타나지 않았다. 즉 산업화의 역사는 산업 노동력의 탄생과 유지에 대한 이야기뿐 아니라 산업 노동력이 끝내 받아들이게 되고 마는 도구와 기술에 대한 이야기를 들려준다.

산업 노동력의 탄생:
농민은 어떻게 노동자가 되는가

궁지에 몰린 캄포트의 언덕을 기차를 타고 지나간 지 며칠이 지났다. 나는 캄보디아의 반대편에서 베트남과 국경을 맞대고 있는 프레이벵주에 도착해 홍수와 가뭄 피해를 입은 농촌에서 현장연구를 수행했다. 예상했던 것처럼 그곳 사람들과 나눈 대화는 대부분 강우 혹은 가뭄, 은행의 소액 신용대출 상환 독촉에 관련된 것이었다. 따라서 소똥이 가지런히 정돈되어 있는 방수포 몇 개를 우연히 발견하고 나서야 비로소 새로운 질문이 번뜩 떠올랐다. "이걸 판매하나요?" 나는 대화를 나누고 있던 농민에게 물었다. "네, 베트남 사람들에게 팝니다." 흥미로운 일이었다. 왜냐하면 그때까지만 해도 소똥이 국제적으로 거래된다는 것은 나의 상상을 초월하는 일이었던 데다, 그 농민과 다른 농민들이 비료를 사용하면서 쌀을 먹을 수 없게 된 사정을 설명한 탓에 하루의 대부분이 지나갔기 때문이다.

강우 패턴은 더 이상 예전과 동일한 양상으로 나타나지 않았고, 그 때문에 기후를 예측하기가 점점 더 어려워졌다.[17] 사정이 이렇게 되자 이 마을의 농민들은 캄보디아를 비롯한 여러 지역에서 비슷한 처지에 놓인 다른 많은 농민들처럼 근대적인 방법에 의지했다. 살충제, 화학비료, 새로운 조생 종자, 기계를 이용한 수확. 농민들이 이 모든 혁신을 채택하게 된 이유는 이제 막 발전하기 시작한 캄보디아의 의류 공장에 공급하느라 소실된 노동력을 보충하고 전통적인 농업에 점점 더 부적합해져만 가는 기후에 대처하기 위해서였다. 그 결과는 탄력적이고 근대적이었다. 그러나 그 맛은 끔찍할 정도로 형편없었다. 어찌나 맛이 없었던지, 농민들은 그렇게 생산한 쌀을 이 지역사회에서 소똥을 매입하는 베트남 상인에게 동물 사료로 판매하기로 결정했다. 쌀 판매 대금을 받으면 그 돈으로 자신들이 먹을 쌀을 구입할 요량이었다.

말하자면 농민들은 먹을 수 있는 쌀을 생산하기 위한 수단[소똥]을 수출하는 한편, 먹을 수 없는 쌀을 생산하기 위한 수단[살충제, 화학비료 등]을 수입하고 있었다. 기이한 광경처럼 보였지만 [사실은] 그렇지 않았다. 내가 무지했기 때문에 특별히 주목할 만해 보였을 뿐이다. 이는 캄보디아 남동부에 자리 잡은 프레이벵주의 어느 마을에 가든 들을 수 있는 사연이었다. 프레이벵주는 도시개발과 거리가 먼 지역이었다. 도로가 침수되어 진흙탕이 되는 바람에 한 해 중 꽤 많은 날이 접근조차 어려웠다. 프레이벵주에서는 아주 최근까지도 프놈펜에 가려면 온종일 메콩강을 오가는, 인도에서 수입한 낡은 페리를 이용하는 수밖에 없었다. 나는 페리 항구가 자리 잡은 소도시인 네악 루옹에서 하룻밤을 보낸 적이 있었다. 프레이벵주의 대부분 지역처럼 네악 루옹에서는 오후 9시면 전기가 나갔고 오전 5시가 되어서야 다시 들어왔다. 유럽의 부유한 지역에서 이곳을 찾아온 외국인인 나에게는 이곳이 세계의 끝처럼 **느껴졌다.** 그러나 자동차로 두 시간만 더 가면 에메랄드빛 논이 펼쳐진 농촌 마을을 만날 수 있는 외딴 지역인 네악 루옹에서조차 국제시장을 비롯한 각종 시장은 현지 생태계에 필수적이고 불가피하며 매우 흔한 영역으로 자리 잡고 있었다.

나는 근대성과 개발이 과거의 생활방식을 잠식하는 일방적인 과정이 아니라, 도시 지역의 개발이 농촌의 변화를 이끌다가 결국에는 서로 의존하게 되는 순환적인 과정임을 금세 깨달았다. 역사적인 측면에서 볼 때, 캄보디아에서는 이 과정이 비교적 늦게 (혹은 좀 더 적절하게 표현하자면, 다시) 시작되었다. 크메르루주Khmer Rouge 시기, 캄보디아에서는 대부분의 산업이 가동을 멈췄다. 대다수 인구가 농촌의 노동수용소로 징집되는 바람에 대부분의 도시에서 사람들이 떠났기 때문이다. 캄보디아를 파괴한 크메르루주의 뒤를 이은 것은 베트남 괴뢰정권인 캄푸치아 인민공화국People's Republic of Kampuchea이었다. 이 시기에 캄보디아는 불확실한 10년을 보냈다.[18] 끈질기게 저항하는 크메르루주 집단과의 내전은 1990년대까지 캄보디아에 계속해서 생채기를 남겼다. 그 결과 캄보디아는 내세울 만한 산업 생산량이 지극히 적은, 세계 최빈국 중 하나가 되었다. 그 이후 일어난 폭발적인 경제성장은 '기적'으로 불려왔지만,[19] 어느 정도 예측 가능했던 것이기도 했다. 글로벌 공급망에서 지리적으로 유리한 위치에 자리 잡고 있으면서, 저렴하고 유동적인 대량의 노동력을 글로벌 시장에 공급할 수 있는 국가는 항상 번영할 잠재력을 지니고 있기 마련이기 때문이다. 공장에 앞다퉈 들어가려고 문 앞에서 아우성치는 수백만 명의 노동력이야말로 투자자들이 보고 싶어 하는 바로 그 광경인 것이다.

그러나 성장 모델의 냉정한 경제적 합리성에서 잠시 한 걸음 물러나, 이런 과정을 실제로 경험했던 사람들의 생각을 헤아려보자. 1990년대의 캄보디아 의류 산업은 악명이 자자했다. 아동 노동이 흔했고, 성희롱과 심지어 일자리를 미끼로 하는 성상납이 만연했다. 박봉에 노동조건은 형편없기 일쑤였다. 그럼에도 노동자들은 계속해서 모여들었다. 1990년대 후반의 약 3년 동안 캄보디아 경제의 동력이자 추진력이었던 의류 산업의 규모는 200배 이상 성장했다.[20] 1994년 수천 명에 불과했던 노동력은 경제 활동이 가능한 연령대의 인구가 약 900만 명으로 추산되는 오늘날 75만 명 이상으로 증가했다.[21]

현재 경제 활동이 가능한 연령대의 캄보디아 여성 5명 중 약 1명이 의류 노동에 종사한다. 그리고 새로운 일자리가 창출되거나 심지어 어디 한 군데라도 일자리가 나면 예비 노동자들이 계속해서 모여든다. 그들은 일자리가 나기를 학수고대하면서 공장 문 앞에서 참을성 있게 기다린다. 의류 산업이 폭발적으로 발전하고 30년이 지난 지금도 상황이 이렇다는 것이 놀라울 따름이다. 암울했던 1990년대에 비해 모든 것이 훨씬 더 나아진 것은 사실이지만, 의류 노동은 여전히 어렵고 고된 일이다. 장시간 노동, 영양실조, 건강 악화 등 지금도 여전히 인권 문제로 얼룩져 있는 의류 산업에 어마어마한 수의 사람들이 끊임없이 유입되는 이유는 무엇인가? 이 질문의 중요성을 강조하기 위해 가상의 의류 노동자가 보낼 법한 하루 일과를 그려보고자 한다.

가상의 의류 노동자는 창문이 없는 콘크리트 벽으로 둘러싸인 약 10제곱미터 규모의 방에서 오전 5시 30분에 일어난다. 3~8명의 노동자가 이 방을 공유한다. 임대료를 낮춰야 하므로 공유하는 사람의 수는 많을수록 좋다. 이곳에서는 한 해 중 여러 날들이 밤에조차 30도에 육박한다. 이런 지역에서 공기가 통하지 않는 공간은 더위가 더 심해지기 마련인데, 이 방에서 그 더위와 씨름하는 것은 선풍기 한 대뿐이다. 가상의 의류 노동자는 묽은 쌀죽을 준비한다. 함께 지내는 노동자들과 같이 먹을 아침 식사다. 아침을 먹은 가상의 의류 노동자는 도로변으로 나가 자기를 공장으로 실어 나를 트럭을 기다린다.

도착한 트럭은 이미 사람으로 가득 차서 미어터질 듯하다. 그러나 가상의 의류 노동자와 또 다른 6명의 노동자는 트럭 뒤에 평상 모양으로 붙어 있는 적재함을 차지한 50명 남짓한 동료 노동자들 틈바구니를 비집고 들어가 어깨를 맞댄다. 당연히 불편하다. 그러나 위험한 국도의 교통 체증을 뚫고 달리는 트럭 위에서 불편함은 두려움에 비할 바가 못 된다. 노동자들의 몸이 오직 또 다른 노동자의 몸에 의해서만 고정되는 이 트럭은 지극히 위험하다. 트럭이 충돌하거나 전복되는 사고로 매년 수십 명의 노동자가 목숨을 잃고, 수십 명이 넘는 노동자가 아스팔트에서 팔다리를 잃는 중상을 입는다. 공장이 저 앞에 보인다는 것이 그나마 위안을 준다.

그날의 노동은 오전 7시에 시작된다. 가상의 의류 노동자는 수백 명의 동료 노동자와 더불어 공장 문을 줄지어 통과하기 시작한다. 자기 재봉틀 앞에 앉은 그는 작업을 시작한다. 빠르게 작업하라는 압박은 극심하다. 작업 라인 관리자는 작업 속도가 느려질 때마다 소리를 지른다. 사소한 실수조차 심한 욕설로 이어질 터다. 가장 흔히 듣게 되는 말은 '빨리 일하지 않을 거면 그만두라'는 말이다.[22] 화장실에 가는 것은 금지되어 있다. 따라서 그는 4시간 동안 쉬지 않고 똑같은 모양의 셔츠 수백 장에 오른쪽 소매를 박음질한다. 오전 11시가 되면 점심시간을 알리는 종이 울린다. 그는 수백 명의 동료 노동자와 함께 다양한 노점이 기다리고 있는 공장 앞으로 줄지어 나간다. 밥에 채소와 소량의 고기를 얹은 음식은 저렴하지만 매우 부실하다. 오전 11시 30분에 다른 노동자들과 함께 줄지어 공장으로 돌아오지만 여전히 배가 고프다. 더위는 극심해진 상태다. 벽돌로 네 개의 벽을 쌓고 그 위에 금속 재질의 지붕을 얹은 거대한 공장에는 창문이 없다. 천장에 통풍구가 몇 곳 뚫려 있긴 하지만, 원활한 통풍을 기대할 만한 크기는 아니다. 기온이 올라갈수록 그는 메스꺼움과 어지러움을 느낀다. 몇몇 노동자들이 공장 안에서 의식을 잃고 쓰러지는 와중에도, 그는 수백 장 셔츠의 소매를 추가로 박음질하기 위해 고군분투한다. 오후 4시에 하루 노동의 끝을 알리는 종이 울리면 다른 노동자들과 함께 줄지어 밖으로 나간다. 감사하는 마음으로 불어오는 미풍을 느껴본다. 그러나 오늘은 기분 좋은 날이다. 해외에서 발주한 주문이 들어와 초과 노동을 할 수 있는 날이기 때문이다. 거의 모든 노동자들처럼 그는 초과 노동이 있는 날이면 무조건 초과 노동을 한다. 따라서 다른 노동자들과 함께 공장으로 줄지어 돌아온 뒤 2시간을 추가로 노동한다. 그런 뒤 죽음을 무릅쓰고 트럭에 올라 오후 7시 30분에 집에 도착해서 저녁 준비를 시작한다. 이번에는 밥과 계란이다. 그러고 나면 지친 몸으로 단잠에 빠진다.

바로 이것이 전 세계 수백만 명의 의류 노동자가 1년 내내 일주일에 6일 혹은 7일을 반복하는 하루의 모습이다.[23] 장시간 노동, 건강 악화, 바늘구멍만 한 경험에 갇힌 세계, 재봉틀과 셋방의 벽 사이를 오가는 삶 말이다. 얼마간은 이어갈 수 있을지 몰라도 궁극적으로는 지속가능하지 않은 노동이다. 대부분의 의류 노동자는 최대한 버티다가 결국에는 집으로 돌아간다. 의류 산업에 종사하는 노동자의 평균 연령은 27세(캄보디아) 혹은 25세(방글라데시)다.[24] 의류 노동은 대체로 어린 여성의 일감이다. 그들은 한시적으로 의류 노동에 종사하다가 농촌 생활로 복귀한다. 오직 가장 가난한 사람들만이 장기간 머무는 경향이 있다. 어느 의류 노동자가 한때 나에게 하소연했던 것처럼, '미래가 없고' 오직 '끝없는 노동'만 존재하는 삶이 달가운 사람은 없기 때문이다. 산업 노동을 감당할 여력이 있는 사람에게 산업 노동은 종종 결혼 전에 자금을 모으는 하나의 수단이 되었다. 그 자금이란 가족이 영위하는 농장을 뒷바라지하는 데 필요한 것일 수도 있고, 소규모 무역이나 환금성 작물을 재배하는 농촌 사업에 투자하는 데 필요한 것일 수도 있다.

문제는 이것이 산업화가 나아가리라고 추정되었던 방향이 아니라는 데 있다. 개발 이론들은 생계형 농업이 산업과 산업적 농업으로 영구 전환될 것이라고 설명한다. 산업도상국들은 서로 닮아가게 되고, 더 가난한 국가들은 더 빠르게 성장해 궁극적으로는 모두가 동일한 위치에 서게 될 것이라는 경제적 신조인 수렴 이론Convergence Theory을 필두로, 수많은 모델들이 이와 같은 전환 과정을 개략적으로 소개한다. 그러나 그 어떤 개발 모델에도 도시개발과 소규모 자영 농업이 지속가능하게 공존한다거나 농촌이 산업의 공생적인 지원을 받으면서 형태를 유지한다는 내용은 등장하지 않는다. 오히려, 진실은 정반대이다. W. 아서 루이스^{W. Arthur Lewis}가 제안했고, 여전히 국제 개발 계획을 뒷받침하고 있는 이중 섹터^{Dual Sector} 모델의 명칭은 '노동력의 무제한 공급을 통한 경제개발^{Economic Development with Unlimited Supplies of Labor}'이었다. 다시 말해, 개발 이론들에는 노동력의 끝없는 공급을 통해 산업의 욕구를 만족시켜야 한다는 전제가 깔려 있다.

몇 년 전 국제 NGO의 의뢰로 의류 산업의 노동조건에 대해 연구하면서 캄보디아에서는 이런 생각이 용인될 수 있다는 사실을 분명히 인지하게 되었다. 그 연구를 수행하면서 나는 몇몇 공장 관리자를 인터뷰했다. 의류 산업을 떠난 노동자를 대체하기까지 소요되는 시간을 확인하고 싶었기 때문이다. 인터뷰를 하면서 나는 사장들이 그 인터뷰를 통해 의류 산업에 종사하는 노동자들의 노동조건을 개선해 노동자를 보유하는 것이 경제적으로 가치 있는 일임을 이해하게 되기를 바랐다. 그러나 결과는 실망스러웠다. 심지어 많은 관리자들이 내가 던진 질문의 의미조차 제대로 이해하지 못했다. '무슨 시간이 소요된다는 말일까요?' 그들은 결국 이렇게 말할 기세였다. '[일할 사람들이] 공장 문 바깥에 줄 서 있는 걸요. 그냥 거기서 한 명 뽑아오면 됩니다.'

이제 정리해보자. 의류 노동은 힘들고 육체적으로 고달픈 일이다. 대부분의 노동자는 농촌으로 복귀하고 싶어 하고, 궁극적으로 많은 노동자들이 결국 농촌으로 돌아간다. 사정이 이런데도 애초 사람들이 계속해서 모여드는 이유는 무엇인가? 여전히 많은 사람들이 공장 문 바깥에 진을 치고 있는 이유는 무엇인가? 명징한 답은 돈이다. 1990년대에 대부분의 캄보디아 사람들은 지극히 가난했다. 많은 사람들이 식량을 안정적으로 확보할 수 없었고, 의약품을 구하지 못했으며, 교육을 받지 못했고, 심지어 많은 경우 깨끗한 물조차 마실 수 없었다. 그러나 지금은 더 이상 1990년대가 아니다. 영양 상태, 교육 여건, 보건 서비스가 크게 향상되었고, 농촌과 도시 모두에서 기회가 훨씬 더 풍부해졌다. 그런데도 사람들은 계속해서 공장 문을 두드린다. 그 이유는 무엇인가? 만일 농촌에 머물고자 한다면, 그냥 그렇게 하면 되지 않을까?

그 해답은 가지런히 정돈되어 있다가 국제시장에 내다 팔린 소똥에 들어 있다. 과거와 달리 농촌 지역은 더 이상 폐쇄적인 체계가 아니다. 농촌은 시장에 통합되었고, 따라서 자본이 있어야 돌아갈 수 있다. 벼농사를 예로 들어보자. 전통적인 맥락에서라면, 캄보디아에서 벼농사를 짓는 농민들은 벼농사를 짓는 전 세계 대부분의 농민처럼 모내기법으로 벼농사를 지을 것이다. 즉 그들은 몇 제곱미터의 작은 못자리에 지난해의 수확에서 얻은 종자를 공들여 파종하고, 모가 날 때까지 그것들을 정성껏 돌볼 것이다. 모가 나면 모를 캐서 더 큰 논에 옮겨 심고, 모가 성숙하면 수확할 것이다. 그러고 나면 다시 종자를 세심하게 수집할 것이고, 다음 해에는 이 순환이 새롭게 시작될 것이다. 1990년대 캄보디아에서는 거의 모든 농민이 모내기법으로 농사를 지었다. 그러나 오늘날에는 거의 아무도 그렇게 하지 않는다.

비가 산발적으로 그리고 예측할 수 없는 방식으로 내리게 되면서 모를 애지중지 돌보고 옮겨 심는 한 달이라는 기간조차 긴 시간이 되어버렸다. 그 한 달 사이에 계절에 어울리지 않는 가뭄이나 홍수가 찾아오면 모는 시들어버릴 것이다. 조생 종자, 비료, 살충제, 관개, 기계를 이용한 수확 같은 다른 방법이 있지만, 이런 방법으로 농사를 지으려면 돈이 필요하다. 그리고 돈이란 지난해의 수확에서 얻은 수익이 사라지는 파종기에는 공급되기 어려운 상품이다. 이때 농민들에게는 두 가지 선택지가 주어진다. 하나는 대출을 받는 것이고, 다른 하나는 가족 구성원 중 한 명을 산업 노동자로 도시에 보낸 뒤 그가 가족이 영위하는 농장으로 보내주는 돈을 활용하는 것이다. 그러나 실제로 둘 중 하나만 선택하는 경우는 드물고, 대부분은 둘 모두를 선택한다. 빚이야 언제든 낼 수 있지만 상환은 정해진 날짜에 꼬박꼬박 해야 하기 때문이다. 농민들은 채권자가 계절의 리듬에 따라 상환하는 방식을 용납하지 않는다는 것을 금세 깨달았다. 매월 부채를 상환하려면 월급이 필요하다. 가족과 가족이 영위하는 농장은 이렇게 모두 시장으로 흡수된다.

이 과정은 일단 시작되면 저절로 강화된다. 더 많은 사람들이 농촌 지역을 떠나면서 농촌에 공급되는 노동력은 더 감소한다. 이렇게 되면 농촌 노동력을 고용하는 비용이 증가해 노동집약적인 기존의 농법은 재정적인 측면에서 실행 가능하지 않은 방법으로 전락한다. 따라서 더 많은 농민들이 매년 새로운 종자, 비료, 살충제를 구입할 돈을 빌리기 시작한다. 그리고 매년 이런 식으로 그들의 논에서 양분이 빠져나간다. 얼마 지나지 않아 토양이 고갈되면 화학비료만이 고갈된 토양에서 작물을 키울 수 있는 유일한 방법으로 남게 된다. 소똥 같은 천연비료를 거름으로 쓸 수도 있겠지만, 별반 쓸모가 없다. 천연비료가 토양을 보충해주는 것은 사실이지만, 매월 긴박하게 돌아가는 부채 상환을 감당할 정도로 빠르게 보충해주지는 못하기 때문이다. 그 대신 농민들은 소똥을 방수포에 가지런히 정돈한다. 마침내 소똥이 팔리면 거기에 몇 달러를 더 얹어 화학비료를 구입할 것이다.

전 세계의 많은 사람들에게 캄보디아의 세계화는 환경과 산업이 서로 맞물려 있는 톱니처럼 작동하면서 근대화의 수레바퀴를 돌리는 이야기로 인식된다. 어떤 의미에서 이것은 철저하게 근대적인 현상인 기후변화에 뿌리를 내리고 있는 시대의 이야기다. 그러나 개발이 중단되면 곤경에 처하고 말, 인구 1700만 명의 아열대 국가에 대한 이 짧은 이야기에서 우리는 산업화에 대한 더욱 드넓고 장기적인 진실을 발견할 수 있다. '일단 공장을 지으면 노동자들이 찾아올 것'이라는 말과 달리, 산업화 이전의 맥락에서는 공장이 저절로 채워지지 않았다. 삶의 변화가 극심하고 급격했던 데다 기본적으로 매력적이지도 않아서 농업 노동력을 산업 노동력으로 끌어들일 수 없었기 때문이다. 따라서 다른 무언가, 즉 화폐라는 근대적인 유인책뿐 아니라 농민에서 노동자로의 길고 외로운 여정을 시작하

게 만들 또 다른 동력이 필요했다.[25]

농민에서 산업 노동자로 변신하게 되는 결정적인 계기는 친족의 질병 같은 경제적 타격에서부터 홍수, 가뭄 또는 산사태 같은 재해에 이르는 다양한 형태로 나타난다. 이런 계기들 중 새로운 것은 하나도 없다. 농촌에서 생계를 건사하는 것 역시 항상 불확실하고 위험했기 때문이다. 그러나 최근 몇 년 동안 자신의 토지를 버리고 떠나도록 농민의 등을 떠미는 속도와 강도, 압력은 계속해서 증가해왔다. 10년에 한 번 찾아오던 가뭄은 이제 매년 찾아오고, 계절에 어울리지 않는 강우는 이제 모든 계절에 발생한다. 부채는 꾸준히 늘어난다. 가족 전체가 혹은 그보다 더 흔하게는 가족 구성원 중 한 명이 최후의 선택으로 시골집을 떠나는 것은 더 이상 새로운 소득을 얻고 투자하기 위한 수단이 아니라, 이전에는 거뜬히 건사했던 생계를 겨우 지탱하기 위해 필요한 수단이 되었다. 농촌과 도시, 농업과 산업은 서로에게도 의존하지만, [결정적으로] 국제시장에 의존해 기능하는 혼종 체계가 되었다.

의류 산업의 과거와 현재:
삶에 스며든 추출의 논리

붉고 울퉁불퉁한 비포장도로를 통해 자동차를 몰아 작고 오래된 항구 도시인 네악 루옹을 거쳐 프놈펜으로 돌아오면서 농촌의 이런 전환이 무엇을 의미하는지 생각해보았다. 한편으로 그 전환은 독특해 보였는데, 그것이 캄보디아의 피비린내

나는 비극적인 역사에 뿌리를 내리고 있었기 때문이다. 그 역사로 인해 캄보디아는 가까운 이웃 국가들보다 훨씬 더 열악한 토대에서 산업화를 통한 회생의 길로 접어들 수밖에 없었다. 그러나 지금 캄보디아 사람들은 '어둡고 사악한 공장'[26]이라고 불린 과거의 글로벌 섬유 무역에 종사했던 이들이 겪은 곤란함을 고스란히 물려받고 있다. 과거 산업혁명의 중심 산업이었던 그 무역은 수익성이 매우 높아 영국을 제국주의 권력의 꼭대기에 우뚝 세운 반면, 그 글로벌 '면화의 제국'[27]에 복무한 노동자들에게는 상상할 수 없는 고통을 안긴 바 있었다.

스벤 베커트 Sven Beckert는 16~19세기에 무섭게 성장한 섬유 산업이 세계를 지배하게 된 과정을 놀라운 저서[《면화의 제국 Empire of Cotton》]에 담았다. 이 저서에서 베커트는 영국과 그 밖의 다른 산업도상국들이 정치, 권력, 폭력을 동원해 유럽 열강을 중심으로 하는 글로벌화된 무역 체계에 전 세계를 강제로 참여시킨 방법을 심도 깊게 소개했다. 연구자로서 글로벌 의류 산업의 관행과 폐해를 우려하는 데 대부분의 시간을 써온 나조차도 이런 역사를 접하면서 놀라지 않을 수 없었다. 왜냐하면 의류에는 거의 본질적으로 진부한 무언가, 즉 의류는 본질적으로 무해한 것이고, 부패한 것은 사실상 무역이라는 발상을 대변하는 일상성이라는 특질이 내재되어 있기 때문이다. 최소한 나를 비롯한 일부는 매우 유독한 패스트 패션 산업을 앞에 두고도, 패스트 패션 산업에서 탐욕이라는 특질만 제거한다면 지속가능하고 **필수적인** 무언가만 남게 될지 모른다는 관념을 떨치지 못했을 정도다.

역사는 이 모든 것을 제거하고 나면 손에 쥘 수 있는 것이 아무것도 없다는 것을 보여준다. 18세기 영국 산업가들이 제니 방적기^{spinning jenny}와 리처드 아크라이트^{Richard Arkwright}가 발명한 수력 방적기 같은 획기적으로 새롭고 흥미로운 도구를 발전시킨 것은 사실이다. 그러나 영국은 기술력에 비해 자원이 부족했다. 심지어 면화 재배에 적합한 기후 환경을 갖춰 자국의 땅덩어리 전체를 면화 재배에 투입했다 치더라도(사실은 그렇지 않았지만), 1830년까지 자국에서 실제로 방적된 규모의 면화를 공급하기에 부족한 수준이었다. 19세기 초반 미국이 이 시장에 들어오고 나서야 비로소 면화 생산이 폭발적으로 증가하기 시작했다. 1790년 150만 파운드를 기록했던 면화 생산은 1860년 20억 파운드를 넘어섰다. 미국 덕분에 면화 공급 문제가 해결되었지만 그것은 거의 전적으로 노예제에 의존한 해결책이었다. 1830년 미국인 13명 중 1명이 면화 플랜테이션의 노예였다. "면화 산업의 도약을 가능케 했던 노예제는 이제 면화 산업의 확장에 필수적"인 요소가 되었다.[28]

그렇지만 이 모든 것은 그나마 쉬운 편에 속했다. 원면^{raw cotton}의 방직은 여전히 유럽에서 이뤄져야 했는데, 유럽에서는 미국에서 시행되는 유의 노예제, 즉 노예를 재산으로 취급하는 노예제^{chattel slavery}의 시행은 상상조차 하기 어렵다는 것이 큰 걸림돌이 되었다. 이것은 면직물을 생산하는 노동이 어렵고 위험한 데 비해 임금은 쥐꼬리만 하다는 점에서 막중한 산업적 과제로 판명되었다. 노동자들은 1년 내내 일주일에 6일, 하루 최소 12시간을 먼지 많고 습한 공간에서 귀청이 떨어질 듯한 심한 소음에 시달리면서 노동해야 했다. 팔다리나 손가락을 잃는 것을 비롯한 중대 재해는 빈번하게 일어났다. 여기에 노동자의 전반적인 건강 악화가 맞물리면서 신규 노동자를 끊임없이 공급해야 할 필요성이 생겨났다.

산업화 시기의 영국에서 언제나 그랬던 것처럼, 이번에도 아동 노동이 핵심적인 해결책으로 부상한다. 1833년 랭커셔 면직물 공장 노동자의 36퍼센트는 16세 이하의 아동이었고, 8세의 아동 노동자도 적지 않았다.[29] 어린 노동자들의 임금은 성인 남성 임금의 4분의 1에서 3분의 1 수준밖에 되지 않는 박봉이었다. 공식적으로 그들은 최대 7년 동안의 '도제' 계약에 묶여 있어, 중간에 그만둘 수도 없었고 다른 곳으로 도망칠 수도 없었다. 따라서 가르침을 주는 것이 아니라 고된 노동을 시킨다고 해도 받아들일 수밖에 없다는 장점이 있었다. 계약 기간이 끝나기도 전에 사망하는 아동이 속출했다. 1780년부터 20년 동안 잉글랜드의 공장 한 곳에서 모집한 780명의 도제 중 119명은 도망쳤고, 65명은 사망했으며, 96명은 부모나 보호자에게 돌아갔다. 산업화 시기 유럽 전역에서는 성인이라고 해서 딱히 더 나은 대우를 받을 수 있는 것도 아니었다. 19세기로 접어들 무렵 색슨^Saxon 정부는 면직물 산업에 종사하는 노동자들을 대상으로 군인 모집을 시도했는데, 당시 군복무가 가능할 만큼 충분히 건강한 노동자는 방직공의 16퍼센트, 방

적공의 18퍼센트에 불과했다.[30]

이와 같은 통계, 더 정확하게는 잠재적인 노동자에게 가시적인 공포로 다가오는 이런 통계는 지금과 마찬가지로 고용주들에게 주된 문제로 대두했다. 면직물 산업이 제공하는 일자리는 양질의 것이 아니었다. 그 산업에 종사한다는 것은 전통적인 생활방식으로부터 완전히 단절된다는 것을 의미했다. 기본적으로 사람들은 전통적인 형태의 노동을 산업 노동보다 훨씬 더 선호했다. 그러므로 그들이 산업 노동에 참여하도록 유도할 수 있는 유일한 방법은 전통적인 노동을 쓸모없는 노동, 하고 싶어도 할 수 없는 노동, 불법적인 노동으로 바꿔버리는 것뿐이었다. 다른 한편으로는 도주를 범죄로 다스리는 주법state legislation을 동원해 도주한 노동자 대다수를 노동법을 위반한 범죄자로 만들었다. 그러나 그보다 더 유명한 방법은 농촌 지역의 공유지를 폐쇄하는 인클로저와 생산성이 있는 토지에 대한 소유권 강화 및 확대를 통해 전통적인 농촌 생활방식의 질을 떨어뜨리는 것이었다. 결국 새롭게 생겨난 어마어마한 규모의 토지와 그곳의 인구 대부분이 생산을 중심으로 하는 산업 경제에 편입되었다.[31]

이것은 역사이다. 이 모든 일은 최근 내가 떠나온 캄보디아 마을에서 매우 멀리 떨어진 곳에서 오래전에 일어난 일이다. 그러나 만일 캄보디아 마을 주민 한 명과 햇빛에 건조한 물고기 한 접시를 사이에 두고 마주 앉아 잉글랜드의 인클로저 이야기를 들려준다면, 그 마을 주민은 이내 그것이 매우 익숙한 이야기라는 것을 알게 될 것이다. 심지어 그 마을 주민은 이것을 이웃 마을의 이야기로 추정할지도 모른다. 왜냐하면 지난 수십 년 동안 이와 흡사한 과정이 이웃 마을에서 계속해서 진행되어왔기 때문이다. 2000년 이후 캄보디아에 존재하는 대부분의 토지에 소유권이 설정되었다. 과거에 공유지였던 토지는 처음에는 국가에 할당되었다가 그 이후에 대부분 사적 소유자에게 할당되었다.[32] 18세기 잉글랜드에서와 마찬가지로, 시장의 힘이 소규모 자영 농업을 중단시켰다. 고작 20여 년 만에 토지를 소유하지 않은 농업 가구의 비율이 0에 가까운 수치에서 29퍼센트까지 증가했다.[33] 토지를 소유하지 못한 농민 대부분은 이제 의류 공장의 문 바깥에 줄을 서는 신세로 전락했다. 이들은 일할 의지가 없거나 일을 계속할 수 없게 된 노동자가 발생했을 때 그 빈자리를 재까닥 채우는 대체물이었다.

다시 말해, 산업 노동자는 저절로 발생하는 것이 아니라 만들어지는 것이다. 산업 노동력을 확보하고 유지하려면 최소한 초창기에는 전통적인 생계 수단을 압박해야 한다. 그래야만 산업 노동자로 편입되기를 꺼리는 자연스러운 반응을 극복할 수 있기 때문이다. 이런 흐름을 이해하고 나면 산업 발전과 농촌 발전 사이에 존재하는 중요한 상호연관성을 똑똑히 볼 수 있다. 관개에서 종자 은행 및 교육에 이르는 많은 전략이 농촌 사람들의 삶을 단기간에 개선할 목적으로 활용되었다. 그러나 좀 더 넓은 차원에서 볼 때 이것은 결코 소규모 자영 농민이 농촌에서 지속가능한 삶을 살 수 있도록 지원하는 전략이 아니다. 반대로, 그 전략이 진정으로 이런 목표를 추구했다면 애초 산업의 필요에 어긋나는 방향으로 작용했을 것이다. 그랬다면 농촌 지역에서 산업으로 흘러드는 노동자도 없었을 것이고, 재봉틀이 돌아가는 소리도 들리지 않았을 것이다.

따라서 기후변화는 산업화 이야기가 끝나는 지점에서 출몰하는 동시에 글로벌 공장을 확장시키는 촉매 역할을 한다. 매년 농촌의 생계 수단에 가해지는 압력이 심화될 때마다 공장 문 바깥을 메우는 사람의 수는 조금씩 더 늘어난다. 홍수가 날 때마다, 가뭄이 들 때마다, 예측할 수 없는 강우가 찾아올 때마다 농촌 가구를 지원해야 하는 도시 노동자가 받는 압박은 훨씬 더 가중된다. 한때 개인과 가족의 필요를 거뜬하게 충족했던 일자리가 기후변화가 유발한 더욱 가혹하고 예측하기 어려운 환경에서는 변변치 못한 일자리로 여겨지게 될지도 모른다. 생계 수단의 질은 떨어질 것이고, 노동시간은 더욱 길어질 것이며, 고용주의 착취에 대한 취약성은 증가할 것이다. 그러므로 전 세계 수백만 명의 민중에게 변화하는 기후란 그저 날씨의 변화만을 의미하지 않는다. 그것은 노동조건의 악화를 의미한다.

내가 탄 자동차가 프놈펜에 가까워질수록 이 점이 아주 분명히 드러나는 듯했다. 도로변의 풍경이 마치 실시간 동영상을 보는 것처럼 농촌의 풍경에서 도시의 풍경으로 자연스럽게 이어졌다. 목재로 지어진 상점은 콘크리트 상점으로 서서히 대체되었고, 논은 새롭게 개발되는 주거지 속으로 사라졌다. 이런 전환은 우리의 사고를 형성하는 농촌과 도시, 농업과 산업이라는 개념의 쌍이 본질적으로 인위적인 것임을 뼈저리게 느끼도록 한다. 그것을 직접 겪고 있는 사람들에게 전환은 서로 강하게 의존하며 밀착해 돌아가는 것으로 경험된다. 새로운 세계에 직면한다고 해서 낡은 세계가 사라지는 것은 아니다. 낡은 세계는 버려지지도, 제거되지도 않는다. 그 대신 실시간으로 등장하는 두 개의 세계는 타협과 혁신을 주제로 계속해서 대화를 이어간다. 의류 노동자의 임금으로 가족이 영위하는 농장에 사용할 비료를 구입하는 이야기, 건설 노동자가 쌀 한 자루를 손에 쥠으로써 조금이라도 더 많은 돈을 농촌 가구에 보낼 수 있게 된다는 이야기, 도시에서 일하는 자녀 대신 손주를 돌보면서 바쁘게 생활하는 은퇴한 조부모에 대한 이야기, 바로 이것이 세계화의 생생한 경험이다.

그렇지만 궁극적으로 이것은 중간 단계, 즉 저항에 불과하다. 표면 아래에서 진행되고 있는 것, 즉 산업이 기능하기 위해 필요한 것은 이 통합된 전체를 점진적으로 탈동조화해 생계 수단과 환경을 글로벌 경제의 성장 도식에 더욱 걸맞은 방식으로 개조하는 작업이다. 바로 이것이 18세기의 영국에서와 마찬가지로 21세기의 캄보디아에서 진행되고 있는 일이다. 당시에도 지금처럼 사람들은 토지에서 분리되었고, 똥은 양분을 공급한 경작지에서 벗어났으며, 쌀은 벼농사를 짓는 농민들의 손에서 빠져나갔고, 나무는 뿌리째 뽑혔다.

캐럴린 머천트Carolyn Merchant는 이런 해체·분리·추출 과정을 '자연의 죽음'[34]이라고 불렀다. 머천트는 이런 이야기가 17세기의 과학혁명에서 시작되었다고 주장한다. 총체적인 생태계를 분석적으로 해체하면서 시작된 과학혁명은 금세 물리력을 행사하는 명령이 되었다. 자연은 경제의 필요에 의해, 장기적 측면에서 볼 때 결국 자연과 경제 모두에 치명적인 방식으로 전복되었다. 생물 다양성biodiversity은 본래 어지럽고, 복잡하며, 총체적이다. 생물 다양성은 상호의존적이므로 분할을 거부한다. 그러나 이 복잡하고 어지러운 것을 분석하지 못한다면 그것에 적절한 경제적 가치를 매길 수 없다. 따라서 이 장을 시작하면서 언급한 죽어가는 산처럼 농촌의 환경과 농촌에서 생활하는 사람들이 보유한 생계 수단부터 먼저 파괴해야 한다. 그렇게 해야 비로소 그것들을 유용한 상품으로 시장에 다시 도입할 수 있기 때문이다. 이제 산은 새롭고 유연한 형태로 탈바꿈했다. 즉 그것은 속담의 대상이 아니라 경제학의 대상이 되었다.

따라서 환경이라는 측면에서 볼 때 산업의 역사는 자연으로부터 사람을, 자연 자체로부터 자연을, 문화로부터 가치를 구축하는 동시에 해체하는 역사이다. 이 역사는 본질적으로 지난 500년 동안 이어져온 글로벌 공장의 이야기였다. 사람을 비롯해 모든 것을 휩쓸어버리는 경제 체계를 구축하는 것은 쉬운 일이 아니다. 전통적인 생계 수단을 스스로 버리고 떠난 사람은 거의 없었다. 경제적으로 사용하기 위해 자발적으로 토지를 포기한 사람도 거의 없었다. 스스로를 확장해나가는 모든 단계에서 각종 폭력의 지원을 받은 세계화는 이제 자립 단계 또는 사실상 자기 자신을 저하시키는 단계에 도달했다. 오늘날은 규모에 관계없이 모든 국가들이 서로 얽히고설키는 시대이다. 따라서 국지적인 의미에서 지속가능성을 실현하기란 거의 불가능하다. 그리고 사실상 그래야만 체계가 지속될 수 있다.

파내거나, 베어내거나, 한 곳에서 또 다른 곳으로 이동시킬 자원이 없으면 성장의 수레바퀴는 완전히 멈출 것이다.[35] 모든 글로벌 인프라와 모든 사회는 글로벌 동력기관에 공급할 연료를 찾아내라는 명령을 중심으로 구조화된다.[36] 생활과 생계에 스며든 추출의 논리는 선택의 여지를 남기지 않는다. 일단 화학비료로 인해 똥이 쓸모없어지고 나면 화학비료는 좋지 않은 선택이 아니라 유일한 선택이 된다. 땅을 빼앗긴 농민들 또는 막대한 빚더미 위에 올라앉은 농민들은 야음을 틈타 보호림에서 나무를 벤다. 그 밖의 다른 선택지가 없기 때문이다. 트롤 어선이 호수 바닥을 모조리 쓸고 지나가고 나면 전기봉을 이용한 고기잡이는 선택할 수 있는 유일한 방법이 된다. 한 마디로 말해 지속가능성은 부서지기 쉽다. 그리고 글로벌화된 세계의 추출 논리를 배척한다는 점에서 근본적으로 지역을 기반으로 삼는다. 우리는 추출에 뿌리를 내리면서 구축된 글로벌 사회에서 생활하고 있다. 그리고 환경저하는 이런 체계의 부산물이 아니다. 그것은 원료를 분리하고 빨아들인 뒤 폐기물을 수출하고 반환하는 기계의 동력기관이다.

이와 같은 관점에서 볼 때 한 곳의 환경적 취약성과 또 다른 곳의 안전 사이의 연관성은 더욱 분명하게 드러난다. 기후변화에 맞서 싸우는 데 가장 필요한 것은 자원이다. 그러나 그 자원은 수 세기 동안 변함없이 부유한 국가들로 흘러들어가고 있다. 그 속도는 매년 빨라져, 지난 40년 사이 3배가 되었다.[37] 다른 한편으로 1998년 9800만 달러이던 글로벌 폐기물 무역의 규모는 밀레니엄에 접어들 무렵부터 기하급수적으로 증가해 오늘날 20억 달러를 넘어섰다.[38] 이 모든 흐름은 식민주의에 뿌리를 내리고 있는 추출 과정이자, 베네데타 코타[Benedetta Cotta]의 표현대로 '제국주의적 사고방식'의 산물이다. 그 사고방식 안에서 남반구 국가들이 발전을 꾀할 수 있는 유일한 방법은, 더 가난한 국가들과 더 힘없는 당사자들의 환경적 취약성을 공격하는 경제적 협력관계 내부로 점점 더 깊게 통합되는 것뿐이다.[39] 말하자면 이것은 개발 모델을 유지하며 기후변화의 영향을 완화하려는 노력으로 간주될 수 없다. 오히려 이것은 기후붕괴를 체계적으로 외주화함으로써 부유한 국가의 이해관계에 부합하도록 글로벌 위험을 재설계하는 행위이다. 요컨대 바로 이것이 탄소 식민주의이다.

2장

'훌륭한 소비'와 '지속가능성'이라는 함정: 공급망의 심연

2018년 가을의 어느 날 아침, 나는 런던의 빌딩센터^{Building} Centre 전시회장을 찾은 한 무리의 참석자들을 안내하고 있었다. 전시회는 주로 무역 박람회가 개최되는 건물의 지하에서 열리곤 했다. 블러드 브릭스^{Blood Bricks}는 기후변화가 캄보디아 벽돌 부문에서 어떻게 현대판 노예제의 위험을 증가시키는지 탐구하는 프로젝트였다. 연구팀은 이번 전시회를 통해 연구 과정에서 수집한 사진, 노동자 증언, 통계 자료를 선보였다. 블러드 브릭스가 발표한 보고서는 매체의 상당한 주목을 받았고, 국제 언론을 통해 보도되어 대중의 관심을 자극했다. 온통 진흙과 먼지투성이인 연구 현장의 모습은, 그 근처에조차 가본 적이 없으면서도 난데없이 관심을 보이는 유복한 서구권 청중들의 모습과 극적인 대비를 이뤘다. 박사후 연구원으로서는 처음 본격적으로 참여한 학술 연구 프로젝트였기 때문이었는지, 나는 그저 혼란스럽고 어리둥절할 뿐이었다.

6개월쯤 전까지만 해도 나는 벽돌 가마가 내뿜는 유독한 연기를 마시면서 일하는 벽돌 노동자들 사이에 끼어 있었다. 유명 브랜드 라벨이 붙은 옷가지들이 급하게 움직이는 사람들의 지친 발길에 치여 땅바닥에 나뒹굴고 있었고, 나는 아무 옷이나 주워들고 먼지를 털어낸 뒤 라벨을 들여다보고 있었다. 건너편에 위치한 농촌 마을을 오가면서 조사에 참가할 사람들을 수소문하고 다닐 무렵이었다. 건너편 마을에 한 번 갈 때마다 몇 주씩 머무르곤 했는데, 더운 계절이 정점에 달할 무렵에는 셔츠가 땀에 흠뻑 젖도록 연구에 매달렸다. 상상을 초월하는 공포를 비현실적일 만큼 담담한 태도로 구술하는 노동자들이 내 눈에는 경이롭게만 보였다. 가을이면 고루한 느낌의 회색빛을 띠는 번잡한 런던 중심부로부터 수백만 마일가량 떨어진 곳에서 이뤄지는 현장연구의 작업 강도는 초현실적이었다. 그리고 이제 그것은 고해상도의 총천연색 사진으로 확대되어 영국 대중들에게 선보여지고 있었다.

그 무렵은 내가 다양한 자격의 연구자로서 연구를 수행한 지 10년쯤 되었을 때였다. 처음에는 석사 연구원으로 시작했고, 박사과정생과 자문위원을 거쳐 마지막에는 학자로서 연구를 수행했다. 그때까지 수십 개의 프로젝트를 수행하면서 나는 항상 특정 지역, 특정 분야, 특정 주제에 집중해왔다. 따라서 안내를 마무리할 무렵 친절한 노신사 부부가 나를 바라보면서 진심 어린 눈빛으로 질문했을 때, 나는 어안이 벙벙해졌다. "그러면 이 문제를 해결하기 위해 우리는 무엇을 **할** 수 있을까요?" 나는 잠시 머뭇거리다가 내가 할 수 있는 유일한 답을 내놓았다. "'아무것도 없습니다." 청중들은 실망한 기색이 역력했고 노신사는 혼란스러워했으며 나와 함께 방문객 안내를 맡았던 동료는 당황하면서도 흥미로워하는 눈치였다. 나는 스스로에게 짜증이 난 나머지 바닥을 내려다보면서 더 나은 답을 내놓아야겠다고 마음먹었다. 그러나 바닥에 깔린 양탄자의 무늬를 아무리 뚫어져라 들여다봐도, 질문한 노신사가 기대하는 그럴싸한 해결책이 도무지 떠오르지 않았다.

전시회를 마치고 나오면서 몇 달 전 방문했던 현장을 떠올려보았다. 그곳은 프놈펜 서쪽 변두리 방향에 위치한 유난히 오래된 벽돌 가마가 밀집된 구역으로, 최근의 다소 불편한 역사를 간직한 소도시에 속해 있었다. 1990년대에 그곳에는 캄보디아 수도[프놈펜]의 중심지에서 11킬로미터 떨어져 있다는 의미에서 K11이라는 이름이 붙은 악명 높은 사창가가 자리하고 있었다. 프놈펜이 무법지대로 유명했던 시절, 매춘이 성행했던 스와이 팍 Svay Pak 지역은 전국적으로 이름을 날렸고, 그 이름은 술자리에서나 부를 법한 외설적인 음악을 통해 오늘날에도 여전히 기억되고 있다. K11은 2000년대 초반에 들어 비로소 폐쇄되었고, 그 악명은 최근에서야 겨우 이 젊은 국가의 공적 기억에서 사라지기 시작했다. 그러나 K11의 그늘진 역사 아래에는 여전히 조금도 수그러들지 않은 또 하나의 공공연한 비밀이 떠돌고 있다. 여기저기 널려 있는 넝마를 땔감으로 태우면서 연기를 내뿜는 벽돌 가마 밀집 구역이 캄보디아의 수도 프놈펜의 최대 중심지에 자리 잡고 있다는 것이 바로 그것이다.

내가 벽돌 가마에 주목한 이유는 사업장의 규모 때문이 아니었다. 한 곳에서 가마 4개를 운영하는 일은 결코 드문 일이 아니기 때문이다. 가마 10개를 운영하는 프놈펜 북부의 대형 벽돌 공장에 비하면 오히려 작은 편이었다. 그럼에도 벽돌 가마 밀집 구역에서 운영하는 가마들은 두 가지 이유에서 눈에 띄었다. 첫째, 그것들은 이제 캄보디아에서는 거의 찾아볼 수 없을 정도로 오래된 둥근 모양의 코끼리 가마였다. 약 40피트 높이의 코끼리 가마 뒤편에는 이글루 모양으로 굽어 있는 아궁이가 자리 잡고 있어, 이곳을 통해 땔감을 넣는다. 앞면의 평평한 지상에는 문이 달려 있어, 앞면을 여러 칸으로 구분한다. 그 위에 나 있는 2피트 너비의 틈새는 가마의 꼭대기까지 길쭉하게 이어져 있다. 이 틈새를 통해 가마로 들어간 노동자들은 구워낼 새 벽돌을 지상에서부터 쌓아 올리기 시작한다. 벽돌이 어느 정도 높이 쌓이면 노동자들은 더 높은 곳으로 올라가 계속해서 벽돌을 쌓아 올린다. 벽돌이 사람의 키를 넘어 쌓이기 시작하면 노동자들은 가마 위로 올라간다. 그러면 지상에 있는 노동자들은 틈새의 중간쯤까지 올라간 노동자들에게 벽돌을 던지고, 틈새의 중간쯤까지 올라간 노동자들은 다시 쌓이고 있는 벽돌 더미 꼭대기에 올라간 노동자들에게 벽돌을 던진다. 이것은 위험한 작업이다. 언제든 추락할 위험이 있는 데다, 가마의 앞면을 막고 있는 판을 손으로 치워야 하는 특별한 순간이 있기 때문이다. 자칫 연소 시간을 잘못 맞추면, 과열된 공기와 화염이 가마 앞면의 좁은 틈새로 빠르게 분출돼 삽시간에 노동자들의 목숨을 앗아갈 수 있었다. 그 장면을 목격하지 못한 노동자들은 있어도 그 이야기를 들어보지 못한 노동자들은 없었다. 그러므로 모든 노동자들은 자신에게 어떤 위험이 닥칠 수 있는지 똑똑히 인지하고 있었다.

흔치 않은 이런 가마보다 더 나의 눈을 사로잡은 것은 가마가 내뿜는 두꺼운 검은 연기였다. 옷가지들을 땔감으로 태우는 가마는 많았지만 오로지 옷가지만을 땔감으로 태우는 가마는 거의 없었다. 그러나 프놈펜의 경계 안에 위치한 벽돌 가마 밀집 구역의 가마 네 개에서는 오로지 옷가지만을 땔감으로 태우고 있었다. 곡선 모양의 거대한 벽돌 몸체 뒤편에 넝마, 옷가지, 비닐봉지, 라벨 더미가 산더미처럼 쌓여 있었다. 검은색의 플라스틱 녹은 물이 가마에서 흘러나온 뒤 여러 갈래로 갈라지면서 땅 위로 뚝뚝 떨어졌다. 가마 주변으로는 시커먼 연기 기둥이 사람의 눈높이에서 맴돌았고, 이내 그것은 도로를 건너 불과 몇 피트밖에 떨어져 있지 않은 이웃 주민의 집으로 번져갔다. 첫 번째 방문을 마친 후, 나는 2.5마이크로미터의 초미세먼지까지 감지할 수 있는 공기질 측정기를 가지고 가마를 다시 방문했다. 챙겨간 장비로 매연에 대한 통계 자료를 수집하려고 시도했지만 소용없었다. 심지어 가마의 측면으로 난 도로 건너편에 있는 주택가에서 측정했을 때조차 최대 수치인 999가 측정되었고, 그 이후에도 수치가 그 아래로 내려오는 일은 없었다. 문자 그대로, 측정 범위를 뛰어넘은 것이었다.

하루의 상당 부분을 피어오르는 연기 기둥 속에서 생활하는 이웃 주민들은 당연하게도 깊은 우려를 표했다. 캄보디아에서 의류 소각은 불법이다. 주민들은 경찰과 지방정부 당국에 민원을 제기했지만 소용없는 일이었다. 가마의 주인은 연줄이 좋은 사람이어서 민원을 무마할 수 있었다. 따라서 문제가 논의되지도, 해결되지도 않은 상태에서 의류 소각은 계속해서 이뤄졌다. 그러면 전시회에서 이야기를 나눴던 노신사가 대중의 관심을 끌기 위해서는 어떻게 해야 할까? 어쩌면 그는 그날 아침 자신이 보았던 악전고투하는 캄보디아 벽돌 노동자들의 모습이 담긴 사진들을 보여주면서 그들의 이야기를 이웃에게 전할 수 있을 것이다. 어쩌면 그는 이런 문제를 의회에 제기할 수 있는 하원의원에게 편지를 쓸 수 있을 것이다. 어쩌면 그 편지가 해외에서 자행되는 불공정이라는 비극을 둘러싼 논쟁을 촉발할 수도 있을 것이다. 어쩌면 외무부 장관 혹은 심지어 총리가 캄보디아 벽돌 노동자가 억지로 견디고 있는 노동 조건을 비난하는 성명을 낼 수 있을 것이다. 심지어 어쩌면 유엔 인권 고등판무관UN High Commissioner on Human Rights이 이 문제를 이어받아 우선 조치 사항 목록에 올릴 수도 있을 것이다.

이 모든 것은 가능하지만, 실제로 그런 일이 일어날 가능성은 매우 낮다. 세계에는 잔인하고 불공정한 사례가 이외에도 수두룩하기 때문이다. 어느 특정 집단의 고통이 무대를 장악하려면 비슷한 처지에 놓인 많은 경쟁 집단을 압도해야만 한다. 그리고 어쨌든 내가 아무리 골똘히 생각해도 해결책을 찾을 수 없었던 이유는 관심이 없어서도, 의지가 없어서도 아니었다. 오히려 이 모든 것은 공공연한 비밀은 고사하고 아예 비밀조차 아니었다. 그럼에도 그 불공정이 여전히 지속되는 이유는 다른 많은 경우에서처럼 문제들을 근본적으로 해결하는 것이 아니라 눈에 띄지 않게 감춰버림으로써 처리하기 때문이다. 예를 들어 〈블러드 브릭스 보고서〉가 발표되자 [캄보디아] 정부가 처음 보인 반응은 국내 언론을 통해 보고서의 조사 결과를 부인하는 것이었다. 아동 노동이 이뤄지고 있다는 주장은 특히 충격적이었기 때문에, 정부는 그 사실을 부인하면서 더 이상 관여하지 않았다. 1년쯤 지나자 몇몇 벽돌 가마에 '아동 노동 금지'라는 문구가 기재된 현수막이 내걸리고, 숙소와 기계 사이에 울타리가 세워지는 등 특정 조치가 취해졌다는 사실이 드러났다. 또한 가마의 주인들은 언론인, NGO 관계자나 연구원을 상대하거나 그들과 대화를 나누지 말라는 지시 혹은 그들을 벽돌 가마에 들여보내지 말라는 지시를 받았다. 빈말이 난무하는 가운데 문제는 자취를 감췄다.

이것은 캄보디아에서 제기한 비판 혹은 드러난 문제에 대한 캄보디아의 대응처럼 보일 수도 있지만, 그렇지 않다. 캄보디아는 유엔이 "심각한 구조적 장벽으로 인해 경제성장이 가로막힌 국가"[1]라고 정의한 46개 최저개발국Least Developed Countries 중 하나다. 따라서 캄보디아 정부는 산업 활동을 상세하게 모니터링할 역량도, 심지어 환경 법규를 집행할 역량도 부족하다. 법은 의도대로 작동할 때도 있고, 억제책으로 작용할 때도 있으며, 아예 작동하지 않을 때도 있다. 그러나 글로벌 북반구라고 해서 사정이 별반 다른 것은 아니다. 글로벌 북반구의 시민들 역시 규칙을 어기는 대기업의 행태에 지쳐 있다. 그러나 대부분의 경우 대기업이 일으키는 문제의 심각성이 현지에서보다 해외에서 체감되기 더 어렵기 때문에 글로벌 북반구의 시민들은 그런 일이 있는지조차 모른 채 지나가고 만다. 벽돌 산업은 수익성이 매우 높고 국가 차원에서 이뤄지는 훨씬 더 다양한 여러 개발을 지원하는 산업이다. 최근 몇 년 동안 캄보디아의 건설 산업은 급성장해, 캄보디아 토지관리부^{Ministry} of Land Management가 지난 10년간 승인한 프로젝트만 4만 8000 개가 넘고 투자금은 약 530억 달러에 달했다.[2] 벽돌이 없으면 건물을 지을 수 없고, 외국인의 직접투자는 줄어들 것이며, 전 세계의 성공적인 개발과 매우 밀접하게 관련되어 있는 도시의 급격한 상승세는 서서히 멈출 것이다. 노동 착취가 만연한 산 업에 크게 의존하는 국가가 부서지기 쉬운 개발 단계에서 자 기 발등을 찍는 선택을 할 수 있을까?

역사상 그런 선택을 한 사례는 많지 않다. 그러나 과거 무 역에서 용납할 수 있는 영역을 규정할 때 기준으로 작용했던 이상적인 도덕적 경계는 오늘날까지도 큰 영향을 미쳤고, 무 엇보다 2015년 영국에서 (기업들에 국내 사업장과 더 광범위한 공 급망에 현대판 노예제[강제노동 및 인신매매]가 존재하지 않는다고 공개적으로 선언할 것을 명령하는) 현대판 노예제 방지법^{Modern} Slavery Act[3]이 제정되는 데 기여했다. 그렇지만 이 법이 큰 호응 을 얻은 것과 무관하게, 법 시행에 따른 직접적인 영향은 다른 형태의 공급망 규제에서처럼 많은 공급망들의 길이, 복잡성, 모호성에 의해 제한된다. 공급망에 있어서는 안 되는 것이 무 엇인지 선언하는 일은 훌륭하고 바람직한 일이다. 그러나 만 일 기업이 공급망에서 어디까지를 '자신의 것'으로 간주할 수 있는지 선택할 수 있고, 그마저도 멀찌감치 떨어진 곳에서 지 켜보기만 한다면 그런 선언의 의미는 생각만큼 크지 않을 수 있다.

일례로, 캄보디아의 벽돌 생산 현장으로 잠시 돌아가보자. 캄보디아에서 벽돌 산업에 종사하는 노동자는 대략 1만 명에 이르고 그들 대부분은 채무 담보 노동자이다. 벽돌 가마의 주인이 허락하지 않으면 노동자들은 그곳을 떠날 수도, 다른 곳에서 노동할 수도 없다. 벽돌 산업에는 거의 4000명의 아동이 관여되어 있다. 그들 모두가 노동을 하는 것은 아니지만 그중 많은 이들이 온종일 혹은 이따금 노동을 한다. 부모가 필요로 할 때 일손을 보태야 하기 때문이다.[4] 〈블러드 브릭스 보고서〉가 발표되고 얼마 지나지 않아, 12세 소녀가 벽돌 가마에서 팔을 잃는 사고가 발생했다. 문제는 이전에도 그런 사고가 일어난 적이 있었다는 것이다. 비슷한 사연을 간직하고 있지 않은 가마는 단 한 곳도 없다. 몇 달 전, 나는 이와 유사한 방식으로 팔을 잃은 또 한 명의 소녀를, 그리고 더 이상 견디지 못하고 잠든 채로 사망한 30대, 40대, 50대 벽돌 노동자의 어머니들과 아버지들, 남편들과 아내들, 형제들과 자매들을 만난 적이 있었다.

동떨어진 곳에서 발생하는 불공정한 일이 영국 그리고 현대판 노예제 방지법과 대체 무슨 관계가 있다는 말인지 궁금할 수 있다. 캄보디아 벽돌 산업이 생산한 벽돌이 전적으로 자국에서 사용된다는 점을 감안할 때, 어쨌든 그 산업은 표면적으로는 국제적 연관성이 거의 없는 것으로 비춰지니 말이다. 그러나 자본과 외국인 투자의 흐름이 상호연결되어 있는 세계에서 이런 그림은 매우 불분명하다. 영국 회사들은 벽돌로 지은 건물들에 투자하고, 그 건물의 일부를 소유하며, 그 건물을 사용한다. 보고서가 발표될 당시 블랙록Black Rock, 스탠더드 라이프Standard Life, 노르웨이 국부투자펀드Norwegian Sovereign Investment Fund는 모두 아동 노동자 및 채무 담보 노동자들이 생산하는 자재[벽돌]로 지어지는 건물에 지분을 가지고 있었다.[5] 그러나 이런 식의 간접적인 연결은 현대판 노예제 방지법의 대상이 아니다. '현재' 이 법에는 "현대판 노예제 성명서를 발표할 때 기업이 금융을 투자한 부분에서도 현대판 노예제와 무관하다는 것을 입증해야 한다는 구체적인 요건이 갖춰져 있지 않기"[6] 때문이다. 기업은 현대판 노예제 방지법이 명시한 바로 그 관행을 통해, 다시 말해 간접적으로 이윤을 얻는 한 여전히 거대한 이윤을 챙길 수 있다.

그러나 지금까지 언급한 금융의 흐름은 아마 이런 연결을 우회적으로 보여주는 사례에 불과할 것이다. 더욱 직접적인 사례를 고려해보자. 캄보디아의 경우와 달리, 벽돌은 본래 국내용 상품이 아니다. 이런 사실은 많은 독자들에게 놀라움으로 다가갈지 모른다. 벽돌은 가치가 낮고 중량이 무거운데도 매년 구워진 점토 수십 억 덩어리가 전 세계로 운송되고 있다. 그렇게 하는 이유는 해외 생산을 통해 국내 벽돌 공급의 공백을 메울 수 있기 때문이거나 해외 생산이 비용적인 측면에서 더 저렴하기 때문이다. 세계 최대 벽돌 수입국들은 다양한데, 상위 5개국을 오름차순으로 나열하면 한국, 사우디아라비아, 일본, 르완다, 영국(1위)이다.[7] 영국은 전체 벽돌 재고의 14퍼센트[8]에서 16퍼센트[9]를 수입하는 것으로 추산된다. 수입 벽돌 대부분은 유럽산이다. 벨기에와 네덜란드에 위치한 벽돌 가마에서는 매년 영국 해안에 도착하는 4억 장 남짓한 벽돌 중 대부분을 생산한다.[10] 그러나 이 수치에서 작은 부분을 차지할 뿐인데도 빠른 증가세를 보이고 있는 소수, 즉 유럽연합 외부에서 도착하는 3300만 장의 벽돌은 훨씬 더 먼 곳에서 온다. 거기에는 인도(거의 1000만 장)와 파키스탄(거의 1400만 장)이 포함된다(2019년 기준). 유럽연합 외부에서 수입되는 벽돌의 비중은 2015년 308만 8902장에서 2019년 3294만 2280장으로 10배 이상 증가해, 연간 59퍼센트의 성장률을 보였다. 만일 이런 증가세가 지속된다면, 5년 안에 비유럽연합 지역산 벽돌의 수가 유럽연합산 벽돌의 수를 능가할 것으로 보인다.[11]

이것은 일종의 추세에 불과하다. 그러나 통계 자료를 조금 더 깊이 파헤쳐 그것의 핵심적인 의미를 파악해볼 필요가 있다. 어쨌든 비유럽연합 지역이란 광범위하기 때문이다. 그렇다면 이 벽돌들은 사실상 어디에서 오는 것인가? 확인해본 결과, 비유럽연합 지역산 벽돌의 대부분, 즉 2019년 영국이 수입한 3000만 장 남짓한 벽돌은 남아시아 '벽돌 벨트'로 알려진 지역의 핵심부인 인도와 파키스탄에서 생산된 것으로 밝혀졌다. 벽돌 수입의 윤리와 지속가능성이라는 두 가지 측면에서 볼 때, 이것은 반가운 소식이 아니다. 아프가니스탄에서 인도, 파키스탄, 방글라데시, 네팔에 이르는 광활한 지역에는 80만 개의 벽돌 가마가 퍼져 있고 그곳의 벽돌 생산은 노동자에 대한 학대로 악명이 자자하기 때문이다. 벽돌 가마에서 노동하는 사람들은 종종 사회에서 가장 가난하고 가장 주변화된 구성원들이다. 아동 노동이 성행하고, 작업장은 온갖 위험으로 가득하며, 생활 조건 역시 대개 열악하다.[12] 오늘날 인도의 벽돌 노동자들은 1년 동안 영국 시장으로 향하는 2000만 장 남짓한 벽돌을 만든다. 그 과정에서 그들은 가마 주인 및 작업장 관리자의 학대, 착취, 물리적 폭력, 성폭력에 노출된다. BBC는 인도의 이 벽돌 노동자들에 대해 보도하면서 "노예 같은 생활"[13]이라는 표현을 사용한 바 있다.

얼마 전 나는 남아시아에서 증가세를 보이는 벽돌 무역을 조사하는 프로젝트를 이끌었다. 그 과정에서 방글라데시와 인도의 노동자 수십 명과 벽돌 가마에서의 노동 경험에 대해 이야기를 나눴다. 한 노동자는 그 경험에 대해 다음과 같이 묘사했다. "불의 열기 때문에 기운이 없습니다. 머리가 뜨거워지고 피부도 나빠졌어요. 석탄이 타면서 내뿜는 매연을 마시면 숨이 막힙니다. 건강검진을 받아보면 몸에서 석탄 찌꺼기가 발견됩니다. 그것 때문에 기침을 하고 감기에 걸리기도 하더군요." 다시 말해, 벽돌 가마에서의 노동은 건강을 해치는 고단하고 불공정한 노동이다. 그곳에서 채무 담보 노동자들이 생산하는 저렴한 벽돌을 세계에서 가장 부유한 일부 국가의 시민들이 사용한다. 벽돌이 이와 같은 조건에서 생산된다는 사실을 알게 된다면 그것을 구입하고 싶어 하는 소비자는 별로 없을 것이다. 그러나 벽돌의 공급원을 파악하기란 수월하지 않다. 중간상과 중개인으로 구성되어 있고, 공공의 감독이 거의 혹은 아예 부재하는 길고 복잡한 공급망을 통해 거래되기 때문이다. 이런 체계의 외부에 있는 사람이, 구자라트주나 펀자브주에 있는 특정 공급업체의 가마에서 생산되어 최종 목적지인 영국에 도착한 어느 벽돌의 경로를 추적하기란 현실적으로 거의 불가능하다.

실제로 벽돌의 공급원을 파악하는 일은 단일 유통업자와만 거래하는 대부분의 내부자에게조차 어려운 일이다. 확장된 공급망을 폭넓게 감독할 수 있는 권한이 없기 때문이다. 벽돌을 수입하는 업체라고 해서, 그 제품이 소비자들의 선호에 부합할 만큼 윤리적인 방식으로 생산되었는지 여부를 보증할 수 있는 것은 아니다. 따라서 벽돌 수입 업체는 정보를 투명하게 공개하는 대신 상업의 미학을 활용해 소비자들의 주의를 다른 곳으로 돌린다. 벽돌에 구자라트산, 펀자브산 혹은 라호르산이라고 적힌 라벨이 붙어 있다면, 소비자들은 필연적으로 수많은 의문을 제기할 수밖에 없다. 따라서 수입된 벽돌에는 그 대신 임페리얼 레드Imperial Red, 러스티카 런던 스톡Rustica London Stock 혹은 서포크 멀티Suffolk Multi 같은 영국식 이름이 붙는다. 전통적인 방식으로 국내에서 생산된 벽돌이라는 느낌을 넌지시 전달하는 이런 명칭은 소비자들로 하여금 향수를 자극할 뿐 아니라 다른 곳으로 주의를 돌리게 만든다. 바로 이것이 벽돌 수입 업체가 까다로운 문제를 슬그머니 피하는 꼼수이다. 아마도 이것은 더러운, 그러나 벽돌 산업을 훌쩍 넘어설 만큼 오랜 역사를 지닌 지극히 흔한 눈속임일 것이다.

글로벌 공장의 그린워싱:
공급망이라는 짙은 안개

블러드 브릭스 전시회가 열리고 몇 년 뒤 나는 좀 더 익숙한 여건에서 더욱 확고한 입지를 다지게 되었다. 우리 학과에서는 1년에 한두 차례 예비 학생들을 위한 공개 강연을 개최하는데, 그 자리에서 강연자들은 지리학부에서 무엇을 기대할 수 있는지를 예비 학생들에게 맛보기로 제공한다. 나는 '글로벌 공급망의 숨겨진 깊이를 들여다보기'라는 주제로 강연을 하는데, 청중들에게 그들이 입고 있는 셔츠가 어디에서 만들어졌는지를 물어보며 강연을 시작하는 것이 내가 즐겨 써먹는 요령 중 하나다. 청중들이 몇 분가량 자신의 옷에 붙은 라벨을 만지작거리다 보면, 최소한 몇 장의 셔츠 라벨에는 방글라데시나 캄보디아 혹은 또 다른 중개 생산국의 이름이 적혀 있다는 사실을 발견하기 마련이다. 나의 수사학적 목표는 바로 이 시점에 모습을 드러낸다. "맞습니다. 그건 그곳의 공장에서 재봉되었습니다. 그러나 그 국가들 중 어느 곳도 면화 산업을 영위하지 않습니다. 그렇다면 그 셔츠의 진짜 생산지는 어디일까요?" 이런 질문은 글로벌 생산이라는 어두운 세계에 대한 추가적인 정보를 제공하는 것을 목표로 하는 첫 번째 강연의 운을 떼기에 적합한 질문이다. 다소 전형적이긴 하지만 말이다. 보통 나의 강연은 약간의 흥미가 생긴 청중들이 문을 나선 뒤 다음 강연장으로 순조롭게 발길을 옮기는 것으로 마무리된다. 그렇지만 이따금 문턱에서 멈춰 선 뒤 나를 향해 돌아서서 이렇게 묻는 청중이 있을 수도 있다. '그러지 **않으려면** 어떻게 해야 할까요? 그 대신 우리는 무엇을 구입할 수 있을까요?'

[블러드 브릭스 전시회가 열리고] 심지어 몇 년이 지났지만, 나는 익숙한 공포가 밀려오는 것을 느낀다. 그들이 나에게 선명하고 유용한 조언을 기대하고 있다는 것을 알고 있고, 그들의 기대에 부응하는 답을 제공하는 것이 나의 의무라는 것도 알고 있지만, 그들에게 이렇다 할 조언을 제공할 수 없기 때문이다. 따라서 나는 중고 의류와 관련된 무언가와 윤리적 소비자를 위한 지침을 연결시키는 식으로 답을 하곤 하는데, 그 답에 흔쾌히 맞장구치는 청중은 대개 많지 않다. 청중은 다소 아쉬워하면서 자리를 떠나고 나는 거기 남아서 그 질문이 나에게 그토록 어렵게 느껴진 이유에 대해 성찰한다. 이런 식의 낭패를 열 번쯤 당하고, 그때마다 자기반성을 되풀이한 끝에 비로소 나는 심란한 결론에 이르렀다. 수많은 독자들이 당장 이책을 덮어버릴 수도 있을 만큼 적잖이 당황스러운 결론이었다. 나는 소비자의 힘이 글로벌 경제를 더욱 윤리적이거나 지속가능하게 만들 수 있다고 생각하지 않는다.

나의 입장을 해명하자면, 우선 나는 제품에 대해 소비자가 갖는 힘을 부인하지 않는다. 소비자의 요구를 충족하기 위해 제품이 개조·대체·단종되거나 새로운 제품이 출시된 사례는 얼마든지 많기 때문이다. 식품 산업은 훌륭한 사례다. 식품과 동물복지에 대한 소비자의 태도에 변화가 생긴 덕분에 최근 몇 년 동안 윤리적 식품이 빠르게 증가했다. 영국에서 유기농 표식이 붙은 식품과 레인포레스트 얼라이언스^{Rainforest} ^{Alliance}, 프리덤 푸드^{Freedom Foods}, 페어트레이드^{Fairtrade} 표식 혹은 또 다른 인증기관의 표식이 붙은 식품의 매출은 2000년 13억 파운드에서 2020년 120억 파운드로 증가해, 20년 동안 거의 10배 가까이 증가했다.[14] 심지어 더 최근에는 20년보다 훨씬 더 짧은 기간에 비건 채식주의가 급증하고 있다. 한때 영국에서 틈새 생활방식이었던 비건 채식주의자의 수는 5년 동안 4배 이상 늘어나, 2014년 15만 명에서 2018년 60만 명에 이른 것으로 추산된다. 60만 명이면 영국 전체 인구의 거의 1퍼센트에 육박하는 수준이다. 미국의 경우 비육식 및 저육식 식단의 점유율이 영국보다 더 높아서, 성인의 대략 2퍼센트가 스스로를 비건 채식주의자로, 5퍼센트가 채식주의자로, 3퍼센트가 페스코 채식주의자로 여기는 것으로 나타났다.[15]

식품 산업은 소비자의 이런 동향에 뒤처지지 않기 위해 애써왔다. 소비자의 요구에 부응하기 위해 공급망을 더욱 유연하게 만들었고, 그 덕분에 소비자는 식품의 생산 방식과 공급 방식을 바꿀 수 있는 주도권을 쥐게 되었다. 공급망이 더 수요지향적으로 짜일수록 식품 생산은 시장의 신호와 소비자의 피드백에 더 직접적으로 반응하게 되었다.[16] 이 모든 현상은 매우 고무적이다. 왜냐하면 그것은 소비자가 소비 윤리와 생산 윤리에 대해 전보다 더 관심을 가지게 되었음을 알려주는 신호이자, 식품 부문의 변화에 영향을 미치고자 하는 소비자의 참된 의지를 보여주는 신호이기 때문이다. 즉 심지어 소비자는 이로 인해 늘어나는 비용을 부담할 의향이 있을 뿐 아니라, 경우에 따라서는 심지어 그토록 사랑하는 식사마저 포기할 준비가 되어 있다.

그렇지만 바로 여기에 문제의 핵심이 있다. 식품 공급망은 소비자의 선호에 더욱 효율적으로 부응할 수 있는 유연성을 달성하기 위해, 그 밖의 다른 많은 소비재와 흡사한 궤도를 따라가야 했다. 주로 국내를 중심으로 하는 국지적 식품 공급망을 복잡한 국제적 공급망으로 장기간에 걸쳐 전환한 것이다.[17] 지속가능성이라는 강력한 문화적 기풍은 지역 생산 및 윤리적 생산과 연계되곤 한다. 그러나 비건 채식주의 식단과 그 형제자매뻘인 채식주의 식단 및 페스코 채식주의 식단이 부상했음에도, 식품 공급망은 지역성과 계절성을 회복하지 못했다. 오히려 대부분의 경우 정반대의 결과가 나타났다. 이 괴리를 가장 분명하게 보여주는 가장 최근의 사례로는 KFC가 비건 채식주의 시장에 진출한 것을 꼽을 수 있고, 좀 더 일반적인 경향으로는 '빅 비건Big Vegan'의 부상을 언급할 수 있다. '첨단 기술'이 육류와 그 밖의 다른 동물성 제품을 대체할 요량으로 개발한 '초가공' 식품은 빅 비건의 부상을 예고했다. 그러나 이런 양상은 비단 식품 산업에 국한되지 않고 글로벌 생산에 관련된 훨씬 더 다양한 산업 분야로 확장되고 있다.[18]

이것은 사실 새로운 현상이 아니다. 지속가능성의 역사

에는 소비자들의 갈망에 귀를 기울이고, 그것에 부응하며, 겉보기에는 고객이 원하는 것처럼 보이는 제품을 출시하는 기업의 사례가 무수히 많다. 이런 관행은 지속가능성 자체에 대한 대중의 관심만큼이나 오래된 것으로, 가장 멀게는 환경주의의 첫 번째 물결이 대중의 의식을 사로잡았던 1960년대로 거슬러 올라갈 수 있다. 이 시기에 환경운동가들과 매디슨 애비뉴^{Madison Avenue}의 전前 광고기획자였던 제리 맨더^{Jerry Mander}는 '에코포르노그래피^{ecopornography}'라는 용어를 창안해 기업이 초창기에 보인 행태, 즉 지속가능한 것처럼 보이는 제품을 생산해 돈을 벌어들이려는 행태를 꼬집었다. '에코포르노그래피'는 1984년 제이 웨스터벨트^{Jay Westervelt}가 창안한 '그린워싱^{greenwashing}'이라는 용어로 대체된다. "지구를 구하세요"라는 문구를 내세우면서 고객에게 수건을 1회 이상 사용해달라고 요청한 어느 체인형 호텔의 꼼수를 지칭하는 용어로 출발한 '그린워싱'은 친환경을 내세우는 기업 광고의 미심쩍은 궤변을 포괄적으로 꼬집는 용어로, 오늘날에도 흔히 쓰인다.

유사 사례는 수두룩하다. 심지어 주요 기업은 첫 번째 지구의 날^{Earth Day}인 1970년 4월 22일에 이미 그 대열에 뛰어든 상태였다. 코카콜라는 자사 유리병이 "생태 시대를 위한 병"이라고 선포했다. 실제로는 이전과 하나도 다를 것 없는 유리병이었지만, 코카콜라는 유리병의 재활용성만을 한껏 부각하는 슬로건을 내세웠다. 같은 해, 셰브론은 F-310 휘발유를 출시하면서 "자동차 배기가스로 인한 대기오염을 상당히 줄일 수 있다"고 홍보했다.[19] F-310을 "역사상 가장 오랫동안 고대해온 휘발유"라고 발표한 셰브론은 두 가지 이미지를 나란히 배치해 대비를 극대화했다. 하나는 통상적인 배기관이 내뿜은 짙은 검은 연기로 채워진 풍선이었고, 다른 하나는 F-310을 연소하는 배기관이 내뿜은 깨끗하고 맑은 공기가 주입된 풍선이었다. 셰브론은 두 가지 이미지와 함께 "더 깨끗한 공기 …… 더 긴 주행거리"라는 슬로건을 내세웠다. 매우 성공적인 광고였지만 완전히 날조된 광고이기도 했다. 셰브론이 예고한 '혁명적인' 활성 물질은 이미 그 밖의 다른 연료에 사용되고 있었을 뿐 아니라 차량이 내뿜는 탄소를 줄이는 데 이렇다 할 영향을 미치지 못했기 때문이다. 연방 거래위원회 Federal Trade Commission 가 셰브론을 상대로 제출한 고소장에 요약되어 있는 것처럼, 이 제품은 새로운 것이 아니었을 뿐 아니라 제 기능을 발휘하지도 못했다.[20] 1975년, 셰브론은 법적 분쟁 끝에 F-310의 단종에 동의했다. 그러나 그 5년 동안 셰브론이 거둬들인 수익은 어마어마했다.

기업이 자행하는 그린워싱에 대한 최초의 공격은 이미 50년도 더 전에 시작되었다. 따라서 기업은 그린워싱 관행을 진화시켜야 했고, 실제로 진화시켰다. 이후 1970년대와 1980년대를 거치면서 그린워싱 광고는 더 많아지고 정교해지면서 꽃을 피웠다. 지구의 날이 20주년을 맞이한 1990년 무렵에는 미국 시장에서 판매되는 새로운 가정용 제품의 4분의 1에 '재활용 가능', '생분해 가능', '오존층을 파괴하지 않는' 혹은 '퇴비로 사용 가능' 같은 광고 문구가 달렸고, 77퍼센트의 미국인이 기업의 환경적 평판이 자신이 구입하는 제품에 영향을 미쳤다고 말했다.²¹ 이제 많은 기업이 환경적 평판을 전략적으로 우선시해야 할 핵심 사항으로 간주하게 되었다. 그러자 20년 전 셰브론의 사례에서처럼 터무니없는 주장이 득세하는 것을 막기 위해 수많은 법적 소송이 제기되었다. 따라서 기업으로서는 그 대신 연상, 암시, 그릇된 방향 전환을 통해 그토록 갈망하는 녹색 평판green reputation을 달성하는 편이 훨씬 더 이득이었다.

오늘날에도 여전히 수많은 눈속임이 난무하고 있다. 그러나 가장 많이 애용되는 것은 가장 단순한 수법이다. 즉 녹색 바탕에 과일이나 야생 따위의 이미지 몇 개를 그려 넣은 뒤, '자연'이라는 단어를 제멋대로 쓴 포장지로 문제의 제품을 포장하는 것이다. 이것은 아무리 우려먹어도 질리지 않는 수법이다. 구체적인 사례로는 세븐업7-Up의 "이제 100퍼센트 천연Now 100% natural"(세상의 모든 것은 **원래** 천연임), [클로락스Clorox의] "그린웍스Greenworks" 세정제(지속가능성이라는 의미보다 녹색의 포장재로 차별화를 시도), 멘토스Mentos의 "갓 만든 껌"(공장에서 각종 첨가물을 더해 가공함) 같은 슬로건을 꼽을 수 있다. 물론, 어디에서나 만나볼 수 있었던 코카콜라 라이프Coca Cola Life(설탕 대신 스테비아를 사용하는 제품으로, 어떤 면에서 보더라도 친환경이라고 인증할 수 있을지 미심쩍음)도 빼놓을 수 없다.

코카콜라 라이프의 실패가 증명하는 것처럼[코카콜라 라이프는 2013년 출시된 코카콜라의 저칼로리 버전으로 2020년 실적 저조를 이유로 단종되었다], 이런 접근법의 유일한 단점은 모든 기업이 이 수법을 활용한다는 것뿐이다. 이제는 거의 모든 제품이, 그저 암묵적인 것에 불과할지언정 모종의 친환경 인증을 갖게 되었다. 따라서 제품의 윤리적 특질을 넌지시 전달하는 것만으로는 더 이상 충분하지 않다. 어떤 의미에서 환경적 주장은 원점으로 되돌아왔다. 즉 더욱 크고 가시적인 주장이 필요해진 것이다. 그러나 오늘날에는 전문적인 환경운동이 잘 확립된 법적 선례를 바탕으로 지속가능성과 윤리를 외치는 기업의 강변을 훨씬 더 면밀하게 조사하고 있다. 여러 면에서 볼 때, 이것은 환경운동이 성공했음을 알리는 신호이다. 따라서 제품을 친환경으로 포장해 돈을 벌어들이고자 하는 기업은 자신들의 주장을 뒷받침하기 위해 정말 **무슨 일**이든 해야 하는 지경에 이르렀다. 그뿐만 아니라 자사 공급망이 자신들이 명시한 지속가능성에 대한 약속과 눈에 띄게 모순되지 않는다는 사실을 소비자들에게 입증해야 한다.

이때 중요한 것은 '눈에 띄게'라는 부분이다. 이와 같은 성공과 실패는 변화가 가능할 수 있다는 발상을 뒷받침하는 동시에 상당 수준의 회의론이 필요하다는 사실도 환기한다. 그러나 단지 지금까지 언급한 이유들 때문에 글로벌 생산에서 소비자가 갖는 힘에 의혹을 제기하는 것은 아니다. 즉 소비자와 관련해 내가 제기하는 문제는 **행동할 수 있는** 힘이 아니라 1) 해야 하는 일이 무엇인지와 2) 그 행동이 효과적인지 여부를 **알 수 있는** 힘과 관련된다. 최근 수십 년 동안 소비자의 힘이라는 저울의 무게추는 기업 행위자 쪽에 압도적으로 유리하게 기울어져왔다. 이런 양상은 일찍이 1960년대에 처음으로 그린워싱으로의 진입을 시도한 이후 지리학적 범위를 확장해온 식품 공급망을 넘어 거의 모든 공급망에서 나타난다. 지난 반세기 동안 의류에서 전자제품, 건설 자재에 이르는 모든 상품의 제조는 빠른 속도로 통합되어온 글로벌 생산이라는 지형으로 재편되었고, 폭발적으로 성장했다.

글로벌 생산은 뜬금없이 등장한 것이 아니었다. 앞 장에서 살펴본 것처럼 면화 생산의 역사는 뿌리 깊게, 그리고 종종 폭력적인 방식으로 국제화되어왔다. 많은 제품이 그렇듯, 식민지의 면화 산업은 경제적으로 생산의 세 가지 요소(토지, 노동, 자본)를 글로벌화하고 군사주의적 물류 체제를 발전시킴으로써 여러 대륙에 걸쳐 인력과 물자를 징발했다. 그 과정에서 서아프리카의 수백만 명은 노예가 되어 끌려갔고, 미국 남부에서는 면화 수백만 꾸러미가 운송되었으며, 영국에서는 수백만 파운드가 산업 기술에 투자되었다.[22] 그 이전의 제국들도 식민 지배를 위해 그런 식의 파괴를 자행했다. 로마제국의 경제는 사람과 재화를 그들이 원래 존재하던 곳으로부터 추출해내는 관행에 뿌리를 내리고 있었다. 즉 로마제국은 시칠리아, 스페인, 이집트, 북아프리카로부터 밀을, 아프리카로부터 기름을, 스페인으로부터 포도주를, 그 모든 곳으로부터 노예를 추출했다.[23] 한편, 중국 동부에서 인도, 페르시아, 아라비아, 이집트를 거쳐 서유럽에 이르는 수천 마일에 걸쳐 있으면서 기원

전 130년부터 1500년 동안 유럽과 아시아의 지정학적 권력의 중심지들을 연결했던 역사상 가장 상징적인 공급망인 실크로드도 빼놓을 수 없다.[24]

21세기의 세계화는 대체로 여러 세기에 걸쳐 이뤄진 제국주의적 추출이 형성한 관행 위에 안착해왔고, 그 역사적 기초를 바탕으로 새로운 지평을 열고 있다. 과거 제국들이 구축한 공급망은, 오늘날 통신과 물류 부문에서 이룩한 엄청난 기술적 도약에 힘입어 전례 없는 수준으로 연결되기에 이르렀다. 한때 무역의 동맥이었던 국제적 공급망은 이제 정맥과 모세혈관이 되어 동떨어진 생산국의 환경을 소비국들의 구미에 맞게 재구성한다. 그 결과 기본적으로 생산은 더 이상 현지에서 이뤄지지 않게 되었다. 왜냐하면 일련의 주요한 혁신이 이뤄져 부유한 국가들이 원료를 추출하고, 재화를 가공하며, 폐기물을 글로벌 주변부로 돌려보낼 수 있도록 지원하는 규모와 효율성이 점진적으로 개선되면서, 거리보다 비용이 의사결정에서 차지하는 중요성이 몇 단계나 더 상승했기 때문이다.

가장 중요한 혁신 중 하나는 19세기와 20세기에 유럽 제국을 뒷받침했던 철도였다. 막대한 거리를 마찰 없이 가로질러 재화를 운송할 수 있도록 지원했기 때문이다. 그러나 철도 못지않게 중요한 역할을 수행한 것은 훨씬 덜 알려진 혁신, 즉 표준화된 방식으로 쌓아 올릴 수 있는 컨테이너임에 틀림없다. 평범해 보이는 금속 재질의 상자인 컨테이너는 복잡한 여정을 계획하고 기계화를 통해 꾸준하게 하락하는 표준 가격을 부과하도록 지원함으로써 무역의 세계를 탈바꿈했다.[25] 물류의 판도를 바꾼 것은 선박의 화물창이 아니라 컨테이너였다. 온갖 종류의 잡화를 선박 화물창이 터질 만큼 가득 채우려면, 운반에 숙련된 인간 노동자가 필요하다. 그래야 짐을 적재하고 하역하고 운송할 수 있기 때문이다. 그러나 컨테이너에는 크레인만 있으면 된다. 크레인이 컨테이너 선박의 개방된 갑판 위에 쌓여 있는 컨테이너를 들어 올린 뒤 그것을 목적지까지 운반할 트럭이나 기차에 내려놓기만 하면 그만이기 때문이다. 심지어 운반하는 도중에 상자를 열어볼 필요조차 없다. 세계를 바꾼 것은 바로 컨테이너라는 금속 재질의 상자였다.

그렇지만 오늘날과 같은 세계화 시대에 도달하기 위해서는 결정적인 촉매 하나가 더 작용해야 한다. 1970년대까지만 해도 많은 주요 생산국들은 여전히 외국인의 소유를 방지하거나 가로막는 규제를 시행하고 있었고, 그 때문에 기업은 진정한 의미의 글로벌 공장을 건설할 수 없었다. 예를 들어 미국 기업이 중국의 넘쳐나는 저렴한 노동력을 활용하기 위해서는 생산(과 이윤)을 외주화하거나 자사가 소유할 수 없는 사업장에 자본을 투자해야 했다. 1970년대와 1980년대에 접어들며 중국의 주도로 글로벌 경제의 규제가 완화되자, 그때부터 모든 것이 바뀌면서 새로운 글로벌 공급망의 시대가 열렸다. 한 기업이 수천 마일에 걸쳐 여러 곳의 공장을 운영할 수 있게 된 것이다. 그뿐만 아니라 과거 포드주의적 생산 모델 아래에서 국내시장에 동원되었던 컨베이어 벨트의 역할을 사실상 화물 물

류가 도맡게 되었다.[26]

이런 체계의 발전 과정을 이해하는 것은 중요하다. 그것이 오늘날 산업 생산 과정에서 일어나고 있는 일은 물론, 그 체계를 더욱 근본적으로 **파악할 수 있는** 방법을 보여주기 때문이다. 생산의 도달 범위가 진정한 의미에서 글로벌화되면서 우리 삶의 기본적인 필요를 구성하는 재화와 생산 공정은 구성요소를 이루는 부품들로 분해되고 표준화된 뒤 글로벌 공장을 통해 흐르게 되었다. 이 글로벌 체계 속에서 생산은 컨테이너에 드나드는 재화에 대한 분류와 기록에 의존한다. 그리고 그 시점부터 우리는 더 이상 재화를 직접적으로 관찰할 수 없다. 재화의 경로는 오직 그것을 기록한 일지를 통해서만 추적할 수 있고, 그 모습은 오직 출발할 때와 도착할 때만 표출된다. 일지에 기록되는 재화의 특성은 한편으로는 기업이 설정한 우선순위의 결과이고, 다른 한편으로는 경험적 현실과 동떨어져 있는 거버넌스 체계의 결과이다. 우리는 아무것도 선택할 수 없고 아무것도 볼 수 없다.

표준화가 빠른 속도로 진행되면서 공급망이 눈에 띄지 않게 되자 공급망의 진정한 책임 주체를 분간하기 어렵게 되었다. 물리적 실체를 지닌 공장 건물에서는 물자와 재화가 만들어지는 과정을 직접 관찰할 수 있다. 즉 물자와 재화가 생산되는 흐름을 볼 수 있고, 물자와 재화를 만져볼 수 있으며, 물자와 재화가 이동할 때마다 직접 점검할 수 있다. 다양한 공정을 동시에 직접 관찰할 수도 있다. 그러나 글로벌 공장에서는 직접 관찰할 수 있는 것이 거의 없다. 물리적 공장에서는 중앙에서 주기적으로 생산 공정을 직접 감독하겠지만 글로벌 공장에서는 정밀한 기술 지표에 의해 조정되는 원격 모니터링 방식으로 생산 공정을 감독한다.[27] 물리적 공장이라면 직접 눈으로 보면서 감독할 것을 글로벌 공장에서는 체크 박스에 표시하는 방식으로 감독한다.

　글로벌 생산 체계 아래에서는 공급망에서 이뤄지는 공정을 주기적으로 점검할 수 없다. 글로벌 공장의 다양한 '부문'을 주기적으로 점검하려면 물리적인 물류를 너무 많이 투입해야 하기 때문이다. 게다가 물류 못지않게 중요한 비용 역시 막대하다. 글로벌 브랜드가 길고 복잡한 공급망에 자리 잡고 있는 각각의 기착지마다 점검에 필요한 여건을 충분히 갖춘 조사단을 주기적으로 파견해 유의미한 감독을 시행한다는 것은 대부분의 경우 어불성설이다. 주기적인 방문이 이뤄진다 해도, 유의미한 감독과는 거리가 멀 것이다. 그리고 경우에 따라 한 시간가량 혹은 심지어 하루 정도 관행을 감추거나 비밀에 부치는 일도 얼마든지 가능하다. 따라서 브랜드 혹은 구매자를 대신해 점검을 수행하는 중개인이 판매되는 제품을 생산하는 공정이 책임감 있게 이뤄지고 있다고 보증하면 그 말을 덮어놓고 믿을 수밖에 없다. 원칙적으로, 공급망 내의 생산 공정에 대한 주기적인 점검이 제대로 실행되지 않는다고 단정할 근거는 없다. 그러나 현실적으로, 외부에서 외딴 지역을 감독하는 과정에는 브랜드 자체가 설정한 기준을 이탈할 수 있는 기회가 널려 있다.[28] 기술의 힘을 활용할 수 있지만, 기업은 여전히 거리라는 모호성에 힘입어 현장에서 실제로 일어나는 일을 불확실성이라는 짙은 안개 뒤에 감출 수 있다.

글로벌 공장이라는 거대한 공백:
훌륭한 소비는 왜 실패하는가

소비자들에게 좀 더 나은 조언을 제공하지 못해 안타깝기는 하지만, 생산 현장을 방문해보면 손쉽게 해답을 찾기란 어려울 것 같다는 회의감이 깊어진다. 우리 학부를 찾아온 마지막 예비 학생들에게 설득력 있는 답을 주지 못한 일이 있고 나서 몇 달쯤 뒤인 2022년 초에 나눈 이런저런 대화도 해답을 찾을 수 없을 것 같다는 나의 확신을 불식시키기에는 역부족이었다. 캄보디아 중남부의 캄퐁스페우주에서 몇몇 주요 글로벌 브랜드 의류를 생산하는 공장의 현지 노동조합 대표와 도로변의 한 국수가게에서 만난 적이 있다. 작업 환경과 관련해 공장 노동자들이 직면한 문제에 대해 인터뷰를 할 요량이었다. 이런 인터뷰는 때로 매우 느리게 진행될 수 있다. 대화에 응한 노동자들이 말실수를 할까봐 두려워하거나 자신의 시각을 분명하게 표현할 수 있는 가장 좋은 방법을 잘 모르기 때문이다. 그러나 이번 인터뷰에서 현지 노조 대표는 요점을 단도직입적으로 거론했다. 해당 공장은 미국과 영국의 대형 브랜드를 위해 의류를 생산하는 대형 공장이라 점검 **대상**이었다. 그러나 노조 대표인 비샬^{Vishal}이 점검을 위한 방문에 대해 말해준 내용은 모범 사례와는 거리가 멀었다. 오히려 비샬은 국제적 공급망에 대한 감독을 가혹하게 조명했다. 아이스티를 마시면서 그는 다음과 같이 말했다.

브랜드에서 조사단을 파견하면, 공장에서 우리가 말할 내용의 방향을 정해줍니다. 우리 마음대로 말하면 안 된다는 말입니다. 공장에서는 공장을 생각해서라도 문제를 일으키지 말라고 합니다. 예를 들어, 조사단이 공장의 온도에 대해 물어보면 우리는 덥지 않다고 말해야 합니다. 조사단에게는 우리가 주말에 일한다는 말도 하면 안 됩니다.

한 시간쯤 뒤에 나는 국수가게를 떠났다. 비샬이 솔직하게 털어놓은 푸념을 곱씹어보면서 현지의 두 번째 공장으로 향했다. 영업이 끝난 저녁 시간에 도로변 식료품점 앞에서 만난 두 번째 노동자의 이름은 소콘Sokhorn이었다. 고작 몇 미터 떨어져 있는 국도를 쌩쌩 달리는 차량들이 휘저어 올린 무거운 먼지와 매연의 혼합물이 따뜻한 밤공기에 뒤섞이고 있었다. 소콘은 노동자가 적응하는 데 며칠이 걸리는 더위, 과중한 노동량, 그런 노동조건에서 장시간 일하는 데 따르는 육체적 부담 등 공장에서 노동하면서 겪는 고충을 토로했다. 그는 브랜드가 이런 사정을 알았다면 이 문제를 확실히 개선했을 것이라고 생각하고 있었다. 그리고 이제는 나에게도 익숙해진 비효율적인 모니터링에 대한 설명이 다시 한번 등장했다. 그가 사용한 표현은 [비샬보다] 훨씬 더 구체적이었다.

> 브랜드의 CEO는 공장에 오지 않습니다. 공장에는 캄보디아 출신의 대리인이 있기 때문이죠. 따라서 문제가 있더라도 캄보디아 출신의 대리인이 브랜드 소유자들의 눈에 띄지 않게 감출 수 있습니다. 캄보디아 출신의 대리인이 공장으로부터 수수료를 받는지 아닌지 우리는 모릅니다. 그렇지만 의류 노동자들은 항상 작업에 대한 압박에 시달립니다. 어떤 공장은 노동자들에게 안전하지 않은 현장에서 일하라고 지시합니다. 무거운 짐을 나르는 경우도 있고, 안전하지 않은 여건에서 목숨을 걸고 일하는 경우도 있습니다.

그날 저녁, 자동차를 몰고 돌아오면서 내가 몇 시간 동안 들었던 내용이 과연 무엇을 뜻하는지 골똘히 생각해보았다. 의류 공장에서 노동자들이 경험하는 고충을 듣는 데 이골이 나 있었지만, 내가 던진 질문은 주로 환경에 관련된 것이었다. 내가 궁금했던 것은 최근 몇 년 동안 캄보디아에서 점점 더 증가하고 있는 폭염이 노동자들에게 영향을 미쳤는지 여부였다. 따라서 나와 인터뷰한 노동자들이 [공급망에 대한] 관찰 가능성의 문제를 그토록 자주 혹은 강력하게 들먹일 것이라고는 꿈에도 생각지 못했다. 얼마 지나지 않아 나는 그것이 놀라운 일이 아님을 깨닫게 되었다. 공급망의 정치학은 의류 노동자가 영위하는 생활 전반에 영향력을 행사하고, 특히 노동자들에게 불리하게 작용하는 것이 일반적이니 말이다. 노동자들이 그런 정치학을 인지하게 되는 것은 당연한 일이었다.

예를 들어 2021년 말 프놈펜에서 그랬던 것처럼, 홍수로 인해 공장 가동이 중단되면 가동이 재개될 때까지 노동자들의 급여가 삭감된다. 절반이 삭감될 때도 있고, 80퍼센트가 삭감될 때도 있으며, 심지어 전액이 삭감될 때도 있다. 공장 사장들은 제품을 납품해야 대금을 받을 수 있기 때문에 의류를 생산하지 못하면 임금도 지급할 수 없다고 노동자들에게 설명한다. 여기까지는 사실이다. 그러나 더욱 중요한 것은 공급망의 위 혹은 아래로 책임이 전달되는 방식이다. 브랜드는 개별 노동자에 대해 직접적인 책임을 지지 않는다. 어려운 시기에는 공장을 지원하지 않는다는 내용의 도급 계약을 체결했기 때문이다. 코로나19 팬데믹의 도래는 이런 현실을 잘 보여주는 한 가지 사례다. 갑작스런 수요 감소에 직면한 많은 브랜드들은 자사가 발주했고 공장에서 이미 생산이 끝나 선적을 준비하고 있는 재화의 인수를 거절했다.[29] 그 결과, 팬데믹 기간 동안 수만 명의 노동자들이 일자리를 잃었다.[30] 그러나 브랜드들은 이것이 전혀 자신들의 책임이 아니라고 여겼다. 공장은 브랜드의 소유가 아니기에 브랜드는 공장 안에서 일어나는 일에 대해 법적 책임을 지지 않는다.

그렇다고 해서 브랜드가 노동자들에게 주의를 기울이지 않는다는 말은 아니다. 사실 나는 주요 브랜드를 위해 일하는 사람들 중 많은 이들이 이런 문제를 인지하고 우려한다는 것을 알고 있다. 이것은 오히려 책임과 관련된 문제이다. 산업이 현재와 같은 글로벌 공장 형태로 확장되면서 작업을 규제하는 법적 틀을 사실상 앞지르게 되었다. 영국, 유럽 혹은 심지어 미국의 노동자들이 가지고 있는 권리는 수십 년 심지어 수백 년의 투쟁을 통해 어렵게 쟁취한 것이었다. 많은 경우 세계대전들은 연금과 노동시간에 관련된 법률을 발전시키는 촉매로 작용했다.[31] 그러나 생산이 이런 법적 규제의 효력 범위를 규정하는 국경을 점점 더 넘어서면서 그 법률들은 보편성을 잃기 시작했다. 법적 규제와 그것의 시행이라는 측면에서 볼 때, 오늘날의 글로벌 공급망은 서로 다른 환경 기준과 노동 기준으로 바느질된 조각보를 횡단하고 있다. 따라서 글로벌 공장 내부의 노동자들은 사실상 자신이 속한 부문에 따라 서로 다른 권리와 의무 체계를 적용받는다.

공급망의 일관성은 그것을 규제하는 법적 조치에 의해 달성되는 대신 대기업이 자발적으로 동의한 기업의 사회적 책임이라는 기준에 의해 달성된다. 이 기준에 따르면, 대기업은 자사 공급망에서 노동조건과 환경조건을 규제해야 한다. 포춘 250Fortune 250에 속하는 미국 기업의 90퍼센트 이상은 어떤 형태로든 이런 협약에 서명했다.[32] 그러나 2010~2016년 갭Gap의 공급망에 대한 연구에 따르면, 기업이 자발적으로 사회적 책임과 관련된 자체 제도를 도입하는 것과 사회적 책임의 기준이 실제로 개선되는 것 사이에는 상관관계가 없음이 입증되었다. 따라서 이와 같은 협약의 효과를 의심하지 않을 수 없다.

기업이 협약 위반에 따른 불이익을 받으면 상관관계가 나타나기 시작했지만 그마저도 미미한 수준에 머물렀으며, 협약을 위반한 공장이 장차 진행될 평가에서 탈락할 가능성은 22퍼센트에도 못 미치는 것으로 나타났다.[33]

심지어 이것은 지속가능한 생산이라는 진정한 함정을 고려하기 이전의 이야기이다. 공장들이 높은 노동 기준과 환경 기준을 준수한다 하더라도, 그리고 실제로 준수한 사례가 적지 않다고 하더라도 구매자가 최종적으로 구매하는 재화가 해당 공장에서 만들어졌다고 보증할 수 없다. 최소한 처음부터 끝까지 해당 공장에서 제작되지 않았다는 것만큼은 분명하다. 의류 부문에서 이것은 심각한 문제다. 최근 진행된 의류 부문에 대한 설문조사에 따르면, 발주한 모든 주문의 약 36퍼센트는 허가를 받지 않은 상태에서 하도급되었다. 특히 캄보디아에서는 이 수치가 훨씬 더 높아서 발주한 모든 주문의 거의 55퍼센트가 [불법으로] 하도급되었다.[34] 소형 공장 수백 개로 이뤄진 막대한 그림자산업은 규제를 거의 완벽하게 벗어나 있다. 소형 공장은 저임금 노동, 고용이 보장되지 않는 노동, 열악한 노동조건으로 악명이 자자하다. 하도급 공장은 양철 지붕을 얹은 도로변의 판잣집에서 운영되는 경우가 비일비재하다. 그리고 수십 명의 노동자들은 그곳에 쌓인 의류 더미에 특정 유형의 단추, 프릴 또는 '메이드 인 캄보디아' 라벨 같은 디테일을 하나하나 추가하면서 땀에 젖은 하루를 보낸다.

조만간 글로벌 북반구의 주요 브랜드 매장에 진열될 의

류들과 씨름하는 이 노동자들은 사실상 눈에 띄지 않는다. 최근 몇 년 동안 상승해온 최저임금도, 기업의 사회적 책임과 공급망의 기준을 제시하는 모범적인 사례도 그들과는 무관하다. 브랜드가 발주한 주문의 3분의 1 이상을 생산하는 침묵의 노동력은 사실상 존재하지 않는 것이나 다름없다. 그러나 이것은 캄보디아의 문제도, 의류 부문의 문제도 아니다. 이것은 오늘날 글로벌 생산을 구조화하는 방식, 즉 대량 구매자가 물류에 대한 결정권을 가지고 선택지가 거의 없는 생산자에게 준수를 강요하는 방식의 징후이다. 수주한 주문을 납품하지 못하면 주문을 처리하는 과정에서 투자한 자본을 회수할 수 없을 뿐만 아니라 발주한 브랜드와의 관계도 틀어질 가능성이 있기 때문에, 생산자의 입장에서 실패는 선택지가 아니다.

물론, 발주한 회사는 모든 것을 사실대로 말할 수 없다. 기업은 미국 소비자에게 자사가 막대한 그림자노동을 거느리고 있다고, 혹은 판매하고 있는 의류를 만드는 공장에서 일어나는 일에 대해 오직 제한된 지식만 가지고 있다고 말할 수 없다. 따라서 공급망을 관리하기 위해 구축된 체계의 객관성을 분명하게 유지하는 것이 전체 사업을 계속해서 운영하는 데 매우 중요하다. 대부분의 경우 이 방식은 훌륭하게 작동한다. 브랜드는 모니터링할 몇 가지 지표를 설정하고 그 충족 여부를 주기적으로 확인한 뒤 체크 박스에 표시한다. 원격 모니터링 체계의 한계는 이런 준수 양식으로 처리할 수 없는 새로운 문제가 출현하고 나서야 비로소 모습을 드러낸다.

최근 캄보디아 의류 산업의 불법 벌채 임목 사용에 대한 연구를 마무리한 나는 개인적인 경험을 통해 그 사실을 알게 되었다. 임목의 불법 벌채는 잘 알려지지 않은 상태로 수년 동안 이어져온 고질적인 관행이다. 2013년 대형 트럭이 의류 공장으로 진입하는 장면을 담은 어느 언론인의 저해상도 휴대폰 사진을 보고 처음으로 이 문제에 경각심을 갖게 되었다. 그러나 당시에는 크게 주목하지 않았는데, 그 시점에 나는 임목을 불법적으로 벌채하는 이유나 그것이 얼마나 만연한 관행인지에 대해 온전히 이해하지 못하고 있었다. 나중에 파악한 바에 따르면, 임목의 불법 벌채는 다림질을 위한 것이었다. 캄보디아의 전기 요금은 세계에서 가장 비싼 축에 속해서, 전기를 이용해 대량의 다림질용 증기를 만드는 것은 경제적이지 않다. 따라서 대형 다림질 공장에서는 매일 트럭을 이용해 수백 톤의 임목을 들여와 수백 미터에 걸쳐 있는 광활한 목재 창고를 채운다. 임목을 태우는 행위가 불법화된 2018년부터 임목 운반 트럭은 한밤중에 공장으로 들어와 이른 새벽까지 하역 작업을 한 뒤 동이 트기 전에 자취를 감춘다.

충격적일지 모르지만 이것은 비밀이 아니다. 오히려 널리 알려져 있는 현실이다. 지역사회도 알고, 공장도 알고, 해당 공장의 노동자들도 알고, 브랜드들도 안다. 캄보디아의 공장 중 최소한 30퍼센트가 이런 관행에 관여하고 있다.[35] 그러나 공식 보고서에 집계되지 않기에, 의류를 만드는 과정에서 임목을 땔감으로 태우는 기업들이라고 해도 예의 그 '벌목 제로' 서약서를 제시하기만 하면 소비자들은 이런 관행이 존재한다는 사실조차 알 수 없다. 의류 산업의 비밀은 다른 많은 산업과 마찬가지로, 머나먼 국가들의 외딴 지역에 자리 잡은 높은 벽 너머에 감춰져 있다. 불투명한 상황에서 무슨 일이 일어나는지를 알아내려면 그 벽에 다가가 그 너머를 들여다볼 수 있는 방법을 찾아야 한다. 그러기 위해서는 몇 시간씩 자동차를 타고 이동해야 하고, 공장 주변을 기웃거리면서 담벼락의 틈새를 들여다보아야 하며, 현지 주민들과 이야기를 나눠보아야 한다. 경우에 따라서는 미심쩍은 공장 상공에 드론을 띄워 넓은 시야를 확보해 완전히 새로운 정보를 얻어내야 할지도 모른다. 이 중 윤리적인 소비를 실천하고자 하는 소비자가 손쉽게 실천에 옮길 수 있는 방법은 단 하나도 없다. 따라서 글로벌 경제의 상당 부분이 제품을 구입하는 사람들로부터 수천 마일 떨어진 곳에 위치하고 있다는 것 자체가 이미 극복할 수 없는 장벽이다. 이 장벽은 소비자들을 효과적으로 차단한다. 오늘날의 공급망은 풀 수 없을 정도로 너무 단단하게 매듭지어져 있다. 공급망을 사용하는 바로 그 기업조차 그것을 자사의 목적에 맞게 정비하는 것은 고사하고 해명조차 할 수 없는 것이 현실이다. 그렇다면 소비자는 그 어둠 속을 성공적으로 들여다볼 수 있으리라는 희망을 가질 수 있을까? 의도가 아무리 훌륭하다고 할지라도 현실은 불투명하기만 하다.

기본적으로 바로 이것이 윤리적 구매를 추구하는 소비자들이 직면하는 현실이다. 국내 생산에 대한 직접적인 정치적 거버넌스와 동떨어져 있는 글로벌 공장에서 이뤄지는 제조는 사실상 블랙홀이다. 그것은 과거 부유한 국가들이 장기간 착취해온 것이자 21세기에 소비자를 앞세워 환생한 '무주지無主地'이다. 기업들이 자사 공급망에 대한 기준을 정립하고는 있지만, 오직 자체적으로 정의하고 자체적으로 시행할 뿐이다. 독립적인 제3의 기관을 통한 감독과 면밀한 조사가 이뤄지지 않는다면, 글로벌 기업은 사실상 자유롭게 자사가 바라는 조건을 설정할 수 있고, 이것은 당연히 기업 측에 유리하다. 친환경 이미지는 수익성이 매우 높다. 왜냐하면 소비자들이 진심으로 친환경 제품을 원하기 때문이다. 따라서 글로벌 기업은 그들이 내세우는 주장의 진실성 여부와 관계없이 친환경 이미지에 대한 홍보에 집중할 수 있다. 바로 이것이 녹색 자본주의green capitalism라는 환상이다.[36] 오늘날 부유한 세계의 번화가에서 판매되는 제품 중 어떤 유형으로든 친환경을 표방하지 않은 제품은 거의 없다. 그러나 이런 주장은 검증되지 않았다는 점에서 수익성을 높이는 한낱 환상에 불과하다. 기껏해야 그린워싱이고 최악의 경우 노골적인 거짓말이다.

따라서 해외에서 자행되는 환경 남용에 대처하는 방법을 알고자 하는 소비자들을 위해 제품을 구입하는 행위처럼 단순하지는 않지만 꼭 필요하며, 할 수 있는 실천을 제안하려 한다. 소비자들은 친환경 제품을 구입하려 하기보다 그런 제품에 대한 감독을 요구하는 목소리를 높여야 한다. 즉 독립적인 제3의 기관을 통해 공급망이 보이는 그대로 투명하게 유지되도록 보장할 것을 요구해야 한다. 오랫동안 상상조차 할 수 없는 일이 었지만, 최근 들어 변화를 추구하는 파란 새싹이 움트고 있다. 2022년 1월 독일 의회는 독일에 기반을 두고 있는 글로벌 공급망에 대해 독립적인 제3의 기관을 통한 감독을 의무화하고 법을 위반한 기업에 조치를 취할 수 있는 공급망법$^{Supply Chain}$ ^{Act}[37]을 통과시켰다. 이 법이 완벽한 것은 아니다. 그래서 비평가들은 이 법이 정치적 타협의 산물이라고 비판한다. 그러나 이 법은 우리의 삶을 뒷받침하는 공급망에 대한 기업의 자체적인 거버넌스에서 벗어나는 패러다임 전환의 시작을 알리는 신호탄이다.

독일 이외의 지역에 사는 소비자들의 경우에도 할 수 있는 일이 있다. 목소리를 높여 글로벌화된 환경 남용을 드러내는 일이다. 앞으로 어떤 브랜드의 티셔츠, 커피, 휘발유가 가장 친환경적인지 알아볼 일이 생긴다면, 그런 일에 시간을 허비하는 대신 집으로 돌아가 국회의원에게 엄격한 공급망법을 제정하라고 요구하는 편지를 보내길 바란다. 그 편지 한 통으로 변화가 촉발되지는 않을 것이다. 왜냐하면 개개인의 목소리는 너무 쉽게 묻히기 때문이다. 그러나 충분히 많은 사람들이 참여한다면 변화를 이끌어낼 수 있다. 슈퍼마켓에서 돌아올 때마다 한 명 이상의 친구나 친척을 설득해 편지를 보내게 만든다면 결국 여론의 무게가 목소리가 될 것이다. 시간적으로 여유가 있는 소비자라면 지역 정치에 참여하길 바란다. 지역 정당에 가입하거나 지방의회로 진출하면 최대한 많은 사람들이 목소리를 높이도록 독려할 수 있을 것이다.

이는 쉬운 일이 아니다. 변화를 위한 운동을 구축하기 위해서는 먼저 사람들이 지속가능한 소비라는 아편에서 벗어나야 하기 때문이다. 여러분이 만나는 사람들의 기를 죽이거나 그들에게서 권한을 빼앗으라는 말이 아니라, 그들의 에너지가 정치와 입법으로 향하도록 이끌 수 있길 바란다. 매정해 보일지 모르지만, 윤리적 구매라는 도덕적 압력을 반드시 제거해야 한다. 그 틀을 벗어나지 못한다면 기후변화에 대해 깊이 우려하는 대부분의 사람들이 기울이는 노력이 헛수고로 돌아가고 말 뿐이다. 그 대신 각자가 내리는 친환경적·결정, 즉 생태를 의식해 선택한 각자의 결정을 면밀한 조사, 정의 실현, 변화에 대한 요구로 승화시켜야 한다. 우리는 글로벌 공급망의 어두운 구석을 조명하라고 요구해야 한다. 우리는 윤리적 소비자를 위한 지침을 내려놓고 그 대신 펜과 휴대폰을 집어 들어야 한다. 글로벌 경제에서 최악의 국면을 피할 수 있는 방법을 물어보는 사람을 만난다면, 그러기 위해 무엇을 **할** 수 있는지 물어보는 사람을 만난다면, 한 명의 개인으로서는 취약하지만 집단으로서의 우리는 우리의 경제, 우리의 생산, 우리의 기후에 대한 통제권을 되찾음으로써 단 하나가 아닌 여러 형태의 남용을 종식시키자고 요구할 수 있다는 것을 솔직히 말해주길 바란다.

3장

탄소 식민주의:
부유한 국가들은 어떻게 배출량을
외주화하는가

캄보디아에서 돌아온 나는 2019년 여름을 훔볼트대학교 펠로우 자격으로 베를린에서 보냈다. 훔볼트대학교에서의 경험은 선의에서 시작된 지속가능성이라는 사고방식의 결점을 깨우치는 데 도움이 되었다. 어느 일요일, 친구들과 카페에서 만나 담소를 나누다가 기후변화와 그 대처 방법에 대한 이야기가 화제에 올랐다. 확장된 형태의 윤리적 대화라고 할 수 있는 이런 화제는 식기가 부딪히는 소리 너머로 그리고 자갈길 위를 달리는 자전거 소리 너머로 얼마나 자주 들려오는지, 베를린 일부 지역에서 주류로 자리매김한 카페 문화처럼 느껴지곤 할 정도이다. 이것이 나의 연구 주제임을 알고 있는 사람들은 어떤 생활방식을 변화시키면 좋을지 추천해달라고 요청하곤 했고, 그때마다 나는 사람들이 으레 들어봤을 법한 답을 내밀었다. "그러면 우리가 모든 사람들을 설득해서 이렇게 하게 만들 수 있다면 다 괜찮아지겠죠? 그렇죠?" "아니요." "그렇지만 이해가 안 되네요. 모든 사람들이 각자가 미치는 영향을 조금씩이나마 줄이면, 정말 그러면, 전체적으로 감소해야 하는 것 아닌가요?" "안타깝게도 그렇지 않아요. 그것만으로는 충분하지 않거든요."

　　나는 다시 한번 난처해졌다. 베를린은 지속가능한 소비에 대한 신념을 열정적으로 추구하는 도시다. 여러 가지 유기농 제품을 쉽게 구할 수 있고, 누구나 이해할 수 있을 만큼 명확하게 '바이오' 기호가 표시되어 있으며, 누구나 장바구니를 사용하고, 플라스틱 빨대를 거의 찾아볼 수 없는 도시이다. 베를린을 홍보하는 기관인 비지트베를린visitBerlin에서 베를린을 다음과 같이 소개할 정도로, 지속가능한 소비는 베를린의 정체성을 형성하는 하나의 요소나 다름없다.

베를린 사람들은 '친환경'을 좋아합니다. 도시 농업, 친환경패션, 비건 요리법은 과거 산업도시였던 베를린을 점점 더친환경적인 대도시로 바꾸고 있습니다. 이런 변화는 녹색 오아시스를 보존하고 확대하고자 하는 바람과 지속가능하고대안적인 경로를 따르고자 하는 의지가 결합된 결과입니다.[1]

다시 말해, '친환경'은 유행이다. '친환경'은 트렌디하다. '친환경'은 열망의 대상이다. '친환경'은 베를린뿐 아니라 전 세계 모든 곳에서 대부분의 사람들이 추구하는 일이다. 예를 들어 영국통계청Office for National Statistics에 따르면, 2021년 영국 국민의 82퍼센트가 모든 사람이 제몫을 다한다면 기후변화의 영향을 줄일 수 있다는 데 동의했다.[2] 대중의 이런 긍정적인 태도를 반영하듯, 2020년 3월에는 전 국민의 83퍼센트가 최소 한 가지 이상의 생활방식을 친환경적으로 바꿨다고 응답했다. 그중 가장 흔한 시도는 음식물 쓰레기를 발생시키지 않거나 최소화하는 방안이었다. 이와 같은 수치는 많은 국가에서 흔하게 나타나며, 이제 대부분의 사람들이 기후변화에 대해 진지하게 우려하고 있다는 점은 물론, 심지어 비용과 시간이 더 들더라도, 혹은 자신의 생활방식 일부를 바꿔야 한다 하더라도 기후변화에 맞서 싸우겠다는 참된 의지를 갖고 있다는 점을 부각한다. 또한 이 수치는 최근 몇 년 동안 소비라는 발상과 지속가능성이라는 발상이 얼마나 완벽하게 뒤얽혀 왔는지를 부각한다. 사람들은 작은 행동들이 모이면 전 지구적 영향력을 발휘할 수 있다는 발상을 암묵적으로 수용한 것처럼 기후위기에서 벗어나는 방식으로 소비할 수 있다는 발상도 암묵적으로 받아들인다.

그렇게 된 이유는 지난 20년간 기후변화 담론을 지배해 온 것이 제2차 세계대전 이후 시작된 궁극의 거대 흐름이었기 때문이다. 이 거대 흐름의 정점에 있는 '하나의 세계one world' 담론은 '환경'이라는 단어의 의미를 개인의 주변 환경(이를테면 거리 혹은 마을)에서 오늘날 해석하는 것처럼 전 지구적 환경으로 확장해왔다.[3] 이렇듯 세계의 규모에 대한 인간의 사고는 심대한 이행을 거쳤다. 그 이행의 근원에는 어스라이즈Earthrise 사진(아폴로 우주 프로그램이 진행되는 동안 우주비행사가 달에서 지구를 촬영한 상징적인 사진) 같은 핵심적인 문화적 순간들과 결합된 운송 및 통신 기술의 급속한 확장이 자리하고 있다.[4] 시간이 흐르면서 전 지구적 환경이라는 발상은 우리와 지구의 관계를 바라보는 사고방식을 변화시킬 정도로 보편적인 것이 되었다.

이런 측면을 살펴보기 위해 제임스 코든James Corden이 진행하는 미국의 유명 프로그램인 〈레이트 레이트 쇼Late Late Show〉를 떠올려보자. 기후변화라는 주제를 다룬 최근 회차의 제목은 '모두 함께 기후변화에 맞서 싸우고 있습니다We're All in the Climate Fight Together'였다. 거기서 제임스 코든과 공동 진행자들은 '기후변화에 맞서기 위해 사람들과 기업들이 기울이고 있는 노력을 다룬 긍정적이고 고무적인 뉴스 기사'를 소개했다. 누구나 실천할 수 있는 작은 일에는 절수형 샤워헤드 구입하기, 오래된 프리우스Prius[도요타의 하이브리드 자동차] 교체하지 않기가 포함되었다. 유사한 사례는 무궁무진하지만, 이 프로그램은 특히 기후변화 문제의 규모가 얼마나 크게 평가절하되어왔는지를 완벽하게 부각한다. 소비자의 태도가 특정 제품의 매출 증감에 영향을 미치는 것처럼 (주로 부유한) 개인이 실천하는 작은 행동들이 글로벌 기후에 유의미하게 기여한다는 발상은 대중적인 기후변화 담론에 고착되어 있다. 게다가 '하나의 세계'라는 프레임은 선의를 표현하는 통로가 되곤 한다. 예를 들어, 《버지니아 머큐리Virginia Mercury》 신문에 실린 〈기후변화에 관한 한 모두가 함께On Climate Change, We're All in this Together〉라는 제목의 논평은 다음과 같은 결론으로 끝을 맺는다. "우리 자신을 구하기 위해 우리가 배제해도 되거나 무시해도 되거나 해쳐도 되는 '다른' 사람은 없다. 전 세계를 통틀어 오로지 우리 모두가 있을 뿐이다. 우리는 모두 함께 대처해나가야 한다."[5]

이것이 전부가 아니다. 프란치스코 교황의 환경 선언을 담은 회칙 〈찬미받으소서Laudato Si〉(기후를 '우리 공동의 집'의 '공동선'으로 언급)[6]에서부터 2021년 안토니우 구테흐스Antonio Guterres 유엔 사무총장의 하나의 지구 정상회담One Planet Summit 선언("우리는 마치 여벌의 지구를 하나 더 가지고 있기라도 한 듯 우리의 지구를 파괴하고 남용하고 있습니다.")[7]에 이르기까지 '하나의 세계'라는 메시지는 도처에 널려 있다. 전 세계 모든 사람을 의미하는 '우리'가 전 세계를 의미하는 '우리의 집'을 파괴하고 있다는 메시지 말이다. 그 기저에 깔려 있는 함의, 즉 모든 사람이 책임, 취약성, 결정적으로 행동 능력 측면에서 동등하다는 함의는 지속가능성이라는 지형에서 엄청나게 강력한 힘을 발휘한다. 그러나 그런 메시지는 사람들을 매우 그릇된 길로 이끈다. 소규모의 집단행동을 전 지구적으로 집결시키는 것이 기후변화를 '해결하는' 핵심이라는 발상이야말로 사실상 기후붕괴에 대한 효과적인 조치를 가로막는 가장 큰 장벽일 것이다.

그러면 우리가 실천할 수 있는 온갖 사소한 것들 중 몇 가지에 대해 살펴보자. 지속가능하게 생활하기 위해 개인이 실천할 수 있는 주요 변화 중 권장되는 한 가지 행동은 비행 횟수를 줄이는 일이다. 비행은 지속가능성과 상극인 데다 실제로 글로벌 북반구에서 생활하는 개인의 탄소발자국에서 큰 부분을 구성하기 때문이다. 평균적인 미국인의 경우 비행으로 매년 583킬로그램의 이산화탄소를 배출한다. 이 수치는 평균적인 영국인의 이산화탄소 배출량인 840킬로그램보다 약간 낮고, 항공 부문에서만 연평균 2톤에 달하는 이산화탄소를 배출하는 평균적인 아랍에미리트 국민에 비해서는 상당히 낮다. 이것은 꽤 대단한 수치처럼 보인다. 특히 에티오피아, 우간다 혹은 나이지리아 국민의 1인당 연간 **총** 탄소발자국이 고작

100킬로그램에 불과하다는 것을 고려하면 더욱 그러하다. 그러나 미국(15.97톤), 영국(5.46톤) 혹은 아랍에미리트(15.78톤)의 1인당 연간 총 탄소발자국 수치에 비춰보면 다소 다르게 보인다. 즉 비행은 미국 평균 탄소발자국의 3.7퍼센트, 영국 평균 탄소발자국의 15.4퍼센트, 아랍에미리트 평균 탄소발자국의 12.7퍼센트를 구성한다. 물론 이 수치는 오직 각국의 국내 탄소발자국만을 고려한 수치이므로, 이와 같은 대량 수입국들에게 적용하기에 적절하지는 않다. 만일 평범한 시민의 소비를 기준으로 산정한다면, 각국의 탄소발자국에서 비행이 차지하는 비중은 미국 3.4퍼센트, 영국 10.92퍼센트, 아랍에미리트 9.69퍼센트로 떨어진다.[8]

따라서 심지어 그 횟수가 가장 많은 국가에서조차 비행은 생각만큼 큰 문제가 아닐지도 모른다. 이런 상황을 전 지구적 규모로 확대해보면 더욱 그러하다. 전 지구적 탄소 배출이라는 큰 맥락에서 볼 때 항공 산업이 차지하는 비중은 고작 1.7퍼센트로,[9] 가축과 분뇨(5.8퍼센트), 농업·임업·토지 이용(18.4퍼센트), 산업 에너지 사용(24.2퍼센트)에 비해 미미한 수준에 불과하기 때문이다. 훨씬 더 나쁜 소식은 이 수치가 심지어 2000년부터 2020년까지 매년 평균 2.2퍼센트[10]를 기록한 전 지구적 탄소 배출량 **증가**율에도 못 미친다는 것이다. 직설적으로 말하자면, 만일 전 세계의 모든 사람이 자신에게 기후변화를 멈출 책임이 있다는 사실을 문득 절실하게 깨닫고 이듬해 1월 1일부터 당장 비행을 완전히 그리고 기약 없이 중단하

1부 | 글로벌 경제의 어두운 세계

겠다고 서약하더라도, 그 밖의 다른 모든 조건이 바뀌지 않는다면 이듬해 첫날의 대기 중에는 **여전히** 많은 탄소가 존재하고 있을 것이다.

어쩌면 이것은 그다지 충격적이지 않은 정보일 수 있다. 어쨌든 2016년에 체결된 파리협정^{Paris agreement}이란 탄소 배출에 제한적인 수준에서나마 가시적인 영향을 미치기 위해 장기간에 걸쳐 체결되어온 일련의 국제 협약 중 가장 최근의 것에 불과하기 때문이다. 1979년 제1차 세계기후회의^{World Climate Conference}에서 1992년 기후변화에 관한 유엔 기본협약^{UN Framework Convention on Climate Change}, 1999년 교토['1999년'은 '1997년'의 오탈자로 보인다. 저자는 1997년 교토에서 개최된 제3차 유엔 기후변화협약 당사국총회를 말하고자 한 듯하다], 2009년 코펜하겐을 거쳐 마지막으로 2016년 파리협정에 이르는 협약들은 시간이 지날수록 더 구체적이고 법적 구속력을 발휘하는 방향으로 변모해왔다. 그러나 그러는 동안에도 대기 중 이산화탄소 농도는 계속해서 증가해왔다. 제1차 세계기후회의가 열렸을 당시 339ppm을 기록했던 대기 중 이산화탄소 농도는 기후변화에 관한 유엔 기본협약이 채택된 13년 뒤에는 358ppm을 기록했고, 파리에서 축포를 터뜨린 해에는 402ppm을 기록했으며, 오늘날에는 421ppm을 기록하고 있다.[11]

이런 협약들은 이목을 끌었지만, 결과적으로 아무런 영향을 미치지 못한 듯했다. 환경운동가들에게 이것은 풀어야 할 수수께끼 같은 것이었다. 세계에서 가장 많은 탄소를 배출하는 국가들은 매 회의마다 탄소 배출을 줄이는 데 기여할 것으로 전망되는 기본 틀과 정책에 어느 정도 합의했다. 나아가 여러 통계 자료에 따르면, 많은 국가들이 탄소 배출량을 감축해 **왔다**. 유럽연합의 이산화탄소 순배출량은 1990년 56억 톤에서 2018년 42억 톤으로 감소했고,[12] 유럽연합 역사상 최대 배출국 중 하나인 영국은 1990년 이후 배출량을 44퍼센트 감축했다고 주장한다.[13] 심지어 모니터링 결과에 따르면, '충분한 노력을 기울이지' 않는 국가로 간주돼온 미국조차 1998년 71억 톤에서 오늘날 67억 톤으로 소폭이나마 감축하는 데 성공했다. 최근 수십 년간 세계 최대 탄소 배출국 중 하나이자 탄소 배출량이 가장 빠르게 늘고 있는 국가 중 하나로 자리매김한 중국도 탄소 배출량 증가 속도 둔화에 나섰다. 중국은 2060년까지 탄소 중립 달성을 목표로 하는 국가 계획을 수립했다. 그 일환으로 중국의 탄소 배출량은 향후 5년 동안 정체될 것으로 예상된다.[14]

그렇다면 이런 불일치의 이면에 숨어 있는 것은 무엇인가? 주요 국가들의 탄소 배출량은 감소하거나 안정세에 접어드는 반면, 전 지구적 차원에서 나타나는 탄소 배출량의 끊임없는 증가세는 꺾일 기미가 보이지 않는다. 주요 탄소 배출국들이 배출량 수치를 솔직하게 밝히지 않는 것일까? 직접적인 의미에서는 그렇지 않다. 그보다는 감축량 자체가 허상에 불과하다고 할 수 있다. 왜냐하면 세계는 점점 더 글로벌화되고 상호연결되어가는 데 반해, 감축량은 개별 국가 단위 및 국경

안으로 확고하게 국한되는 탄소 회계 체계의 산물이기 때문이다. 간단히 말해, 더 부유한 국가들이 글로벌 산업에서 자국이 차지하는 비중을 축소하는 가운데, [경제적] 이익은 더 적고 환경에는 더 많은 피해를 입히는 공정을 글로벌 남반구로 '외주화'하면서[15] 이런 공정에 관련된 배출량, 즉 최소한 언론의 표제를 장식하는 수치가 함께 이전되는 것이다.

오늘날 수입된 배출량, 즉 재화를 사용하는 국가가 아닌 국가에서 발생하는 배출량을 모두 합치면 전 지구적 이산화탄소 배출량의 4분의 1을 차지한다.[16] 이 수치는 부유한 국가들이 배출량을 자국의 환경 장부 바깥으로 이전하는 능력이 얼마나 큰지를 부각한다.[17] 심지어 이런 관행을 지칭하는 용어도 있다. 더 부유한 국가에서 더 가난한 국가로 배출량을 효과적으로 외주화하는 능력은 '탄소 식민주의'[18]로 묘사되어왔다. 탄소 식민주의는 탄소 회계를 뒷받침하는 역사적 권력관계를 강조하는 용어다. 더 부유한 국가, 즉 과거에든 현재에든 기후변화에 대한 압도적인 책임을 짊어진 국가들이 협상 석상에서 탄소 완화의 조건을 설정한다. 그 조건은 당연히 배출량이 가장 많은 국가들에게 유리하다. 덕분에 경제 규모가 더 큰 국가들은 더 작은 국가들로 생산 공정을 이전하면서도 그 생산이 제공하는 경제적 결실은 그대로 차지해왔다.

이런 외주화의 규모는 막대하다. 경우에 따라서는 환경 부문에서 진보했다는 각국의 주장을 완벽하게 무력화할 수 있을 정도이다. 영국을 예로 들어보자. 1990년 이후 탄소 배출량

44퍼센트 감축이라는 수치가 실증하는 것처럼 영국은 글로벌 녹색 리더십을 발휘하고 있다. 그러나 더 큰 그림을 들여다보면, 영국이 달성한 감축의 대부분이 소거된다는 것을 확인할 수 있다. 영국의 수입 가치는 지난 20년간 2배 이상 증가해온 반면,[19] 환경 규제를 시행하는 유럽연합 국가들로부터의 수입이 전체 수입 가치에서 차지하는 비중은 감소했다.[20] 현재 영국의 경우 생산의 상당 부분이 자국 국경 밖에서 이뤄지고 있어, 영국인들이 매일 사용하는 재화를 만드는 데 발생하는 탄소가 영국의 탄소 예산이 아니라 다른 국가들의 탄소 예산에 추가되는 경우가 점점 더 늘고 있다.

수입으로 인한 탄소 소비량이 1997년 절대치 대비 28퍼센트 증가한 영국은 현재 G7 국가 중 배출량 수입 비중이 가장 큰 국가다.[21] 수입된 배출량의 증가는 영국이 대대적으로 홍보한 국내 배출 감축량을 상당 부분 깎아내려, 영국 정부가 발표한 총 감축 44퍼센트를 순감축으로 환산하면 15퍼센트로 줄어든다.[22] 그간의 주장과 달리 영국 정부는 지난 20년간 배출을 실질적으로 감축해온 것이 아니라 배출량을 해외로 이전하는 데 주력해온 것이다.

전 지구적 수준에서 볼 때 이것은 분명 문제이다. 기온이 섭씨 1.5도 이상 상승하면 2050년까지 빈곤 인구가 '수억 명' 가량 더 늘어날 것으로 예상된다.[23] 만일 전 지구적 배출량 감축에 진전이 없다면 이런 결과를 피하기란 사실상 불가능할 것이다. 그러나 전 지구적 수치 외에, 더 작은 규모의 인적 비용과 환경 비용도 존재한다. 국내 생산에 적용되는 규제와 기준의 적용을 받지 않는 산업 공정, 즉 글로벌 북반구 국가들에서 소비되는 재화를 생산하는 산업 공정은 종종 위험하고 환경파괴적이다. 부유한 국가들은 그 영향을 길고 복잡한 공급망으로 외주화함으로써, 자국의 생산 공정에서 발생하는 피해를 해결하는 것이 아니라 국경 밖으로 이동시킨다. 그렇게 해서 그들은 피해를 규제와 회계에서 거의 눈에 띄지 않게 감출 수 있다.

간단히 말해, 이것은 가뭄과 홍수처럼 서서히 진행되는 재해를 비롯한 기후변화의 영향을 더 부유한 국가에서는 효과적으로 수출하고 덜 부유한 국가에서는 경제성장의 대가로서 수입하는 방식으로 거래하는 체계이다. 민족국가를 기반으로 하는 국제 구조와 경직된 민족주의라는 분석적 유산은 글로벌화되고 상호연결된 세계에 더 이상 적합하지 않을 뿐 아니라 환경저하를 시종일관 은폐한다.

의류 산업의 지리학:
불투명한 탄소발자국

이런 사실을 우리는 이미 여러모로 알고 있다. 어쨌든 친환경을 사랑하는 베를린에서 찾아볼 수 있는 온갖 지속가능성의 경향 중 가장 먼저 눈에 띄는 것은 구제 의류에 대한 사랑이기 때문이다. 유행을 선도하는 베를린의 남동부 지구에는 거의 모든 거리에 대형 의류 체인인 휴마나Humana에서부터, 특별히 엄선한 의류를 새 옷과 비등한 가격으로 판매하는 비교적 작은 부티크 수십 곳에 이르는 구제 의류 매장이 자리 잡고 있는 듯하다. 그리고 특별히 베를린만 그런 것은 아니다. 런던, 뉴욕, 바르셀로나, 나폴리 등 몇 군데만 꼽아봐도 중고 의류 매장이 밀집해 있는 비슷한 거리를 쉽게 찾을 수 있다. 이런 부티크들에서 지속가능성에 대해 언급하는 경우는 드물다. 왜냐하면 노동력을 착취하는 생산 현장에서부터 탄소 배출에 이르는 의류 산업의 윤리적 단점은 이미 널리 알려져 있어서 굳이 설명할 필요가 없기 때문이다.

그러나 전형적인 부국인 독일에서 상위를 차지하는 5개 대형 제조·수입 업체(C&A, H&M, 잘란도Zalando, 인디텍스Inditex, 어바웃유About You)가 서로 다른 60개 국가에서 5235개의 공장을 운영하고 있는 복잡한 산업에 대해 우리가 과연 얼마나 제대로 이해하고 있을까?[24] 분명 우리가 아는 것도 몇 가지 있다. 예를 들면, 전 지구적 배출량의 5퍼센트[25]에서 10퍼센트를 차지하는 의류 산업이 기후변화를 촉진하는 주요 산업이라는 점이다.[26] '패스트 패션의 대가'에 대한 대중의 인식이 점점 더 높아지고는 있지만,[27] 의류 산업의 규모 및 복잡성과 주로 대량으로 구입하는 최종 단계의 구매자가 그 내용과 범위를 규정하는 공급망의 불투명성[28]은 여전하다는 감안할 때 의류 산업이 미치는 영향의 대부분은 앞으로도 계속해서 과소평가될 것으로 보인다.

그렇지만 아마 더욱 놀라운 사실은, 의류 부문에 상당한 영향을 미치는 개인들조차, 그리고 사실 경우에 따라서는 브랜드조차 현실적으로 흡사한 문제에 직면한다는 것이다. 대표적인 사례로는 최근 인권 [유린] 관련 문제가 제기된 중국 신장 위구르 자치구의 면화 생산을 꼽을 수 있다. 신장 위구르 자치구에서의 강제노동을 다룬 보고서가 쏟아지자, 수많은 브랜드들은 매년 면화를 수확하는 과정에서 "국가의 묵인 아래 이뤄지는 조직적인 강압에 깊은 우려"를 표명하면서 신장산 면화의 사용 중단을 시도했다.[29] 베터 코튼 이니셔티브Better Cotton Initiative가 자체 승인 목록에서 신장산 면화를 제외하자,[30] 유니클로와 캘빈클라인을 비롯한 여러 브랜드들은 이 지역에서 어떠한 원료도 공급받지 않겠다는 성명을 발표했다. 그러나 의류 공급망의 복잡성을 고려하면 그런 성명을 이행하기란 현실적으로 거의 불가능하다.

전 세계 면화 생산량의 약 20퍼센트를 차지하는 중국은 세계 최대 면화 생산국이다. 그중에서도 가장 큰 비중(84퍼센트)을 차지하는 곳이 신장 위구르 자치구다.[31] 이토록 높은 점유율은 특히 중국산 면화 수입에 크게 의존하는 동남아시아의 중간 제조업체들이 신장산 면화 사용을 피하기 어려울 것임을 의미한다. 캄보디아는 이웃 국가인 베트남처럼 국내에서 면화 산업을 거의 영위하지 않기 때문에 면직물 소재 의류 생산에 필요한 원자재를 반드시 해외로부터 수입해야만 한다. 예를 들어 캄보디아가 수입하는 면화의 81.6퍼센트는 중국에서 직접 들어오고, 4.8퍼센트는 홍콩을 경유해 들어온다. 즉 캄보디아에서 사용되는 면화의 총 86.4퍼센트가 직간접적으로 중국에서 들어온다. 중국이 자국 평균과 동일한 비율로 면화를 생산 및 수입해 수출한다고 추정하면, 영국으로 수출되는 면직물 소재 의류를 비롯해 캄보디아에서 생산되는 면직물 소재 의류의 약 71.5퍼센트에 논란이 되고 있는 신장산 면화가 사용된다고 할 수 있다.[32]

이런 수치는 영국의 주요 의류 회사들이 자사가 내세우는 윤리적 약속을 이행하는 것이 불가능하지는 않을지라도 어려울 수 있음을 시사한다. 그러나 브랜드 스스로가 인정하는 것처럼, 확장된 공급망의 모호성으로 인해 영국 같은 국가의 최종 소매업체와 신장 위구르 자치구 같은 지역과의 연관성을 입증하거나 [반대로] 연관성이 없음을 입증하기란 스텔라 매카트니Stella McCartney의 말마따나 "극히 어렵다".[33] 따라서 무엇보다 미국 정부가 "위구르족에 대한 반인권적 범죄와 대량 학살의 가능성"[34]이 있다고 규정한 윤리적 침해와 관련해 세간의 이목이 쏠린 [신장산 면화] 사례에서조차 의류 공급망은 풀어낼 수 없을 만큼 너무 단단하게 매듭지어져 있다.

그리고 이것이 전부가 아니다. 공급망의 모호성은 윤리적 문제를 포함할 뿐 아니라 원료의 출처를 추적하기 매우 어렵게 만들어 탄소 비용을 손쉽게 감출 수 있도록 지원한다. 중국은 다시 한번 이 이야기의 주인공으로 등장한다. 2014~2018년 중국 전체 면화 공급량의 거의 3분의 1은 수입산이었다. 덕분에 중국은 세계 최대 면화 생산국인 동시에 세계 최대 면화 수입국이 되었다. 중국이 수입한 면화 3분의 1 중 대부분은 5개 국가(호주 25.9퍼센트, 미국 28.9퍼센트, 우즈베키스탄 7.75퍼센트, 인도 12.9퍼센트, 브라질 12.7퍼센트)에서 수입된 것이었다. 중국이 수입한 나머지 7.5퍼센트의 면화는 수입 비중이 낮은 멕시코를 제외하면 주로 아프리카산이었다. 그중에서도 특히 부르키나파소, 카메룬, 말리, 코트디부아르, 베냉, 짐바브웨의 비중이 가장 높았다.[35]

이제 동남아시아에서 사용되는 거의 모든 면직물이 중국에서 가공된다는 사실을 상기해보자. 이것은 면직물 원단 롤이 캄보디아, 베트남 또는 라오스의 공장에 도착할 무렵에는 이미 **평균** 1만 4000킬로미터를 이동했다는 의미이고, 심지어 완성된 제품이 영국의 번화가에 도달하기 위한 1만 8000킬로미터의 여정을 시작하기도 전에 이미 운송에서 63그램의 탄소를 배출했다는 의미이다. 독자들이 영국의 번화가 매장에서 면직물 티셔츠를 구입할 무렵에는 이미 지구의 4분의 3에 해당하는 3만 2000킬로미터를 이동한 것이고, 운송 과정에서 티셔츠 1장당 127그램의 탄소를 배출한 것이다. 이 수치를 캄보디아에서 영국으로 운송되는 모든 의류에 적용하면, 매년 추가되는 탄소는 최대 3만 867톤에 달한다. 그리고 그중 거의 절반(이산화탄소 1만 2612톤)은 기나긴 원자재 공급망에서 발생한다. 이것은 휘발유를 가득 실은 유조차 167대를 연소할 때의 배출량 혹은 글로벌 생산의 물류에 의해 은폐된 유럽인 4264명의 연평균 총배출량과 맞먹는 수치다.

이제 이런 숫자의 규모를 전 세계에서 판매되는 모든 제품을 반영하는 수준으로 확대했다고 상상해보자. 이와 같은 수치는 우리 일상생활의 토대가 되는 눈에 띄지 않는 체계를 조명하면서 우리가 가진 지속가능성에 대한 많은 추정에 의혹을 제기한다. 글로벌 공급망이 불투명하다는 것은 많은 배출원이 감춰져 있거나 상당히 과소평가되고 있음을 의미한다. 그리고 이례적으로 복잡한 글로벌 공급망은 세밀한 분석을 어렵게 만들고, 책임을 회피할 수 있도록 지원하며, 상당한 탄소 배출량을 대중의 시야에서 은폐한다.

번화가의 매장에서 구입한 티셔츠에는 제조국이 중국, 방글라데시, 인도, 캄보디아, 베트남 혹은 그 밖의 여러 다른 국가 중 하나로 기재되어 있을 것이다. 그러나 대부분의 경우 옷에 꿰매져 있는 라벨에 기재된 제조국 한 곳의 이름은 환상에 불과하다. 이 환상은 우리가 일상적으로 구입하고 사용하는 매우 많은 품목에 영향을 미치는 문제를 반영하고 있다. 사실 라벨에 기재되어 있는 제조국의 이름은 진정으로 지속가능한 생산을 배척할 뿐 아니라 기후위기에 맞서는 우리의 싸움을 가로막는 핵심 장벽인 글로벌 조립의 여정에서 그저 하나의 기착지일 뿐이기 때문이다. 이 감춰진 지리학을 이해하는 것이야말로 불투명할 뿐 아니라 와전된 글로벌 경제의 탄소발자국과 맞서 싸우고 세계 최대 오염국들에게 유리한 환경 회계 체계를 탈식민화하는 첫걸음이다.

기후변화의 감춰진 진실:
불공정의 유산

그렇지만 우리는 우리 스스로가 의류 산업에 대해 잘 모른다는 것을 알고 있다. 즉 우리는 우리가 가진 정보가 제한적이라는 것과 그것이 문제라는 것을 알고 있다. 그러나 그보다 훨씬 더 큰 문제는 우리가 모른다는 것조차 알지 못하는 어떤 것이 있다는 것이다. 눈에 잘 띄지 않는 곳에 도사리고 있으면서 종종 공식 통계에서 누락되기 때문에 집계되지 않는다는 것조차 알지 못하는 대형 탄소 배출원이 바로 그것이다. 나는 베를린에 도착하기 얼마 전, 영국 벽돌 제조업체를 대표하는 조직을 방문해 단체장을 만나고 나서야 비로소 그토록 꼭꼭 감춰진 탄소 배출원에 대해 인지하게 되었다. 1980년대 영국 은행가들이 즐겨 입어 유명해진 흰색 칼라에 줄무늬가 있는 셔츠를 입고 영국 국기가 새겨진 커프스 단추로 소맷부리를 여민 차림새에 좌익 노동당 당수인 제러미 코빈^{Jeremy Corbyn}을 깊이 지지할 것 같은 인상을 풍기는 그 단체장은 겉보기와 달리 거물이었다.

[옷차림과 인상, 현재의 사회적 지위가 잘 어우러지지 않는] 특이한 조합이었으나, 2008년 금융위기가 발발하면서 축소되기 시작해 지금은 자국의 벽돌 수요를 충족할 수 없게 되었다는 영국 벽돌 산업의 형편에 비할 만큼 흥미로운 것은 아니었다. 영국 국세청^{HM Revenue & Customs} 기록에 따르면, 오늘날 벽돌은 7장 중 1장 꼴로 해외에서 수입되는데, 인도나 파키스탄같이 훨

씬 더 먼 곳에서 오는 벽돌의 비중이 점점 더 커지고 있다.[36] 그 것은 내가 가지고 있었는지조차 모르고 있었던 환상을 깨뜨렸다. 말하자면 나는 우리를 둘러싼 바로 그 자재, 즉 땅 자체를 근대성의 방식에 걸맞게 재구성한 자재[벽돌] 자체가 최소한 어느 정도는 틀림없이 현지에서 생산되었으리라고 생각하고 있었던 것이다. 그 깨달음은 마치 어느 한 상품[벽돌]에 대한 초점에서 벗어나 우리의 근본적인 생활방식에 말을 건네는 듯했다. 어쨌든 우리가 살아가는 세계에서 벽돌이 갖는 의미는 단순하지 않기 때문이다. 우리는 역사상 처음으로 전 세계 인구의 절반 이상이 도시 및 소도시에서 생활하는 도시 세계에서 살고 있다.[37] 지구상에서 살아가는 우리 대부분에게 벽돌은 하나의 세계다. 즉 벽돌은 우리의 삶을 담는, 피할 수 없고 종종 눈에 보이지 않는 공간이다.

벽돌은 지속가능성과 관련해 중요한 것을 시사한다. 도시 지역 그리고 그것의 건설이 기후변화에 기여하는 주요 요인이라는 점에 대한 인식은 점점 더 높아지는 추세다. 현재 건조 환경built environment은 에너지와 관련된 전 지구적 이산화탄소 배출량의 39퍼센트를 차지하고 있다.[38] 특히 글로벌 블랙 카본black carbon[화석연료가 불완전 연소할 때 먼지나 분진, 검은 그을음 등 고형 입자의 형태로 배출되는 탄소]의 약 20퍼센트는 벽돌 가마에서 배출된다고 할 수 있다.[39] 전체의 90퍼센트가 중앙아시아에 위치한 벽돌 가마는 위험한 오염원으로 현지인의 건강과 자연환경에 매우 큰 피해를 입힐 뿐 아니라, 대부분의 온실가스 보

고서에 누락되어 있지만 지구 온난화에 상당한 영향을 미치는 요인으로 간주된다.[40]

날이 갈수록 이것은 아시아를 넘어 전 세계적인 문제로 부상하고 있다. 부유한 세계의 많은 국가들이 제조업에서 손을 떼면서 그들의 도시 인프라는 급성장하는 글로벌 자재 무역이 유발하는 탄소 배출에 그 어느 때보다 더 취약해지고 있다. 예를 들어 이제 전 세계에서 여섯 번째로 큰 원자재 수입국[41]이 된 영국은 이 문제의 긴박함을 부각한다. 그러나 이 더욱 폭넓은 경향의 많은 요소들은 대체로 인지되지 못한 채 슬그머니 사라진다. 영국은 인도와 파키스탄에서만 매년 3000만 장이 넘는 벽돌을 수입하고 있다. 그러나 현대판 노예제를 비롯해 인권과 관련되어 있고 사회경제적으로 중요한 핵심 문제들의 원천으로 인식되는 해외 산업과의 거래에 내재된 환경적·사회적 함의[42]는 국가 정책에서 거의 주목받지 못했다.

이 감춰진 무역은 탄소 배출 측면에서 볼 때도 중대한 문제다. 벽돌이 남아시아에서 서유럽까지 1만 7000킬로미터에 달하는 여정을 이동하면서 어마어마한 규모의 탄소를 배출하기 때문이다. 벽돌을 실은 40피트 길이의 컨테이너 한 채는 남아시아에서 영국으로 이동하는 여정에서 620톤의 탄소를 배출하는 것으로 추산된다. 남아시아에서 이뤄지는 벽돌 생산 공정이 영국에서 이뤄지는 공정에 비해 더 많은 탄소를 배출한다는 점을 고려하면, 영국이 수입하는 비유럽연합 지역산 벽돌이 영국산 벽돌보다 평균 2.5배 더 많은 탄소를 배출한다는 것을 알 수 있다. 또한 이것은 (비유럽연합 지역산 벽돌이) 한 장당 0.66킬로그램의 탄소 비용을 초과 발생시킨다는 것을 의미한다. 그러므로 비유럽연합 지역산 벽돌 8000장으로 건설된 표준적인 가옥의 이산화탄소 배출 '비용'은 9000킬로그램이 될 것이고, 이는 자동차로 2만 3000마일을 주행할 때 발생하는 탄소 비용과 맞먹는다. (국내산 벽돌로 건설한 표준적인 가옥과 비교해) 초과된 탄소 비용만 5280킬로그램이 될 것이고, 이는 자동차로 1만 3000마일 이상을 주행하거나 석유 12배럴을 연소할 때 발생하는 탄소 비용과 맞먹는다.

영국이 탄소발자국을 줄여야만 하는 긴박한 상황에 직면해 있음을 감안할 때, 이것은 분명 우려할 만한 수준의 수치다. 그럼에도 영국이 벽돌을 계속해서 수입하는 이유는 [수입산 벽돌의] 가격이 훨씬 더 낮기 때문이다. 인도산 벽돌의 비용은 평균 54.75파운드로,[43] 영국에서 동일한 수의 벽돌을 생산할 때 드는 비용(686파운드)보다 훨씬 더 저렴하다. 심지어 인도산 벽돌을 운송하는 비용(대략 39.51파운드, 벽돌을 가득 채운 40피트 규모의 컨테이너 기준)을 감안하더라도,[44] 벽돌을 수입할 금전적 유인책이 될 만한 조건이다. 그 결과 벽돌 수입은 계속해서 급속하게 증가하고 있다. 마지막으로 집계된 수치는 코로나19 팬데믹 이전인 2015~2019년의 수치로, 그 기간 동안 비유럽연합 지역에서 수입한 벽돌의 수는 308만 8902장에서 3294만 2280장으로 10배 가까이 증가했다.[45]

벽돌 수입 규모가 이렇게 막대한데, 급성장하고 있는 해외무역과 관련된 환경 규제는 눈에 띄지 않는다. 오늘날 영국의 환경법은 심지어 기업 공급망과 연계되는 탄소 배출과 환경적 영향의 공개조차 요구하지 않는다. 이것은 법적으로 규정된 적용 범위에 존재하는 빈틈으로, 이런 식의 대량 수입이 환경적 거버넌스 내부의 균열을 통해 빠져나가는 방법을 상징적으로 보여준다. 벽돌 가마는 여전히 전 세계적으로 가장 큰 블랙 카본 배출원으로 인식되고 있어, 영국 환경식품농무부Department for Environment, Food and Rural Affairs는 영국 국경 안에서 벽돌을 생산하는 벽돌 가마를 '엄격하게' 규제한다.[46] 벽돌 가마는 방글라데시에서도 여전히 가장 큰 대기오염원이고,[47] 남아시아 지역에 위치한 그 밖의 다른 수많은 벽돌 수출국에서도 중대한 환경 과제다.[48] 그러나 해외로 이전되는 환경적 영향의 특성 탓에 수입국 정부들은 규제의 필요성을 인식하지 못하고 있다.

베를린으로 떠나기 얼마 전, 영국 국경 안에서 벽돌을 생산하는 벽돌 가마를 둘러보았다. 엄격한 환경 규제를 적용받고 있는 이곳의 생산 공정은 앞서 언급한 느슨한 환경 규제와 극명한 대비를 이뤘다. 영국의 벽돌 가마는 여러 대의 대형 기계, 그보다 작은 장인용 작업장들, 전시장, 사무실로 구성된 방대한 규모의 사업장이었다. 가마 옆에는 흙을 채취하기 위해 깔끔한 V자 모양으로 조성한 토지가 보였다. 우리는 이 V자 모양의 각도, 크기, 지역 내에서의 위치를 규제하는 규정에 대한 설명을 들었다. 작업은 여전히 힘들어 보였고, 궁극적으로는 여전히 거대한 양의 무거운 자재[벽돌]를 이곳에서 저곳으로 옮기는 일과 관련되어 있었다. 그러나 사람들은 더 큰 사업장을 구성하는 하나의 일부일 뿐이었다. 육중한 자재를 들어 올리는 일은 대부분 기계가 수행하고 노동조건은 엄격한 법에 따라 설정된다. 잘 정립된 엄격한 규제 체계는 아무런 환경 기준도 적용받지 않는 수입산 벽돌의 현실과 극명히 대비된다. 이것은 분명 벽돌 자체에 대한 문제도, 심지어 벽돌에서 발생하는 탄소 배출에 대한 문제도 아니다. 문제는 공급망의 일부에만 적용되는 환경법의 적용 방식이다. 갈수록 글로벌화되고 기온이 상승하고 있는 세계에서는 이런 식의 협소한 조치가 더 이상 타당하지 않기 때문이다.

그리고 이는 비단 영국만의 문제가 아니다. 유럽연합에서는 건물의 에너지 성능 지침Energy Performance of Buildings Directive (2002)에 따라 모든 회원국에 고정식 조명, 공간의 냉난방, 온수 및 냉수를 비롯한 '규제 대상' 에너지의 에너지 운영 효율 성능 향상을 요구하는 건물 규제를 추진해왔다. 그러나 건축 자재가 유발하는 탄소 배출은 이 지침에서 계속해서 배제되어 왔다. 유럽연합이 1990~2020년 탄소 배출 20퍼센트 감축이라는 목표를 서류상으로는 달성했을지 몰라도, 만일 유럽 회원국의 탄소 배출에 대한 전체 수명 주기, 즉 벽돌과 같은 수입 재화의 소비를 포함한 배출량을 포함시킨다면 완벽하게 다른 그림을 얻게 될 것이다. 이 모든 것을 고려하면 유럽연합의 탄소 배출량은 사실상 11퍼센트 증가해왔고, 일부 국가의 배출

량 증가율은 이보다 훨씬 더 높은 것으로 나타나고 있다.[49]

이런 사례는 유의미한 탄소 배출 감축을 보장하기는커녕 수입에 의존하는 부유한 국가들이 설정한 개별 국가 단위의 탄소 배출 회계가 해외로의 탄소 배출 외주화를 적극적으로 장려하는 방식을 부각한다. 전문용어로 '이전displacement'[50] 혹은 '탄소 누출carbon leakage'[51]이라고 불리는 이 광범위한 현상은 환경 규제의 효과를 저해하는 주된 장벽을 드러낸다. 물론 이것은 우연이 아니다. 이런 불평등한 무역 관계는 수백 년 동안 글로벌 경제의 특징이었다. 그 불공정의 유산은 여전히 남아 다양한 종류의 환경적 취약성으로 변모하고 있다.

탄소 식민주의:
한 세계를 위해 다른 세계를 파괴하는 폭력

베를린의 거리를 거닐다 보면 과거의 유산과 자주 마주치게 된다. 보도의 자갈들 사이에 숨겨진 채로 유대인 체포의 역사를 알리는 작은 황동 명판을 만날 수도 있고, 나치체제하에서 소각된 2만 권의 책을 상징하는 훔볼트대학교의 텅 빈 도서관Empty Library[1933년 나치 정권이 자행한 분서 사건을 추모하기 위해 건립된 공공 기념물로, 지하에 빈 책장들이 모여 있다]을 만날 수도 있다. 오늘날의 사회가 부끄럽게 여기는 역사를 정면으로 직시하는 텅 빈 도서관은 직설적이라는 점에서뿐 아니라 유일하다는 점에서도 돋보인다. 근대 역사에서 부유한 세계가 자행한 부끄러운 행동은 무궁무진하기 때문이다. 그러나 이런 방식으로 우리가 진정으로 직시한 역사가 과연 얼마나 될까? 독일이 자국의 유산에 깊이 관여하는 데는 잔혹 행위로 이어졌던 과정을 탐구함으로써 미래에는 그 전철을 밟지 않을 수 있으리라는 논리가 깔려 있다. 역사를 안다는 것은 곧 그 과거를 되풀이하지 않는다는 것이다. 그러나 우리는 우리의 역사를, 그리고 그 역사와 연결된 우리의 현재를 과연 얼마나 잘 알고 있을까?

그해 가을, 런던으로 돌아가는 기차 안에서 나는 영국이 스스로의 과거를 다루는 방식에 대해 성찰했다. 1990년대 초반, 내가 초등학교에서 대영제국에 관해 배운 내용은 단순했다. 즉 우리 제국주의자들은 식민지 신민에게 철도 같은 다양한 혜택을 제공했고, 적절한 시기가 왔다는 판단이 섰을 때 식민지를 그들에게 다시 돌려주었다는 내용이었다. 이런 유의 강변을 아무렇지 않게 느끼는 단계에서는 어느 정도 벗어났지만, 국제적 시대가 끝났다는 종말론적 감각과 책임을 개별 국가에 국한시키는 식으로 후퇴하는 경향은 여전히 지속되고 있다. 물론 현실은 그렇지 않다. 그러나 환경적 성과를 모니터링할 목적으로 설정된 모든 체계는 꼭 그와 같은 문법으로 설계되어 있다. 실제로 모니터링 체계들은 탄소 배출이라는 전 지구적 문제를 개별 민족국가 중심의 문제로 제시함으로써,[52] 환경보호 프로젝트라는 명목으로 관리되는 환경을 보호하고 역사적 불평등을 고착화한다.

개별 국가 단위의 탄소 회계와 환경 규제는 각국에 자국의 생산 공정에서 발생하는 피해를 해결할 수 있는 기회 대신 국경 밖으로 이동시키는 방식으로 눈에 띄지 않게 감출 수 있는 기회를 제공한다. 이것은 오랫동안 부차적인 문제, 즉 회계라는 기술적인 문제로 취급되었지만, 그 중요성은 갈수록 높아지고 있다. 자연환경이 점점 더 많이 추출되고 포장되며 전 세계로 운송될수록, 국경은 더 이상 환경적 영향 또는 환경적 책임성의 경계를 가리키는 표식일 수 없다. 우리는 글로벌화된 세계 및 환경에서 생활하고 있지만, 우리의 생각은 개별 국가 단위에 머물러 있다. 하나의 대륙에서 이뤄지는 추출과 환경저하는 또 다른 대륙에서 이뤄지는 소비를 부추긴다. 북반구가 누리는 경제적 이득은 남반구의 환경적 손실을 토대로 구축된다. 부유한 세계의 환경안보에 필요한 자금은 글로벌 남반구의 노동자들을 날로 심해지는 기후위험에 내몲으로써 발생한 기업의 이윤으로 충당된다.[53]

이런 현실을 감안할 때, 우리는 최근 몇 년 동안 '탄소 식민주의'라는 용어가 출현하게 된 이유를 어렵지 않게 이해할 수 있다. 이 용어는 직관적이면서도 의외로 다양한 의미를 내포하고 있다. 탄소 식민주의는 도시 지역을 위해 전기를 생산하는 농촌 지역의 풍력단지 같은 저탄소 에너지 인프라[54]를 언급하기 위해, 벌충 혹은 적립을 통한 탄소 배출권 거래[55]를 언급하기 위해, 탄소 포집 및 저장[56]을 추출을 정상화하는 방법으로서 언급하기 위해, 아마존에서 이뤄지는 화전 벌목이 탄소 배출에 미치는 영향을 힘주어 강조[57]하기 위해, 탄소 배출을 공급망으로 '외주화'하는 현상[58]을 언급하기 위해 다양한 저술가들이 사용해온 용어이다. 이와 유사한 노선 속에서 '식민주의'라는 단어는 오염에도 적용되어왔다.[59] 오염은 최근 몇 년간 점점 더 주목받고 있는 현상이다. 2001년 이후 유럽연합에서 거의 두 배가 될 정도로 국제 폐기물 선적이 부쩍 증가했기 때문이다.[60]

그것을 둘러싼 무수한 시각이 존재하지만, 탄소 식민주의(와 관련된 파생물들)는 [결국] 하나의 요점으로 수렴된다. 즉 식민지는 한 곳의 이익을 위해 또 다른 곳의 환경 착취를 정당화하는 프레임이라는 것 말이다. 현실에서 이것은 은폐로 나타난다. 은폐는 화석연료와 산업적 과정이 유발한 환경적 영향을 하나의 회계 장부에서 또 하나의 회계 장부로 이전하는 방식으로 이뤄질 수도 있고, 그 환경적 영향을 환경적 회계 내부의 균열을 통해 빠져나가게 만드는 방식으로 이뤄질 수도 있다. 그렇지만 더 근본적인 수준에서 은폐는 정당화와 관련이 있다. 탄소 식민주의는 단순히 물류적 가림막이 아니라 식민적 권리를 예상하고 조작하는 시장 기반 환경 논리라는 '도덕적 가림막'[61]으로 추출 과정을 은폐하는 체계를 의미한다.[62]

맥스 리보이론Max Liboiron[63]은 플라스틱 오염 사례를 들며 환경을 규제하기 위해 고안된 기술적 틀이 생태 파괴를 정당화하고 은폐하는 방식을 매우 간결하고 훌륭하게 소개한다. 기술적 틀 안의 환경 규제는 환경적 의무를 지거나 환경에 대해 우려할 필요가 없는 '안전한' 수준을 설정한다. 예를 들어,

'자정 능력' 한계[64](물이 스스로 정화할 수 있다고 여겨지는 한계)를 엄격한 윤리적 지표로 규정하고 나면, 그에 미치지 못하는 수준의 플라스틱 오염은 사실상 '규제에서 벗어날 수 있다'. 심지어 물고기의 아가미에서 플라스틱이 발견되더라도 말이다. 글로벌 경제에서 배출되는 탄소량을 결정하는 것도 이와 동일한 논리다. 간단히 말해, 국내에서 발생한 탄소는 문제가 되고 국내에서 발생하지 않는 탄소는 문제가 되지 않는다.

이런 현실을 반영하듯, 최근 몇 년 동안 탄소 배출량을 산정하는 방식을 바꾸자는 요구가 제기되어왔다. 이것은 곧 국경 안에서 발생한 배출량만을 계산하는 생산 기반의 측정에서 수입된 재화에 관련된 배출량까지 포함해 산정하는 소비 기반의 측정으로 이행하자는 요구이다. 이 이행을 지지하는 사람들은 이런 전환이 '탄소 정책의 허점'[65]을 막는 데 필요하다고 주장한다. 지금의 탄소 정책은 부유한 국가들이 자신과 관련된 총배출량이 증가하고 있는데도 배출량 감축에 성공했다고 주장하는 것을 용인하는 정책이기 때문이다. 그러나 위의 사례들이 말해주듯, 민족주의라는 뿌리 깊은 논리는 소비 기반의 측정이 실행되지 못하도록 방해한다.

의류의 경우, 환경적 영향에 대한 분석과 환경적 영향에 대한 **책임**이 서로 단절되어 있다는 데서 그 이유를 찾을 수 있다. 전 지구적 공급망을 추적하는 일은 예상보다 더 어렵기는 하지만 결코 불가능한 일은 아니다. 그러나 책임을 할당하는 것은 전혀 다른 문제다. 책임을 지려면 먼저 책임을 이행할 능력이 뒷받침되어야 하기 때문이다. 따라서 탄소 회계 메커니즘은 거의 예외 없이 국내에서 배출되는 탄소를 우선시한다. 왜냐하면 규제받는 당사자에게 규제 준수를 강제하는 것이 더 쉽기 때문이다. 달리 말하면, 조사관의 관할권을 기나긴 국제 공급망 전체로 확장하기란 불가능하다. 이론상으로는 국가별 점검의 총합과 국제 공급망을 점검한 수치가 동일해야 하지만, 현실적으로는 공급망을 모니터링하는 각국의 역량 차이 때문에 국가별 점검의 총합이 국제 공급망 각 부분을 대상으로 한 점검의 합보다 더 작다. 이런 현실을 기업도 알고, 정부도 알지만 국제적인 공급망의 모호성은 **용인 가능한** 지식의 공백으로 간주된다. 바로 이것이 탄소 식민주의이다.

벽돌 수입의 경우 유사한 경향이 훨씬 더 극명하게 나타난다. 직설적으로 말하자면, 그것은 국내에서는 절대로 허용되지 않을 법한 형태의 무역이다. 이런 무역은 가치가 낮은 자재[벽돌] 수백만 톤을, 그것을 운송하는 과정에서 발생하는 탄소 비용이 그것을 제조하는 며칠 동안 발생하는 매연과 재를 초과할 정도로 어마어마한 거리에 걸쳐 운반한다. 그 운송비를 합리적인 환경 비용으로 보기는 어렵다. 남아시아에서 유럽으로 향하는 여정에서 각 컨테이너는 600톤의 탄소를 배출한다. 즉 주택 3.5채의 무게 또는 대왕고래 5마리의 무게와 맞먹는 양의 **가스**를 배출해 지구 온난화에 기여한다. 그러나 어마어마한 양의 디젤 매연을 발생시키면서 향하는 목적지가 국경 밖에 있다는 점에서 그것은 **용인 가능한** 탄소 비용이 된다.

만일 벽돌 가마 밀집 지역에서 생산된 매연이 그을은 블랙 카본으로 이뤄져 대륙 상공을 떠도는 '아시아의 거대한 갈색 구름'을 생성하는 데 기여한다면,[66] 그 역시 용인 가능한 탄소 비용이 된다. 이것 역시 탄소 식민주의이다.

기본적으로 탄소 식민주의는 항상 존재해왔던 재화의 흐름과 관련된 것도, 지금과 규모는 다르지만 항상 존재해왔던 폐기물의 흐름과 관련된 것도 아니다. 탄소 식민주의는 환경을 보호하기 위해 설정된 체계들이 환경에서 무엇이 문제이고 문제가 아닌지를 분류하는 방식과 관련이 있다. 이를 바로잡는다는 것은 지금까지 있었던 대부분의 노력을 무력화해온 국제적·국가적·인간적 병리를 인식하고 직시한다는 것을 뜻한다.[67] 무엇보다 탄소 식민주의는 우리가 '우리 공동의 집'에 거주하는 개별 주민이 아니라 권력 구조와 경제적 흐름에 깊숙이 관여하고 있는 무대 위의 행위자임을 인식한다는 것을 의미한다. 하나의 작은 변화는 없다. 왜냐하면 각각의 변화는 있는 그대로의 구조를 그저 정당화할 뿐이기 때문이다. 탄소 식민주의에서 벗어나는 방법은 돈으로 살 수 있는 것이 아니다.

글로벌 경제를 지배하는 체계가 서구권이 정한 조건과 우선순위에 따라 창조된 이후 무려 500년이라는 세월이 흘렀다. 따라서 지금 당장 그것을 바꿀 수 있는 손쉬운 해결책은 없다. 그러나 더 나은 접근법을 모색하는 것은 가능하다. 개별 국가 단위의 탄소 회계, 특히 국내에서 발생한 탄소 배출은 점점 더 낡은 개념이 되어가고 있는데도 여전히 기후 정책 담론에서 기본 입장으로 남아 있다. 주요 국가들에서 싹을 틔운 뒤 어마어마하게 뻗어나간 경제적 덩굴[공급망]에서 발생하는 환경 비용을 인식하는 접근법은 모든 진지한 탈탄소화 정책의 근간을 이룬다. 이런 통계 자료를 수월히 활용할 수 있는 상황인데도, 기후 정책은 계속해서 민족주의적 노선에 따라 공식화되고 있다. 수 세기 전의 사고방식을 끈질기게 대변하는 이 노선은 글로벌 기후붕괴의 시대에는 피해야 할 무의미한 사고방식이다. 글로벌화된 불평등한 권력 체계에서는 탄소, 그을음, 플라스틱 같은 환경문제를 그저 외주화하는 것만으로도 거뜬하게 해결할 수 있다. 필요한 것은 들여오고 나머지는 (보유하거나) 국경 밖으로 내보내면 그만이다. 이것이 다름 아닌 탄소 식민주의이다. 그러나 앞으로도 계속 이런 방식을 따라야 하는 것은 아니다. 우리는 이미 기후변화를 측정하고, 완화하며, 그에 적응할 수 있는 방식을 탈식민화하기 위한 수단과 방법을 가지고 있다.

그렇다면 탈식민화란 구체적으로 무엇을 의미하는가? 이것은 최근 들어 폭넓게 쓰이고 있는 용어로, 교육,[68] 정치,[69] 국제법[70]을 비롯한 여러 주제에 적용되어왔고, 원주민에게 반환된 토지나 유물, 식민지 개척자들의 동상을 철거하는 실천들을 통해 구체화되어왔다. 이것은 과거에 대한 직시인 동시에 현재에 대한 탐문이다. 다시 말해, 패권주의적 식민 시대와 달라진 것이 거의 없다는 것과 낡은 제도가 여전히 많이 활용되고 있다는 것을 인식해야 한다. 이런 노력을 바탕으로 하는 기후변화의 탈식민화란 곧 미래를 탈식민화하기 위한 상상력의 탈식민화[71]를 의미한다. 상상력을 탈식민화함으로써 기후변화에 대한 성공적인 대응이 무엇인지를 규정하는 우리의 비전을 재구성해야 한다. 다시 말해 우리는 '친환경을 표방하는' 깨끗하고 부유한 국가가 자신들이 책임지지 않아도 되는 동떨어진 지역에서 생산된 재화를 소비하는 세계가 아니라, 세계화로 인해 서로 맞물리게 된 지역사회로 이뤄진 세계를 그려보아야 할 것이다.

이것은 필수적이면서도 방대한 과제이다. 그러나 그 핵심에는 세 가지 우선순위가 있다. 첫째, 국내 생산을 바탕으로 하는 탄소 배출 목표를 포기하고, 그 대신 쉽게 활용할 수 있지만 부유한 국가의 정치적 편의를 위해 주변화되곤 하는 소비 기반 조치를 채택해야만 한다. 둘째, 일부 부유한 국가들이 배출하는 탄소의 절반이 해외에서 발생하고 있는 오늘날의 상황을 감안할 때, 국내 생산에 적용되는 환경 및 탄소 배출 규제를 [글로벌] 공급망에도 반드시 엄격하게 적용해야만 한다. 이 새로운 관점을 채택함으로써 우리는 마지막 우선순위, 즉 글로벌 공장이 재해의 지형을 형성하는 방식을 인식하는 층위로 나아갈 수 있다. 우리의 글로벌화된 경제는 물자와 부를 부유한 세계로 빨아들이는 동시에 그것이 원래 있던 자리에 폐기물을 남기도록 설계된 체계를 기반으로 운영된다. 이 책의 2부에서 간략히 설명하는 것처럼, 이런 식민주의는 이제 기후변화의 영향에도 마찬가지로 해당하는 이야기다.

기후변화라는

거대한 불평등

4장

기후 불안정성:
글로벌 불평등이 만들어낸 취약성

2014년 초여름, 프놈펜의 툴톰퐁 시장 지역에서 어느 생선 좌판 옆에 쭈그리고 앉아 예이 맘^Yay Mom이라는 이름의 걸인 노파와 이야기를 나누고 있었다. 더위가 극심한 이른 오후였다. 1년 중 가장 더운 이 시기에는 기온이 섭씨 40도에 가깝게 오르는 날이 많은데, 그해에는 5월이 되도록 비마저 내리지 않았다. 농촌 지역의 토양은 매우 건조해져 대지에서 떨어져 나오기 시작한다. 지면 위로 피어오른 먼지는 대기 중에 쌓여 습도가 높아 가뜩이나 무거운 동남아시아의 공기를 한층 더 무겁게 만든다. 한 해 중 이 시기의 더위는 자기만의 개성을 가질 정도로 일상생활에서 강력한 존재감을 발휘해, 스트레스의 주범이자 사회라는 드라마의 주역이 된다. 더위는 문을 막고, 노동자를 괴롭히며, 잠을 설치게 만든다. 삶의 대부분이 도처에 만연한 악의적인 더위를 피하는 데 소모된다. 한 해 중 가장 더운 시기, 하루 중 가장 더운 지금 이곳에서 나는 연약한 모습으로 굼뜨게 행동하는 예이 맘을 찾아냈다. 전통 조끼와 치마를 입고, 머리에는 크라마 스카프를 두른 예이 맘은 87세의 나이에도 불구하고 지팡이에 의존해 시장을 누비면서 은색 동냥 그릇을 내밀었다. 그러면 노점상과 쇼핑객들은 100릴(0.25센트)짜리 지폐를 넣어주곤 했다.

예이 맘에게 약간의 돈을 주고 근처에 자리 잡은 과일 좌판의 차양 그늘을 찾아 들어갔다. 생선이 올려진 인근의 금속 쟁반에서는 비린내가 나는 물이 흘러내렸고 파리들이 생선 주변을 맴돌았다. 예이 맘에게 이곳에 오게 된 연유를 묻자 예이 맘은 최근 몇 년 동안 캄보디아가 이룩한 놀라운 경제개발과 관련된 개인적인 경험을 들려주었다. 토지를 소유해본 적이 없었던 예이 맘은 항상 가난했지만 프레이벵주에서 농업 부문의 임금노동자로 생계를 건사하는 데 문제가 없었다. 그러다 공장이 문을 열기 시작했고, 그 공장의 직원으로 일하기 위해 수십만 명의 젊은이들이 농촌 마을을 떠났다. 작물을 심고 추수하는 계절에 농촌 노동력이 사라지자 처음에는 농촌 노동력의 임금이 증가했다. 그러나 얼마 지나지 않아 [농민들은] 상승한 임금을 감당할 수 없게 되었다. 가족이 영위하는 농장에서 일할 사람이 극히 적어진 상황에서 소액 금융 기관을 이용할 수 있는 기회가 많아지자 농민들은 새로운 종자, 비료, 관개, 기계화에 투자해 사라진 노동력을 대체하기 시작했다. 아무도 예이 맘을 필요로 하지 않게 되었지만, 또 다른 일자리를 찾기에는 나이가 너무 많았다. 남편과 사별한 예이 맘에게는 자녀가 없었다. 따라서 예이 맘은 자신이 살고 있는 마을과 이웃 마을을 돌아다니면서 구걸하기 시작했고, 결국 프놈펜까지 오게 되었다. 이곳에서 예이 맘은 거지들이 우글거리는 방에서 몸을 누일 한 자리를 빌리고 밥을 먹을 만큼의 돈을 벌 수 있다. 체념하는 심정으로 현재의 생활을 감수하는 예이 맘은 나에게 이렇게 설명했다.

사람들이 저를 우습게 보지만 괜찮아요. 제가 매우 비천한 건 사실이니까요. 자식도 없고 가진 것이라고는 아무것도 없어요. 매우 가난합니다. 그렇지만, 돈이 조금이라도 생기면 스님에게 주면서 다음 생에는 지금과는 다른 삶을 살게 해달라고 빌어볼 거예요.

예이 맘을 만났을 무렵, 나는 여러 해 동안 다양한 자격의 연구자로 일하면서 어렵고 때로 괴로운 삶을 살아가는 사람들을 이미 수백 명도 넘게 만나본 상태였다. 그렇지만 이 프로젝트는 내가 수행한 프로젝트 중 정서적으로 가장 버거운 축에 속했다. 심지어 그 무렵의 나는 인간이 경험하는 고통에 관한 이야기에 이미 꽤 익숙해져 있어서, 어떤 경우에서든 거의 그 안에서 빛나는 희망과 의지를 찾아낼 수 있는 경지에 올라 있었다. 그렇지만, 예이 맘과 그처럼 구걸로 생계를 이어가는 다른 노인들의 경우는 달랐다. 그들은 우울한 성찰을 통해 만족이라고는 눈곱만큼도 모르고 살았던 고단한 삶을 애정 없는 눈으로 돌아보고 있었다. 소극적이었지만 세계의 불공정함에 대한 이야기를 직설적으로, 거의 고발하듯이 쏟아놓았다. 그들의 사연은 사회적 담론을 덮고 있는 살을 도려냄으로써 불평등한 특권의 추악한 골격을 드러냈다. 예이 맘뿐 아니라 다른 이들도 그랬다. 며칠 전 나는 얼굴 기형을 가진 어느 노파와 이야기를 나눴다. 그 노파는 자신이 원했던 것은 오로지 가족뿐이었다고 울먹이며 말했다. 며칠 뒤 프놈펜 병원에서는 자녀에게 버려진 또 다른 노파를 만났다. 그는 병원비를 낼 수 없게 되어 매일 아침 병원에서 나와 구걸하고 있다고 말했다. 그는 구걸해서 모은 돈을 가지고 병원으로 돌아가 매일 조금씩 빚을 갚아나간다고 했다. 하고많은 사연들 중 특히 이런 이야기가 두고두고 내 마음속에 남아 있었다.

이런 이야기를 들먹인 이유는, 다른 지면을 통해 상당히 자세하게 다뤘던 구걸에 대한 논의를 이어가기 위함이 아니다. 이를 통해 노동과 환경에 관련된 더욱 폭넓은 관점을 살펴보기 위함이다. 타는 듯한 오후의 더위 속에서 예이 맘을 만난 것은 우연이 아니라 나의 의도에 따른 것이었다. 그 시간에는 걸인들을 쉽게 만날 수 있다. 왜냐하면 다른 사람들은 그 시간에 나돌아 다니지 않기 때문이다. 상점 주인들은 실내에 머물러 있고, 좌판 주인들은 대형 우산이 드리우는 그늘 아래에서 더위를 피한다. 뚝뚝$^{\text{Tuk Tuk}}$[삼륜차로 운행하는 간이 택시] 기사들은 차에 해먹을 설치해 거기 기대 쉬고, 사무직 노동자들은 집으로 돌아가 점심을 먹은 뒤 낮잠을 잔다. 오직 가난한 사람 중에서도 가장 가난한 사람, 즉 걸인들, 홀로 폐기물을 주우러 다니는 넝마주이들, 거리의 아이들만이 도로변에서 굼뜬 발걸음을 이어간다. 그리고 이것은 캄보디아에서만 나타나는 특이한 현상이 아니다. 여기 나열한 목록 속에는 기후변화의 가장 명백하지만 가장 덜 알려진 측면을 가리키는 단서가 숨어 있다. 즉 기후에 대한 경험이 사람마다 다르다는 것이다. 관찰력이 뛰어난 사람이라면 아마도, 여기에 감춰진 두 번째 진실을 이미 알아차렸을 것이다. 한 개인의 기후변화에 대한 경험은 사회적 지위 그리고 기본적으로 소유한 돈의 양과 무척이나 깊은 관련이 있다는 것 말이다.

이 장의 후반부에서 그 사례를 더욱 상세하게 제시하고자 한다. 그러나 그전에 먼저 장소를 바꿔본다면 이런 보편적인 관점을 구체화하는 데 도움이 될 것이다. 그러면 이제 툴톰퐁 시장의 타는 듯한 더위에서 잠시 벗어나 잿빛의 눅눅한 런던으로 가보자. 나는 많은 런던 주민들처럼 19세기 빅토리아 시대 가옥을 두 채의 아파트로 개조한 건물에 살고 있다. 140년 전 이 건물이 지어졌을 때는 단열이 그다지 효과적이지 않았고, 이후로도 단열을 개선하기 위한 조치가 거의 이뤄지지 않았다. 보일러를 끄면 실내 온도가 급속도로 떨어지는데, 다행히도 나에게는 보일러를 계속 켜둘 수 있는 여력이 있다. 그러나 누구나 그렇게 운이 좋은 것은 아니다. 영국처럼 부유한 국가에서도 인구의 상당 비율(잉글랜드 13퍼센트, 웨일스 12퍼센트, 북아일랜드 18퍼센트, 스코틀랜드 25퍼센트[1])이 연료 빈곤층에 속한다. 그런 이들에게 집 실내 온도를 적정 수준으로 유지한다는 것은 다른 부분에서 타협해야 한다는 것을 의미한다. 말하자면 먹는 음식의 양을 줄이거나 품질을 낮추고, 새 옷을 사지 않으며, 나머지 기본적인 필요를 충족하지 못하는 상태로 생활해야 하는 것이다.

중앙난방이라는 호사를 누리지 못하는 사람들에게는 겨울에 대한 경험이 뼈에 사무친다. 추운 집에서 생활하는 사람들은 "추울 때는 집 전체가 커다란 얼음덩어리로 변하고 누가 내 코에 얼음을 문지르는 느낌"이라고 설명한다.[2] 밤에는 단한 순간도 추위에서 벗어날 수 없다. 왜냐하면 "얼어 죽을 것 같기" 때문이다. "추워서 잠에서 깬다는 것은 끔찍한 일입니다. 왜냐하면 어른도 추워서 깰 정도이니 아이들은 무사할지 걱정되기 때문이죠." 이런 세계는 대부분의 영국 주민이 살고 있는 온대 세계와는 하늘과 땅 차이다. 잘사는 사람들, 즉 가장 추운 날에조차 따뜻한 집과 따뜻한 자동차에 머무르고 따뜻한 사무실과 따뜻한 집을 오가는 사람들은, 말하자면 추위에서 한 걸음 물러나 있다. 그들에게 추위란 상점에 들렀다가 걸어 오는 길에 피부가 살짝 얼고 손가락이 잠시 뻣뻣해지는 경험 이다. 그들에게 진짜 추위, 즉 얼굴을 할퀴는 추위, 얼굴을 뚫 고 들어와 얼굴의 감각을 마비시키는 추위는 미지의 세계다. 심장마비와 뇌졸중 위험 증가, 호흡기 질환, 어쩔 수 없이 '난 방 아니면 식사' 중 하나를 선택해야 하는 처지로 인한 열악한 밥상, 정신건강 문제에 미치는 영향, 기존 질환의 악화[3] 등도 모두 그들은 알지 못하는 것들이다. 그리고 외부 온도 역시 마 찬가지이다.

　이것은 우리에게 익숙한 관계이다. 부와 환경에 대한 즉 각적인 경험이 뒤얽히는 것은 전 세계 여러 사회들의 특징이 다. 그리고 그 관계성은 매우 장기간 지속되어왔다. 어쨌든 인 간은 태생적으로 열대성 생물이기 때문이다. 인간의 체온은 운동량이 없는 상태에서 섭씨 36.5~37.1도의 범위를 유지할 필요가 있다. 피부 온도는 섭씨 31~35도 사이를 유지해야 쾌 적함을 느낄 수 있다. 그러려면 공기의 온도는 섭씨 27도, 수온은 섭씨 33도가 되어야 한다.[4] 지금 많은 사람들이 살고 있는 북위 30도 이상, 남위 30도 이하 지역의 환경은 어떤 식으로든 개입이 이뤄지지 않는다면 한 해의 대부분이 인간에게 치명적이다. 그러므로 미국의 대부분 지역과 유럽 전역에서 거주할 수 있는 인간의 능력은 본래 인위적인 것이다. 인간은 전 세계 곳곳에서 자신만의 미기후microclimate[아주 좁은 범위의 국소 지역에서 나타나는 주변 환경과 다른 특별한 기후]를 조성해야 했다. 의복, 냉난방 체계, 사회적 관행 등의 형태는 모두 겉옷 또는 양산 등을 통해 피부를 보호함으로써 신체 온도를 우리가 생존할 수 있는 협소한 열대의 온도 범위에 최대한 가깝게 유지하기 위한 방편이다.

신호와 잡음:
우리 모두는 각자의 기후를 경험한다

여기까지는 상황이 매우 단순해 보인다. 문제는 우리의 생각을 난방 너머로 확장해보면 모든 것이 빠르게 복잡해진다는 데 있다. 2019년 1월, 이 생각이 번뜩 떠올랐다. 그 당시 나는 위아래로 격렬하게 흔들리는 개조한 카누를 타고 캄보디아의 톤레삽 호수를 한 시간째 횡단하고 있었다. 나를 태운 쾌속정은 기본적으로 집에서 직접 손본 것이었다. 혁신적이게도 도요타 자동차 캠리Camry의 엔진을 장착한 그 카누는 얕은 물 10킬로미터가량을 수십 분 만에 건널 수 있었다. 여러모로 마법과도 같은 기발한 저차원의 기술이었지만 썩 유쾌한 경험은 아니었다.

　이 창조물이 효율적이라는 것은 부인할 수 없었지만, 그와 별개로 분명 편안함을 최우선 순위로 고려해 설계되었다고는 보기는 어려웠다. 덕분에 호수에 이는 무수히 많은 얕은 파도가 보트에 부딪힐 때마다 나의 여정은 짜릿한 무엇에서 경각심을 불러일으키는 경험으로, 그리고 다시 고통으로 바뀌었다. 그러나 허벅지에 쇠붙이가 훅 하고 파고드는 것 같은 고통 속에서도 감동이 밀려왔다. 자연의 경이로움 중 하나인 톤레삽 호수 덕분이었다. 매년 티베트고원에서 내려온 빙하 녹은 물은 메콩강과 만나면서 역류해 내륙으로 흘러넘친다. 역류한 물은 캄보디아 북동부에 자리 잡은 톤레삽 호수의 규모를 여섯 배 넓혔다가 다시 빠져나가기 시작한다. 산지에서 내린 빗물은 이런 과정을 거쳐 마침내 남중국해로 흘러나간다.

　우리를 태운 물에 뜨는 장치가 속도를 줄이기 시작했지만, 우리는 여전히 호수 한복판에 있었다. 건기에조차 양쪽 강둑이 보이지 않을 만큼 넓은 호수는 마치 바다와 같았다. 그러나 얼마 지나지 않아 목적지인 페암방 수상 마을의 가장자리를 감싸고 있는 바이우bayou[미국 동남부 지역에서 발견되는 특유의 늪] 지형 같은 습지가 모습을 드러내면서 어지럽게 꼬인 덩굴, 떠다니는 덤불, 가라앉은 나무들이 보이기 시작했다. 우리는 순식간에 초록으로 물든 으스스한 통로로 빨려들어갔다. 기계음이 잦아들면서 몇 분가량 둥둥 떠가다 보니 어느새 캄보디아에서 가장 고립된 지역사회 중 하나인 수상 마을의 목조 가옥이 나타나기 시작했다. 수십 가구의 수상 가옥들은 거리 자체뿐 아니라 그 거리를 횡단하는 비용 탓에 본토와 분리되어 있었다. 여정이 훨씬 단축되는 건기의 경우 캠리 엔진을 장착한 카누를 타고 이동하면 한 시간이 채 걸리지 않지만, 연료 비용만 무려 50달러가 넘기 때문이다. 정기적으로 운항하는 보트는 훨씬 더 먼 거리를 왕복하지만, 우기에는 현실적으로 운항이 불가능하기 때문에 이 수상 마을은 어업 의존도가 유난히 높다. 그러나 마을 사람들은 생계에 꼭 필요한 산업인 어업이 죽어가는 것을 목도하고 있었다. 그들은 물고기 수가 역사상 최저치로 감소해 이전의 10~20퍼센트 수준밖에 되지 않는다고 했다. 생계가 막막하지만 뾰족한 대안은 없는 형편이었다.

나는 톤레샵 호수를 관리하는 정부 기관인 톤레샵 당국 Tonle Sap Authority을 위해 통계 자료를 수집하는 팀의 일원으로 이 아름답지만 곤경에 처해 있는 마을에 도착했다. 도착할 때까지만 해도 물고기 수가 감소한 원인을 파악할 수 있으리라는 자신감이 넘쳐흘렀다. 수년 동안 기후로 인한 강수량 변화가 농촌 지역의 농업에 미치는 영향을 목격해왔기에, 이곳에서도 기후로 인한 영향이 그 실체를 분명하게 드러내 내가 조언할 내용의 길잡이가 되어줄 수 있으리라고 기대했다. 처음에는 내가 생각한 대로 흘러가는 것처럼 보였다. 더운 날은 더 빈번해졌고, 더위의 강도도 더 세졌다. 한 해 중 일부 기간 동안 물에 잠겨 있어 물고기의 산란에 꼭 필요한 보금자리가 되어주는 '부유하는 숲^{floating forest}'에서는 정기적인 화재가 갈수록 더 자주 발생했다. [톤레삽 호수의] 수위는 충격적인 수준으로 낮아져 심지어 호수 중앙에 자리 잡은 이곳에서조차 셔츠를 거의 적시지 않은 채 물속을 걸어 다닐 수 있을 정도였다. 처음에는 모든 것이 이 지역에서 발생한 기온 상승(1960년보다 섭씨 1도 상승)의 영향 때문인 것처럼 보였지만,[5] 그것만으로는 분명하게 설명하기 어려웠다. 너무 중요해서 배제할 수 없는 다른 요인들이 계속 끼어들었기 때문이다.

우선 화재가 발생했다. 기후변화가 화재의 발생 가능성을 높였다는 것은 부인할 수 없다. 그러나 그런 유의 자연발화는 내가 들어본 적 없는 것이었다. 그 대신 토지를 다른 용도로 사용하기 위해 지역 주민과 정부가 토지를 개간했다고 설명하는 편이 더 자연스러웠다. 호수에 기대 생계를 건사하는 대부분의 마을이 새로이 정착하고 있었기 때문이다. 그 과정에서 일부 마을은 우기에는 물에 잠기지만 건기에는 농사를 지을 수 있는 토지를 개간하기 위해 숲을 불태우고 있었다. 또 다른 문제는 1990년대에 '어장' 관리 체계를 폐지했다는 데 있었다. 남획을 규제하고 호수에 도입할 수 있는 어종을 명시하는 법 체계를 폐지한 조치가 물고기 수 감소에 막대한 영향을 미쳤다는 것은 의심의 여지가 없는 사실이었다. 두 척의 배 사이에 그물을 치는 트롤 어선이 매년 더 많이 들어와 얕은 호수를 휩쓸어버리면서 마을 주민들은 피라미밖에 잡을 수 없게 되었다. 그러나 이것은 큰 규모의 환경저하일지언정 기후변화까지는 아니었다.

　게다가 그곳에는 사람들이 알고도 모르는 체하는 문제도 있었다. 메콩강 지역의 기후변화와 톤레삽의 황폐화 사이의 직접적인 관계를 파악하려던 나의 희망을 마침내 무너뜨린 것은 바로 댐이었다. 톤레삽 호수에 공급되는 물의 절반 이상은 메콩강에서 온다. 그러나 이 꼭 필요한 수로[메콩강]의 상류에 댐이 건설되어 하류로 흐르는 물의 31퍼센트가 이미 감소한 상태였다.[6] 그리고 이것이 전부가 아니었다. 이런 총체적인 수치 때문이 아니더라도, 호수를 탐구하면서 댐 같은 구조물들이 이 지역의 물 흐름에 얼마나 많은 영향을 미쳤는지 알게 되었다. 캄보디아는 메콩강의 캄보디아 유역에만 2개의 대형 댐과 6개의 관개 저수지를, 라오스는 메콩강의 라오스 유역에만 63개의 댐을 건설했다.[7] [캄보디아] 수자원기상부Ministry of Water Resources and Meteorology의 어느 고위 인사[이자 메콩강위원회 소속으로 하천 모니터링을 연구하는 과학자]가 며칠 전 나에게 설명한 것처럼, 오늘날 이 어마어마하고 놀라운 수계[메콩강]에 인간이 지대한 영향을 끼치고 있어서 앞으로 무슨 일이 일어날지 예측하는 것이 불가능할 정도였다.

　여러 재해관리위원회를 운영하면서 사람들에게 토지의 변화를 파악하는 방법을 교육하고는 있지만 강에서 홍수가 발생할 위험을 완벽하게 예측할 수는 없습니다. …… 왜냐하면 이제 자연 법칙이 바뀌었기 때문입니다. 수력발전과 같은 개발이 특히 상류에서 많이 이뤄지는 관계로 수위 예측이 그다지 정확하지 않습니다. 예를 들어 라오스처럼 수력발전 댐이 연결되면 수위가 빠르고 극적으로 변하는 경우도 있습니다. 예전에 저는 한 수력발전소에 대해 꾸준히 기록하곤 했습니다. 그런데 그곳에서는 정해진 절차에 따라 수문을 열지 않았습니다. 오히려 구름이 검게 변하기만 해도 황급히 수문을 열어버리는 바람에 수위가 빠르게 변했습니다. 그 탓에 우리로서는 수위를 예측하기가 다소 어려워졌죠. 강의 수위를 계산하는 컴퓨터 모델을 실행하는 데도 어려움이 생겼고요.

잠시 후, 수상 마을의 한 가옥에서 톤레삽 당국 팀과 함께 생선과 야채로 점심을 먹었다. 조금 쉬면서 이곳의 상황에 대해 곰곰이 생각해보았다. 톤레삽 호수가 곤경에 빠져 있다는 것은 부인할 수 없는 사실이었다. 그러나 기후변화가 호수에 미친 영향을 파악하기란 거의 불가능해 보였다. 이 지역의 기온 상승과 예측할 수 없는 강수량은 지역의 경제개발이라는 더 광활한 그물망에 얽히고설켜 있어서 풀어내는 것이 불가능해 보였다. 즉 무엇이 신호이고 무엇이 소음인지 구분할 수 없었다. 만족스러운 것이라고는 하나도 없었다. 그렇지만 본토로 돌아가기 전에 확인해야 할 것이 하나 더 있었다.

거대한 톤레삽 호수의 중심에 자리 잡은 습지 한복판에는 부유하는 숲으로 둥글게 에워싸여 있어 잔잔한 물이 흐르는 곳이 있다. 바로 호수 안의 호수인 보엥 톤레츠마 Boeng Tonle

2부 | 기후변화라는 거대한 불평등

다. 그 자체로 하나의 생태계를 이루는 보엥 톤레츠마는 법으로 보호받는 조류 보호구역이다. 그러나 식용 달팽이의 보금자리이기도 한 보엥 톤레츠마는 물고기 고갈로 생계에 어려움을 겪고 있는 페암방 주민들에게 유일하게 남은, 그리고 그 비중이 점점 더 커지고 있는 수입원 중 하나다. 호수에 들어서자 몇 척의 보트가 여기저기에 흩어져 잔잔한 물속에서 달팽이를 낚고 있는 모습이 보였다. 그러다 수상 경찰이 나타나자 보트들은 나무 사이로 잽싸게 달아났다. 자연 세계를 형성하는 영향력의 범위가 얼마나 넓은지 드러나는 순간이었다. 말하자면 기후변화로 인해 점점 늘어나는 다양한 스트레스 요인, 인간이 추진하는 개발의 밀고 당기는 압력, 그리고 마지막으로 둘보다 훨씬 더 작은 규모로 존재하는 환경을 보호하기 위해 구축된 체계가 공존하고 있는 것이다. 현실 세계의 생태와 생활환경은 이 세 가지 힘이 교차하는 지점에, 기후변화 및 개발 모두와 긴밀히 얽힌 상태로 존재한다.

톤레삽 호수에 자리 잡은 호수 안의 호수로부터 수천 마일 떨어진 곳에서 이 글을 읽는 독자들에게는 이것이 이론적인 문제에 불과해 보일지 모른다. 그러나 이 문제는 매우 중요한데, 이곳에 사는 사람들에게는 그야말로 일상 그 자체이기 때문이다. 톤레삽 호수에 기대 살아가는 주민들에게 기후변화의 영향을 받고 있는지 물어보면 대부분 그렇다고 대답할 것이다. 어떤 영향인지 물어보면 다양한 답이 돌아올 수 있겠지만, 가장 흔한 것 중 하나는 어족 자원이 감소했다는 것이다.

구체적인 이유를 물어보면 '너무 더워서, 물고기가 더위를 싫어해서, 지금 수위가 너무 낮아서, 큰 보트들이 남획을 하고 있어서' 같은 답이 돌아온다. 정확하고 통찰력 있는 대답이지만, 기후변화를 설명하기에는 너무 단편적이다. 그렇다면 호수에 사는 사람들의 답이 틀린 것일까? 그렇지 않다. 그들은 단순히 질문이 제기된 맥락을 토대로 질문을 해석했을 뿐이다. 기후를 의미하는 크메르어 단어인 아르카스트히트arkastheat는 기후를 의미하는 영어 단어처럼 과학적 의미로 직접 번역되지 않는다. 그 대신 아르카스트히트에는 환경을 의미하는 단어인 보레사탄boresathan의 특징이 포함되어 있다. 게다가 글로벌 북반구의 대중 담론에서 환경이라는 단어는 물리량으로서의 의미를 갖지만, 아르카스트히트라는 단어를 사용하는 대부분의 사람들에게 환경은 그런 식의 의미를 갖지 않는다. 과거 유럽에서 그랬듯이, 기후는 여전히 일반적으로 날씨, 대기의 질, 강우의 질같이 어떤 사람이 당장 직면한 기후를 의미한다.

이에 대해서는 다음 장에서 좀 더 설명할 것이다. 여기서는 이것이 비단 캄보디아만의 특성이 결코 아니라는 점 혹은 심지어 글로벌 남반구의 특성 또한 아니라는 점을 일러두는 것만으로 충분하다. 기후는 과학적인 개념일 뿐 아니라 문화적인 개념이고,[8] 직접적인 관측과 사회적 기대의 산물이다. 예를 들어, 미국에서는 '4월에 내리는 소나기는 5월의 꽃을 가져온다'는 말이 널리 쓰인다. 즉 미국인들은 4월에 갑작스럽게 비가 내릴 수 있다고 예상할 뿐 아니라 어떤 면에서는 4월에 내리는 비를 긍정적으로 보는 경향이 있다. 영국에서도 동일한 문구가 쓰이지만 '4월에 내리는 소나기'만 언급되고 '5월의 꽃'은 언급되지 않는다. 그것은 아마도 영국인의 사고방식과 영국의 날씨가 모두 반영된 결과일 것이다. 반면 독일에서는 '4월은 자기가 원하는 것을 실행에 옮긴다April macht was er will'라는 문구를 사용하는데, 더 거친 대륙의 기후가 반영되었기 때문일 것이다. 말하자면 이것은 양방 통행 도로이다. 문화적 기대는 사람들이 경험하는 것에서 비롯되지만 역으로 사람들이 기대하는 것과 찾는 것을 구성하기도 한다. 4월에 영국에서 15일 정도 비가 내리지 않는다면 아무도 그것에 대해 언급하지 않겠지만, 4월의 첫날 오후에 갑작스레 호우가 내리면 사람들은 '4월에 내리는 소나기'를 입에 올리면서 표준을 재확인할 것이다.

따라서 사람들이 기후에 대해 이야기하는 것은 대체로 그들의 문화적 규범, 교육, 속담, 기대에 따라 달라진다. 그러나 [과학적 개념으로서의 기후와 문화적 개념으로서의 기후에 이어] 세 번째 차원, 즉 '기후에 대해 이야기하는 이유' 역시 존재한다. 기후라는 발상은 환경의 매우 다양한 측면을 아우르기 때문에, 환경의 어떤 측면을 논할 것인지를 결정하는 데는 거의 예외 없이 맥락이 중요한 역할을 수행한다. 이 말이 다소 비과학적으로 들릴 수도 있지만, 과학계의 최고 권위자들이라고 해서 별반 다른 것은 아니다. 예를 들어, 영향력 있는 기후변화에 관한 정부 간 협의체Intergovernmental Panel on Climate Change(이하

IPCC)가 2007년 발간한 영향, 적응 및 취약성에 관한 보고서에서 제시한 다음과 같은 정의에 대해 생각해보자. 언뜻 보기에는 엄격하게 정립된 것처럼 보일지 모르지만, 현실적으로는 당면한 문제와의 특정한 관련성에 따라 선택된 무한하게 다양한 정의를 아우르고 있다.

좁은 의미의 기후는 일반적으로 평균 날씨로 정의된다. 혹은 더욱 엄밀하게 말하면, 수 개월에서 수천 년 또는 수백만 년에 이르는 기간 동안 측정된 관련 수량의 평균과 변동성에 대한 통계적 설명으로 정의된다. 세계기상기구^{World Meteorological Organization}의 정의에 따르면, 전통적으로 이런 변수의 평균을 구하는 기간은 30년이다. 관련 수량은 대부분 기온, 강수량, 바람과 같은 지표면 변수이다. 이보다 더 넓은 의미의 기후란 통계적 설명을 포함한 기후 체계의 상태이다.[9]

보통의 사람들이 기후 혹은 그 기후의 변화에 대해 이야기할 때, 그들은 사실상 IPCC의 가장 표준적인 보고서 작성에 기여하는 과학자들과 동일한 이야기를 하고 있는 것이다. 즉 그들은 자신과 관련 있다고 여기는 기간과 규모에 대해, 관련 있다고 여기는 측면을 평가한다. 차이점이 있다면, 과학자들과 달리 보통의 사람들은 용어를 규정하거나, 통계 자료를 확인하거나, 그것을 비교하기 위한 기록을 남기지 않는다. 다시 말해, 보통 사람들의 기후 지식은 여전히 주관적이어서 전 지구적 의미 또는 국지적 의미에서 기후변화를 예측하는 데 매우 취약하다. 장기적인 기후변화의 신호가 너무 미약하다 보니 보통의 사람들은 그것을 일상적인 날씨 변화라는 소음과 구별하지 못한다.

보통의 사람들이 기후에 대해 말하고 생각하는 것과 과학적 모델이 기후에 대해 말하는 것이 일치하지 않다 보니 기후에 대한 사람들의 통찰은 오랫동안 쓰레기 자료로 취급되어 왔다.[10] 그러나 이런 인식에 변화의 바람이 불고 있다. 흔히 사람들은 동떨어진 곳의 다른 환경을 토대로 자신이 속한 환경의 특정 측면을 간파하는 일에는 서툴지만, 자신이 속한 환경을 형성하는 복잡한 문제에 대한 정보를 **종합적으로** 전달하는 데서는 세계적인 전문가 못지않다는 인식이 점점 더 확산되고 있는 것이다. 그 어떤 예측 모델도 기후변화가 개인의 삶과 생계 수단에 미치는 영향의 복잡성과 다양성에 근접할 수는 없기 때문이다.

현실적으로 이것은 두 사람에게 기후가 어떻게 변화하고 있는지 물었을 때, 그들이 누구이고 무엇을 하는지에 따라 서로 내놓는 대답이 크게 달라질 수 있다는 것을 의미한다. 만약 내가 톤레삽 호수로 되돌아가서 생계를 건사하기 위해 어업에 크게 의존하는 그 지역 주민들에게 최근 몇 년간 기후가 어떻게 변했는지 물어본다면, 그들은 바람에 대해 이야기할 가능성이 매우 크다. 왜냐하면 바람은 어업에 매우 중요한 요인이기 때문이다. 만일 내가 그 지역에서 200킬로미터 떨어진 캄보디아 동부에 가서 가뭄에 시달리는 소규모 자영 농민에게 동일한 질문을 던진다면, 바람이 변했다는 대답을 들을 가능성은 10분의 1에도 못 미치겠지만 가뭄에 시달린다는 대답을 들을 가능성은 60배쯤 더 높아질 것이다. 그 이유는 사람들은 자신에게 영향을 미치는 것이 무엇인지를 알아차리기 때문이다. 사람들은 자신에게 더 많은 영향을 미치는 것일수록 더 많이 알아차린다. 농민들은 농민이 아닌 이들에 비해 가축의 질병을 경험할 가능성이 2배 더 높고, 토양의 문제를 경험할 가능성은 3배 더 높으며, 해충의 피해를 경험할 가능성은 4배 더 높다.[11] 사람들은 대체로 무언가를 볼 때 자신이 하는 일을 통해서 본다.

본토로 돌아가기 위해 흔들리는 보트에 몸을 실었다. 카누를 타고 수상 학교에서 집으로 돌아가는 아이들이 스쳐 지나갔을 때, 이런 진실이 더없이 자명해 보였다. 우리가 공유하는 경험, 우리가 일하고 생활하는 환경, 삶에서 직면하는 특정한 압박감 그 모든 것이 우리가 주변 환경을 인식하는 방식을 형성한다. 보트를 타고 바다를 누비는 사람이나 수상 가옥의 그늘에서 시간을 보내는 사람과 거기서 몇 마일 떨어진 곳에 자리 잡은 냉방이 잘되는 호텔 방에 누워 있는 훨씬 더 적은 수의 사람에게 더운 날이나 폭풍우가 몰아치는 날이 결코 같은 의미를 가질 수는 없다. 노인과 젊은이, 약자와 강자, 주변화된 사람과 지배하는 사람에게도 마찬가지다. 다시 말해, 하나의 기후를 모두가 함께 경험하는 것이 아니다. 우리는 각자의 기후 속에서 혼자 살아간다.

기후변화의 경험들:
통계와 수치가 말해주지 않는 것들

2018년 2월의 어느 날 아침, 이런 사실이 그 어느 때보다 더 생생하게 다가왔다. 그날 아침 나는 벽돌 가마에서 몇 미터 떨어져 있는 금속 재질로 만든 작은 집에 앉아 벽돌 노동에 종사하는 한 부부와 이야기를 나누고 있었다. 다라Dara와 보파Bopha 부부는 벽돌 산업에 매여 있는 많은 노동자들에게 익숙한 사연을 들려주었다. 채무 담보 노동자가 된 두 사람이 몇 년 전 이곳에 도착했고, 견디기 힘든 채무 담보 노동에 갇혔지만 탈출구를 찾지 못했으며, 이제는 너무 늙고 약해져 도저히 벗어날 수 없게 되었다는 이야기였다. 그들은 지금 살고 있는 곳에서 멀지 않은 농촌 마을에서 생의 대부분을 농민으로 살아왔다. 어린 시절, 크메르루주의 공포정치에서 살아남은 두 사람은 1980년대에 베트남 괴뢰정권으로부터 할당받은 소규모 토지 덕분에 크메르루주 공포정치의 여파가 몰고 온 가난을 견뎌냈다. 좋은 해도 있었고 나쁜 해도 있었다. 특히 세기가 바뀔 무렵에는 잔인하게도 홍수와 가뭄이 잇달아 발생하면서 토지의 일부를 팔아야 했지만, 모든 것이 바뀌기 시작한 얼마 전까지만 해도 그럭저럭 잘 견뎌왔다.

가장 힘들었던 것은 임금노동자들이 마을을 떠난 일이었다. 앞서 툴톰퐁 시장에서 만난 예이 맘 같은 계절농장 노동자들은 임금 대신 어음이나 쌀을 받아주었다. 즉 다라와 보파는 항상 앞으로 거둘 수확을 믿고 농사를 지을 수 있었다. 그러나 그들이 고용할 수 있는 사람의 수가 점점 줄어들면서 수확량도 점점 줄어들었다. 마을의 모든 임금노동자가 사라지자 다라와 보파는 조생 단립종 벼농사를 처음으로 시도했다. 지역의 농자재상에게 씨앗과 비료를 외상으로 구입했고 논에 씨앗을 직접 뿌리는 방식으로 모를 심었다. 이 농법은 처음에는 원활하게 굴러가는 것처럼 보였다. 그러나 수확량이 금세 감소하기 시작했다. 작물이 토양의 영양분을 빨아들였기 때문이다. 더 많은 비료를 투입하는 방법으로 간단하게 해결할 수 있는 문제였지만, 결국 비용만 계속 늘어나고 수확량은 꾸준히 줄어들었다.

5년 전 오랜 가뭄이 닥쳤을 때는 심지어 수백 달러어치의 휘발유를 투입해 양수기를 돌렸지만 작물을 구해낼 수 없었다. 수확기를 앞두고 우물은 말라가고 있었다. 조만간 먹을 쌀조차 떨어질 지경이었지만, 농자재상에게 외상으로 구입한 비료, 살충제, 휘발유 대금을 상환해야 한다는 것이 그보다 더 급한 걱정거리였다. 양수기 구입 자금을 빌렸던 소액 금융 기관의 대출업자들이 매일 찾아오기 시작하자, 결국 단 하나의 선택지만이 남았다. 다라와 보파는 토지를 팔아 대부분의 부채를 갚았다. 그러고도 남은 부채를 갚기 위해 벽돌 가마의 주인에게 약간의 돈을 더 빌렸다. 가마의 주인이 약속을 흔쾌히 이행한 덕분에 다라와 보파는 마침내 마을 사람들과 은행에 진

빚을 모두 갚게 되었다. 남은 것은 벽돌 가마의 주인에게 진 빚뿐이었다. 몇 달 동안 성난 채권자들에게 에워싸여 온갖 수모를 겪은 두 사람은 마을을 떠나야 했음에도 묘한 안도감을 느꼈다. 그들은 머지않아 대출금을 모두 갚을 수 있으리라는 기대를 안고 낙관적인 태도로 벽돌 가마에서의 생활을 시작했다.

하지만 일은 생각대로 풀리지 않았다. 쥐꼬리만 한 임금과 건강 악화로 빚을 갚는 것은 고사하고 생계조차 건사하기 어려웠다. 다라는 이렇게 하소연했다. "몸이 아프면 일을 못 해요. 가마의 주인에게 병원비 명목으로 소액의 돈을 여러 번 빌리다 보니 빚이 줄기는커녕 오히려 늘었어요." 다라가 자세히 설명하려고 하는데 보파가 끼어들었다. "부채가 매년 조금씩 늘어납니다. 작년에는 200달러를 빌렸고 올해는 100달러를 또 빌렸습니다. 그 빚을 모두 갚을 수는 없을 것 같아요. 이곳에서 일한다고 해도 기본적인 생계나 겨우 건사할 수 있으면 다행이니까요." 다라가 자조하듯 웃으며 말했다. "우리는 여기서 영원히 일하게 될 거예요. …… 사장님이 벽돌 가마를 닫지 않으면, 아니면 아주 오래 일했다는 이유로 빚을 깎아주거나 없애주지 않으면 여기서 벗어날 수 없을 겁니다. 하지만 그럴 일은 없겠지요!"

대화가 계속되자 노부부는 벽돌 가마에서의 일과 삶에 대해 이야기했다. 강제로 일한 적은 없었지만 일을 하지 않으면 수입이 사라질 것이고, 빚을 갚지 못하면 자식에게 빚이 대물

림될 수 있었다. 이런 사연을 뒷받침하기라도 하듯 비슷한 신세타령이 이어졌다. 다라 뒤에 있던 한 노동자가 끼어들었다. "저는 아파요. 뼈가 부서질 것 같다고요." 보파가 고개를 수억였다. 그 여성 노동자에게 상태가 이전보다 더 악화되었는지 묻자, 그녀는 울컥하며 동의했다. "무릎과 허리가 너무 아파서 거의 걷지도 못할 지경이지만, 어쩌겠어요? 참고 일해야지. 다른 수가 없으니까요." 옆에서 듣고 있던 노동자도 말을 보탰다. "저도 무릎과 허리가 찌릿찌릿 아픕니다. 나이는 들어가는데 몇 년 동안 쉬지 않고 일했습니다. 그러다 보니 어디 하나 성한 곳이 없어요." 다라가 그 노동자의 무릎을 손가락으로 눌러 그의 몸 상태가 어떤지 보여주었다. 노동자의 살은 마치 스펀지 같아서 다라의 손가락이 거의 1인치 깊이까지 무리 없이 들어갔다.

육체노동은 벽돌 산업의 한 가지 특징이다. 벽돌 산업에서의 노동은 위험할 뿐 아니라 육체를 갉아먹는다. 매일같이 반복적인 노동에 시달리기 때문이다. 배고픔의 고통은 덤이다. 이 모든 것은 기후변화의 영향을 논할 때 등장하곤 하는 차갑고 거대한 숫자들과 극명하게 대비된다. 과학적 의미에서 기후변화는 통계적 지표, 즉 한 기간에서 다음 기간 사이의 평균의 편차일 뿐이고 앞으로도 그럴 수밖에 없다. 따라서 기후변화의 영향을 논할 때, 그 영향의 결과를 반드시 통계적 지표를 기준으로 하향 추정해야 한다. 그렇지 않으면 그 결과를 기후변화와 **객관적으로** 연결지을 수 없다. 바꿔 말하자면, 기후변화와 확정적으로 연계될 수밖에 없는 단일한 사건, 단일한 고난 혹은 단일한 재앙은 없다. 석면이나 방사능에 노출되는 것이 암 발병률을 높이듯, 어떤 개별적인 사건이 다음 사건의 발생 가능성을 높였다고만 말할 수 있을 뿐이다. 그 결과, 기후 자체의 실체 없는 객관성과 기후가 유발한 고통의 물리적이고, 실체적이며, 가시화된 주관성이 분리된다.

톤레삽 주민들의 사례가 보여주듯, 이런 분리는 기후변화가 일상생활 및 노동의 경제학과 뒤섞이게 되는 미묘하고 복잡한 방식이 통계에 누락된다는 것을 의미한다. 다라와 보파의 사연은 글로벌 남반구의 기후변화에 대한 고전적인 설명에 해당하지만, 일반적으로 그렇게 기록되지 않을 것이다. 두 사람이 토지를 잃은 것은 기후변화 때문이기도 하지만 부채, 기계화, 개발 때문이기도 하다. 그리고 지구 온난화가 인간에게 미치는 대부분의 영향도 마찬가지이다. 다라와 보파로 하여금 대출을 받을 수밖에 없게 만들고, 예이 맘에게 고향을 떠나 낯선 도시에서 걸인이 되는 것 이외의 모든 선택지를 앗아가버린 농촌의 변화는 기후변화로 인해 느닷없이 생겨난 것이 아니라 기후변화가 촉매로 작용해 심화된 것이다. 환경적 압력은 기계화를 앞당겼고, 의류 부문과 다른 산업으로의 전환을 재촉했으며, 남아 있는 사람들에게는 생계 수단을 계속해서 압박하는 스트레스 요인으로 작용하고 있다.

바로 이것이 대부분의 사람들에게 기후변화가 갖는 의미이다. 기후변화는 재앙적인 홍수, 더스트볼dust bowl을 연상시키는 끝이 보이지 않는 가뭄 혹은 거리의 사람들이 쓰러져 사망할 정도의 폭염으로만 경험되는 것이 아니다. 기후변화는 점점 더 커지는 압력, 점점 더 강해지는 압박 요인, 협상력 감소, 노동조건 악화로 경험된다. 다라, 보파, 예이 맘의 사례에서는 농업이라는 렌즈를 통해 이런 압력을 느낄 수 있었다. 가뭄, 예측할 수 없는 강우, 홍수는 농업의 장기적인 전환에 기여했고, 고군분투하는 소규모 자영 농민들을 빈곤, 부채, 그리고 마침내 착취적인 노동으로 내모는 결정적인 계기가 되었다. 페암방 마을의 경우 환경적 압력은 식량이 줄어들고 그 품질이 저하되는 것, 생계 수단이 줄어드는 것, 그리고 국가 공권력에 범죄자로 낙인찍히는 것을 통해 경험된다. 그러나 이것이 유일한 조합은 아니다. 전혀 그렇지 않다. 왜냐하면 경제와 환경이 거의 끝없이 다양한 방식으로 상호작용할 수 있기 때문이다.

이를 확인하기 위해 3000킬로미터가 넘는 거리를 훌쩍 뛰어넘어 방글라데시로 가보자. 페암방의 호숫가 마을과 캄보디아 북서부 오다르 메안체이주의 고산지대, 태국 카오야이 국립공원의 폭포, 미얀마의 수도인 네피도의 인적 없고 으스스한 근대적 광경까지 모두 거치고 나면, 마침내 다카 인근 나르싱디의 벽돌 제조 현장이 펼쳐진다. 먼저 지역의 전체적인 풍경이 눈에 들어오고 나서 세부적인 모습이 보인다. 평평한 습지 경관 한복판에 우뚝 솟은 100피트 높이의 굴뚝이 유유히 떠가는 그을음과 재의 흔적을 연신 밀어 올리고 있었다. 이 가마들의 모양새는 캄보디아에서 본 것과 하늘과 땅 차이다. 이곳에는 다라와 보파가 작업하는 길쭉하고 낮은 '보트 가마'(뒤집힌 카누와 닮아서 붙여진 이름)와 전혀 다른 형태의 '황소 도랑' 가마가 자리 잡고 있다. 황소 도랑 가마는 중앙에 우뚝 솟은 굴뚝이 있는 길쭉한 타원형의 구조물을 중심으로 지어져 있다. 시계 같기도 하고 경마장 같기도 한 독특한 실루엣은 우주에서도 그 수를 세어볼 수 있을 정도로 인상적인 경관을 이룬다.[12]

겉모습은 다르게 보일지 모르지만 캄보디아 벽돌 노동자들에게는 모든 노동조건이 너무나도 익숙할 것이다. 대부분의 노동자는 채무 담보 노동자이고 아동 노동 역시 만연하다. 작업은 힘에 부친다. 노동조건은 열악해서 덥고, 먼지가 많으며, 매우 위험하다. 노동자들은 벽돌을 쌓아 가마의 타원형 바닥을 가득 메운 다음 벽돌 아래에 불을 붙인다. 쌓인 벽돌의 꼭대기에는 모래를 붓는다. 그러면 열이 밖으로 새어나가지 못하게 차단할 수 있을 뿐 아니라 노동자들이 걸어 다니면서 벽돌 더미에 붙은 불이 계속 제대로 타고 있는지 확인할 수 있다. 이 '불 피우는 사람들'의 목숨은 벽돌 더미가 제대로 쌓여 있는지 여부에 전적으로 달려 있다. 밟고 있는 벽돌이 무너져 내리면 그들은 최대 1500도에 이르는 불길 속에서 즉사하고 말 것이기 때문이다.

캄보디아 벽돌 노동자처럼 방글라데시 벽돌 노동자들 역시 대부분의 사람들보다 기후에 훨씬 더 많이 노출되어 있다. 무더위에 시달려야 하는 노동조건은 나르싱디의 더위와 습도로 인해 조성된 것이지만, 이런 직접적인 노출은 노동자들을 가마로 향하게 만드는 여러 기후 압력 중에서도 오직 가장 최근에 발생한 것에 불과하다. 캄보디아처럼 방글라데시도 기후변화에 적나라하게 노출되어 있다. 그러나 농업 의존도, 홍수 및 가뭄 위험, 저지대 삼각주 지형이 한데 어우러지는 특수성 때문에 다른 취약 국가와 차별화되는 방글라데시는 '기후변화가 직격한 현장^{ground zero}'이라는 명칭을 얻었다. 갠지스-브라마푸트라^{Ganges-Brahmaputra} 삼각주에서 생활하는 1억 명의 민중에게 그것은 예측할 수 없는 강우, 농경지의 염해, 흉작을 의미한다.[13] 이런 관점에서 볼 때, 최근 몇 년 동안 방글라데시와 캄보디아가 지구상에서 가장 부채가 많은 국가라는 명칭을 두고 경쟁하는 것은 전혀 이상하지 않다. 왜냐하면 점점 더 증가하는 위험이 농촌의 생계 수단을 야금야금 갉아먹고 있기 때문이다.

그렇지만 이런 과정을 인간과 무관한 것으로 여기는 실수를 범해서는 안 된다. 인간이 환경을 형성하는 것과 마찬가지로, 환경은 인간을 형성한다. 한 가구의 위기는 또 다른 가구의 기회다. 그리고 벽돌 산업은 언제나 그랬듯 이웃의 고난을 빠르게 인지한다. 농민들이 거듭되는 흉작으로 인해 빚을 상환할 수 없게 되면 마치 기다렸다는 듯 벽돌 가마의 주인이 나타나 병든 땅을 구입해 그 땅의 흙을 벽돌을 구울 점토로 사용한다. 나르싱디의 사업가이자 농민인 알람기르^{Alamgir}가 최근 나에게 들려준 말에 따르면, 빚의 수렁에 빠진 농민들은 벽돌을 굽는 가마의 주인에게 미터 당 몇 달러에 토지를 팔아 빚을 갚는 데 보탠다. 그러나 결과적으로 주변 지역은 그 어느 때보다 더 침수와 가뭄에 취약해진다. 마침내 "흙구덩이에 물이 고여 주변 토지가 불안정해지면서 결국 토지 전체가 붕괴하는 지극히 위험한 상태"로 전락한다. 지역 농민 모하메드[Mohammed]도 비슷한 말을 보탰다. "벽돌 가마의 주인이 땅을 깊이 파서 흙을 퍼내기 때문에 무너질 위험이 큽니다. 흙을 퍼낸 곳에서 멀지 않은 곳의 넓은 땅이 한꺼번에 무너지는 것을 본 적도 있어요."

이것은 농민들에게 직접적인 차원의 문제를 안긴다. 또 다른 농민의 말에 따르면, 그로 인해 '인접한 토지의 경작이 불가능해지기' 때문이다. 게다가 벽돌을 만들기 위해서는 점토를 불에 구워야 하는데, 그것이 문제를 훨씬 더 악화한다. 지역 농민들은 다음과 같이 하소연한다. "가마의 열기 때문에 주변 지역에서는 식물이 자라지 않습니다. …… 가마에서 나오는 연기가 나무를 덮어 꽃이 피지 않고 열매도 달리지 않아요. 따라서 한 농민이 벽돌 가마의 주인에게 토지를 팔면 인근 농민들도 팔지 않고는 배길 수 없게 됩니다." 그리고 이것은 사람들에게 미치는 영향을 고려하기 이전의 이야기이다. 인근에서 비료 사업을 하는 라흐만[Rahman]은 이 지역에서 생활한다는 것이 어떤 느낌인지를 이렇게 설명했다.

아침에는 마치 가스가 형체를 갖춘 것처럼 보입니다. 앞이 보이지 않고 눈이 타는 것같이 따갑죠. 벽돌 가마에서 나오는 연기가 대기를 달굽니다. 그 때문에 사람들이 여러 질병에 걸리고 있어요. 평균 기대수명도 나날이 줄어들고 있고요. 어린아이들노 허약하기는 마찬가지입니다. 사실 아이들이 가장 큰 영향을 받고 있죠. 다시 말하자면, 몸이 허약한 사람들이 공격 대상이 됩니다.

나르싱디의 벽돌 노동자 및 인근 농민들의 이야기를 듣고 나서 가장 먼저 깨달은 것은 대기를 더 온난하게 만드는 데, 그리고 더 온난화된 대기가 주변 사람들에게 미치는 영향을 결정하는 데 인간이 지대한 역할을 한다는 점이었다. 이것은 특별하지는 않지만 반복해서 강조할 필요가 있는 깨달음이다. 인간의 경제는 기후 압력에 실시간으로 반응한다. 방글라데시에서 홍수와 가뭄은 토지의 최초 판매 가능성을 높이는 촉매가 되어 해당 지역에서 더 많은 토지 판매를 부추기는 침수, 토지 붕괴, 흉작의 악순환에 불을 붙이고 있다. 점점 더 많은 사람들이 토지를 포기하게 되면서 토지 판매가 전염병처럼 확산되고, 기후변화의 영향이 심화되는 지역이 점점 더 늘어난다. 농사를 포기하는 사람들이 많아진다는 것은 곧 다카와 다른 도시 지역으로 이주하는 사람들이 많아져 도시화의 속도가 빨라지고 벽돌 수요가 증가한다는 의미이다.[14] 농민이었던 사람들이 부풀리고 농장이었던 장소가 부추긴 벽돌 부문은 계속해서 성장하고, 악순환은 이어진다.

이와 같은 과정은 기후변화를 겪고 있는 세계를 뒤집어놓으면서 경관 자체를 바꾸고, 그에 상응하는 노동조건 역시 재구성하고 있다. 그러나 그 과정을 이해하는 데 중요한 것은 그것이 이전에 닥쳤던 것과 근본적으로 다르지 않다는 점이다. 기후변화로 인해 더 큰 폭풍이 점점 더 많이 발생하고, 더 심한 홍수가 더 빈번해지며, 더 깊은 가뭄이 더 오래 지속되고 있다. 그러나 이것은 정도의 문제이지 종류의 문제가 아니다. 이와 같은 사건은 기존의 인간 체계를 짓밟는 것이 아니라 그 체계의 내부와 주변에서 작용한다. 따라서 느닷없이 극적으로 진행되든 서서히 더디게 진행되든, 재해의 인간적인 차원과 자연적인 차원을 완전히 분리할 수 있는 경우는 드물다. 기후와 기후 압력은 글로벌 경제의 필수적인 부분이다.

따라서 수천 마일, 3개국, 12개 층을 가로질러 우리는 결국 고장 난 보일러로 돌아온다. 런던의 안전한 아파트에서 추위에 떠는 것이든 혹은 기후위기의 최전선인 방글라데시 벽돌 지대의 타는 것 같은 연기 속에서 두려움을 무릅쓰고 일하는 것이든, 우리가 경험하는 환경은 그것을 경험하게 되는 맥락에 따라 천차만별로 펼쳐진다. 몬순 강우, 심지어 산사태조차 튼튼한 벽으로 둘러싸인 곳에서 지내는 사람과 벽돌 산업에 종사하는 많은 사람들처럼 한 장짜리 골함석을 덮어 바람이 불 때마다 천장이 들썩이는 건물에서 일하는 사람이 경험하는 것은 하늘과 땅 차이다. 바로 이것이 문자 그대로의 불안정성이다. 그러나 그것은 저임금, 규제 결여, 부족한 선택지 등모든 측면에서 불안정성을 유발하는 경제 체계의 산물이다.

벽돌 가마의 열기에 지친 사람들에게, 높은 굴뚝 위로 피어오르는 구름을 초조하게 바라보는 사람들에게, 툴톰퐁 시장의 오후 땡볕 아래에서 동냥 그릇을 들고 굼뜨게 움직이는 에이맘에게 기후는 항상 다른 사람들에게보다 더 거대하고 더 잔인한 모습으로 나타났다. 그러므로 그들이 새롭게 강화된 기후의 타격에 가장 먼저 노출된다는 것은 전혀 놀라운 일이 아니다.

이런 이야기는 습한 열대 지방에서부터 눅눅하고 추운 온대 지방에 이르는 모든 곳에서 되풀이된다는 점에서 보편적이다. 그럼에도 많은 기후 담론은 보편적인 이야기를 간과한다. 심지어 온실가스 배출에 대한 책임을 논외로 한다 하더라도, 경제적 불평등은 온실가스 배출이 전 세계 인구에게 영향을 미치는 궁극적인 방식을 결정하는 가장 큰 단일 요인이다. 더 가난할수록 기후변화에 더 취약할 수 있다. 만일 생계 수단이 불안정한 사람이라면, 경제적 풍랑을 만났을 때 기후변화라는 암초에 내동댕이쳐지는 기후 불안정 계층climate precarious이 되기 십상이다. 그렇다, 이것은 심히 불공평하다. 그러나 그렇다고 해서 의기소침해져서는 안 된다. 그 반대여야 한다. 장장 2세기에 걸쳐 이뤄진 탄소 배출은 우리의 통제를 넘어서는 무언가를 초래했을지 모르지만, 경제는 여전히 우리의 의지에 따라 움직일 수 있는 것으로 남아 있기 때문이다. 지금 이 세계에서 환경 정의는 곧 경제 정의이다. 더 평등한 세계는 기후붕괴에 맞서 싸우는 우리가 가진 가장 큰 무기이다.

5장

돈이 말한다:
기후 발언을 둘러싼 권력관계

2008년 10월 말, 프놈펜 상공의 회색빛 하늘 위에서 잠을 깼다. 비행기 창문에 기대 있던 목이 뻐걱거렸고, 입이 말랐으며, 기분이 가라앉았다. 조심스럽게 전날 밤의 사건을 되새겼다. 기약 없는 여정을 시작하기 전에나 있을 법한 종류의 모임에 나갔다가 아침에 귀가한 뒤 곧바로 공항으로 직행해 30시간의 여행길에 오른 일이 떠올랐다. 그 모든 일이 한데 어우러진 끝에 나는 이곳, 즉 집에서 매우 동떨어진 도시의 하늘 위에 떠 있게 되었다. 나와 지금의 아내는 프놈펜왕립대학교에서 이주와 천연자원 관리에 관한 연구 프로젝트에 참여하기 위해 캄보디아로 이사하기로 결정했다. 틈틈이 개발학 석사 과정도 밟을 생각이었다. 우리는 마음에 이상을 가득 품은 젊은이였고, 개발을 이론이 아닌 실제로, 즉 현장에서 직접 경험하면서 배우고 싶었다. 그렇게 비행기는 포첸통 국제공항 언저리에 내려앉았고, 나는 스물세 살이라는 나이에 연구자의 삶을 시작하게 되었다.

저 높이 구름이 어렴풋하게 보이는 공항을 빠져나와 전쟁 전 과거의 폐허를 딛고 이제 막 기지개를 켜기 시작한 도시로 들어섰다. 1990년대에 (경제적 주변부를 의미하는) '제4세계'[1]에 속했던 프놈펜은 2008년 외국인 투자가 끊이지 않고 유리와 강철로 지은 건물이 끝없이 솟아오르는 번화한 대도시로 바뀌어가고 있었다. 당시 캄보디아에서 가장 높은 건물은 중앙 시장 인근에 자리 잡은 소리야Sorya 쇼핑몰이었다. 꼭대기에 먼지 쌓인 파란색 유리 돔을 얹은 7층짜리 건물에는 롤러스케이트장과 버블티 매장이 입점해 있었다. 나머지는 대부분 기껏해야 2층짜리에 여전히 목재 건물이었지만, 조금씩 변화의 바람이 불고 있었다. 프놈펜을 처음 방문한 이후 4년 동안 대부분의 비포장 도로는 아스팔트로 포장되었고, 곳곳에 가로등이 설치되었으며, 캄보디아를 상징하는 건축가 완 몰리완^{Vann Molyvann}이 설계한 1950년대의 오래된 내각 건물은 이제 허물어져 새 건물이 지어지기만을 기다리는 부지가 되었다.

프놈펜은 빠르게 탈바꿈하고 있었다. 콘크리트 근육이 불협화음같이 거슬리는 소리를 내면서 계속해서 하늘 높이 그리고 도시 바깥으로 넓게 뻗어나가고 있었다. 프놈펜은 앵글그라인더[절단용 전동 공구], 자동차 전조등, 매연이 뒤섞인 정글이었다. 지정학적 힘과 글로벌 경제의 힘, 빠른 수익을 추구하는 외국인 투자자, 대규모 규제 완화를 통해 외국인 투자를 촉진하는 캄보디아 같은 저소득국 정부가 합작해 만들어낸 산물이 바로 그 도시였던 것이다. 프놈펜의 도시개발은 수십 년 동안 이어진 전쟁이 끝나고 1990년대 초반 캄보디아의 경제가 개방되면서 시작되었다. 거품으로 가득한 이 대도시는 이제 개발 계획가들이 글로벌 시장의 마법을 입증하기 위해 으레 손에 꼽는 증거가 되었다. 그러나 그런 마법은 그냥 일어나지 않는다. 자재와 돈의 대대적인 이동에는 크고 작은 수백만 건의 거래와 기회가 모여들 뿐 아니라 불공정과 침해가 뒤따른다.

반짝반짝 빛나는 고층 건물들의 중심에 자리 잡고 있는

모든 벽돌은 한때 누군가가 소유한 논의 일부였다. 그 누군가들이 결국 가족이 소유한 토지를 팔게 된 경위는 천차만별일지 모르지만, 대부분의 경우 분명 원해서 판 것은 아니었을 것이다. 그러나 도시의 불빛이 아무리 찬란하게 빛난다 하더라도 캄보디아의 가구 대부분은 농촌에 있는 터전을 지키기 위해 최선을 다한다. 왜냐하면 그곳에 자신들의 미래가 있기 때문이다.[2] 그들이 농촌의 터전을 지키지 못한 것은 기후변화라는 압력에서부터 농업 비용의 상승, 가족의 질병, 문자 그대로 주변의 모든 땅을 파헤치는 바람에 소유한 땅을 팔지 않고는 배길 수 없게 만드는 벽돌 가마의 주인의 노골적인 농간에 이르는 다양한 요인 때문이다. 당당하게 위용을 뽐내며 수직으로 뻗어 있는 이 도시의 모든 건물은 이 건물들을 하늘로 밀어 올리기 위해 표토를 무더기로 파내는 과정에서 땅에 새겨진 너덜너덜한 그림자를 드리우고 있다. 그것은 바로 기념물로 재탄생한 버림받은 생계 수단의 기억이다.

그리고 이것은 고작 벽돌에 불과하다. 개발되고 있는 도시에 세워진 네 개의 벽 내부는 수십 가지의 가구, 실내 장식, 장식용 소품으로 채워지기 마련이다. 캄보디아에서, 그리고 좀 더 일반적으로 동남아시아에서 이것은 열대 우림에서 생산되는 목재, 즉 세계경제에 개방된 캄보디아의 만족을 모르는 듯한 욕구를 촉발하는 자원을 시사한다. 캄보디아 부유층의 집, 그리고 경우에 따라서는 그다지 부유하지 않은 사람들의 집조차 바닥부터 벽과 천장까지 모두 견목堅木으로 장식되어 있다. 크고 복잡한 동물 조각상이나 종교적 성상은 선택에 따라 들여놓는 사치품이지만 견목은 일상적인 사치품이다. 의자도, 벤치도, 침대도, 문도 모두 견목으로 만든다. 앙코르와트 사원 유적지에는 심지어 쓰레기통조차 견목으로 만든 것을 사용한다.

견목으로 만든 물건들은 아름다워 보인다. 그리고 점점 더 증가하는 왕국의 부를 누려온 사람들이 그것을 애지중지할 것이라는 점에는 의심의 여지가 없다. 그러나 이 도시가 하늘로 치솟는 데 기여하는 벽돌처럼 일상적인 사치품은 환경 비용을 유발한다. 2008년 나를 태운 비행기가 포첸통 공항의 도착 터미널로 향할 때만 해도 캄보디아는 여전히 거대한 원시 열대우림을 뽐내고 있었다. 그러나 불과 10년이 지난 지금, 그중 4분의 1, 즉 200만 헥타르에 달하는 숲이 국토에서 사라졌다. 그 광란의 10년 동안 토지는 규제되지 않은 상태에서 양여되었고, 굉음을 내는 중장비는 원시림를 휘젓고 다녔다.[3] 오늘날 캄보디아의 북동부에 자리 잡은 고산지대인 라타나키리주를 방문하면 수천 년 동안 변함없었던 경관이 좀처럼 헤아릴 수 없을 만큼 변모했음을 알게 된다. 끝없이 펼쳐질 것만 같았던 정글은 벌목이 끝난 광활한 농지로 바뀌었고, 적색의 라테라이트 토양은 수천 년 만에 처음으로 타오르는 태양에 노출되었다.

바로 이것이 개발의 숨겨진 비용이다. 도시의 부를 드러내는 참신한 새 얼굴을 만드는 데 필요한 원자재는 뜬금없이 등장하지 않는다. 파내고, 채굴하며, 잘라내고, 추출하며, 준설해내야 한다. 좀 더 구체적으로 말하자면, 누군가의 소유였던, 그리고 다른 누군가에게 의미 있는 곳이었던 **어딘가**에서 파내고, 채굴하며, 잘라내고, 추출하거나 준설해내야 한다. 그리고 이런 의미의 문제는 오늘날의 환경주의가 품고 있는 문제의 정곡을 찌른다. 환경을 보호하는 것은 최대한 많은 자연을 돌보는 문제일 뿐 아니라 더욱 깊은 수준에서 무엇이, 어떤 방식으로, 누구에게 가치가 있는지를 규정하는 문제이기 때문이다.[4] 정의할 수 없는 것은 보호할 수 없다. 그러나 보호가 필요한 것을 정의할 수 있는 권력은 심히 불평등하다. 지난 30년 동안 다른 많은 가난한 국가들이 전폭적으로 승인했던 것처럼, 캄보디아 같은 국가가 신자유주의 개발 모델을 승인하게 되면 자연 자산을 세계시장에 내놓아야 할 뿐만 아니라 그 가치에 대한 통제권까지 넘겨주어야 한다.

이런 사례를 살펴보기 위해 부탄의 경우를 고려해보자. 부탄은 전 세계에서 거의 유일하게 캄보디아와 정반대의 길을 걷고 있는 국가이다. 부탄은 "포용적이고 활기찬 민주주의를 통해 부탄 왕국 헌법에 명시된 가장 중요한 목표인 국민 총행복"을 추구하는 국가적 전략에 전념하고자 경제성장을 추구하지 않고 있다.[5] 부탄은 전 세계 216개국 중 178위로, 캄보디아보다 66위나 낮은 자리를 차지하고 있는 세계 최빈국 중 하나이지만, 그럼에도 대규모 산업 개발이나 대중 관광을 추구하지 않았다. 물론 부탄을 방문하고 싶어 하는 사람이 하루에 약

250달러를 지불하면 그 특권을 누릴 수 있다. 그러나 그 금액은 대부분의 사람들의 방문 의지를 꺾어버리기에 충분하다.

그럼에도 히말라야에 자리 잡은 부탄 왕국은 최근 몇 년 동안 빈곤을 줄이는 데 상당한 진전을 보여, 2007년 36퍼센트이던 빈곤율이 2017년 12퍼센트로 감소했다. 또한 놀라울 만큼 성공적으로 숲을 보호해 현재 국가 전체 면적의 약 71퍼센트가 울창한 숲으로 뒤덮여 있다.[6] 대부분의 사람들에게 이는 축하할 만한 일로 여겨질 것이다. 그러나 모두가 그렇게 생각하는 것은 아니다. 지속가능성이라는 지형에 자리 잡은 일각에서는 이 수치를 실망스러운 눈으로 바라보면서 부탄이 기회를 놓치고 있다고 일갈한다. 그 사례로는 2020년 초 세계은행 World Bank이 근대에 보기 드문 보존의 기적을 축하하기 위해 올린 다음과 같은 트윗을 꼽을 수 있다.

부탄은 국토의 71퍼센트가 숲으로 덮여 있지만, 숲이 연간 GDP에 기여하는 비율은 2퍼센트에 불과할 정도로 숲 부문의 활용도가 낮다. 부탄이 지속가능한 방식으로 숲에 투자할 수 있는 방법은 무엇일까?[7]

"활용도가 낮다"니. '세계의 허파'이자 지구의 주요 탄소 흡수원인 전 세계의 숲이 매년 1000만 헥타르씩 사라지고 있는 시대에조차,[8] 글로벌 경제 체계를 지배하는 논리는 여전히 이용되지 않은 채로 그저 **존재**하고 있는 숲을 가만히 내버려

두지 못한다. 부탄은 지구상에서 탄소발자국이 마이너스인 유일한 국가다.[9] 325만 헥타르에 달하는 '활용도가 낮은' 부탄의 숲은 매년 600만 톤의 탄소(부탄의 총배출량의 4배)를 흡수해 지구의 공기를 적극적으로 정화함으로써 부탄 국민뿐 아니라 전 세계의 모든 사람에게 기여한다.[10] 이런 사실을 접하면 많은 사람들은 부탄의 숲이 폭넓게 활용되고 있다고 생각할 것이다. 그러나 부탄의 숲이 달성한 대단한 성취를 못마땅한 눈으로 바라보는 세계은행의 시선은 글로벌 자본주의를 떠받치는 대들보를 상징한다. 즉 누군가의 소유이거나, 가치가 매겨졌거나, 비용이 지불되지 않았다면, 그것은 사용되지 않은 것과 다름없다.

대부분의 사람들은 부탄의 환경에 대해 또는 다른 곳의 환경에 대해 분명 이런 식으로 생각하지 않는다. 그러나 이런 사고방식은 여전히 환경주의적 사고에서 주류로 남아 있다. 환경운동가이자 언론인인 조지 몬비오 George Monbiot 는 이와 관련해 부탄의 숲과는 매우 다른 맥락에서 훌륭한 사례를 제시한다. 웨일스 서부의 캄브리아기 지층 지역에 자리 잡은 품루몬 Pumlumon 이 바로 그것이다. 몬비오의 설명에 따르면, 얼마 전 [영국 잉글랜드의] 글로스터에서 발생한 홍수를 이유로 어느 보험사에 막대한 보험금이 청구되었다. 보험금 청구에 시달리다 못한 이 회사는 비용을 절감할 참신한 계획을 수립했다. 그들은 근본적인 해결책을 도입하는 것이 보험금을 계속 지급하는 것보다 장기적으로 더 적은 비용이 들 것이라고 판단했다. 즉 품루몬 산봉우리 주변의 땅을 사들여 숲을 조성함으로써 빗물이 흐르는 속도를 늦추고 장기적으로 홍수의 위험을 줄이려는 계획이었다.[11] 그것은 기발한 발상이었다. 단순하고 효과적이었으며 무엇보다 친환경적이었다. 유일한 문제는 바로 그 계획에 대한 지역 주민들의 반감이었다. 지역 주민들에게 품루몬은 사회적·문화적·개인적으로 지대하게 중요한 의미를 갖는 장소였기 때문이다. 품루몬의 생태를 복원하면 소중한 지역 자산에 근본적인 변화가 생길 것이고, 품루몬이라는 장소의 특성이 변할 것이며, 주민들의 접근이 제한될 터였다. 이 계획을 통해 얻을 수 있는 혜택이 무엇이든 아랑곳하지 않고 반대하기로 결정한 지역 주민들은 의회에 민원을 제기했다. 의회는 이 계획을 승인하지 않았고 최종적으로 이 계획은 폐기되었다.

환경에는 돈보다 더 중요한 것이 있다. 대부분의 사람들은 이런 발상을 대단히 새로운 깨달음으로 느끼지 않을 것이다. 그러나 이 발상은 주류 환경주의의 발상과 놀라울 정도로 상충한다. 왜냐하면 부탄같이 주목할 만한 예외를 제외하면 대부분의 환경계획은 기본적으로 자유시장 논리에 뿌리를 두기 때문이다. 그리고 그중에서도 특히 압도적인 영향력을 행사하는 한 가지 원칙이 있다. 미국의 생태학자 가렛 하딘Garett Hardin이 1968년 발표한 동명의 논문에서 유래한 공유지의 비극tragedy of the commons이라는 발상이 바로 그것이다.[12]

하딘의 논문은 여러 목축업자가 하나의 공동소유 목초지

에 소를 방목하는, 공유지에서 이뤄지는 소 방목을 몇 가지 단계로 나눠 설명한다. 처음에는 목축업자들이 공유지에서 각기 몇 마리의 소만 방목한다. 그렇지만 이들은 각자 몇 마리씩을, 그리고 좀 더 지나면 많은 소들을 추가로 방목하는 것이 이득이라는 사실을 금세 깨닫는다. 얼마 지나지 않아 목초지는 풀밭을 짓밟고, 사료를 더 많이 먹기 위해 경쟁하는 소들로 넘쳐나게 된다. 즉 소규모의 방목이 축적되다 보니 한계점에 도달하게 되는 것이다. 그 결과 풀이 사라지고 토양이 침식되어 목초지 자체가 쓸모없어지고 만다.

하딘의 이야기에 비춰보면, 부탄의 숲에 대한 세계은행의 우려가 타당하게 느껴지지 시작한다. 정책 입안가들은 부탄의 숲같이 손대지 않은 생태계를 악의적인 시선으로 바라볼 필요가 없다. 사실은 그와 정반대다. 공유지의 비극에서 제시하는 원칙을 받아들인다면, 공동으로 소유하는 이 거대한 자원은 위험에 처해 있을 뿐 아니라 시장의 개입이 없이는 **필연적으로** 파멸할 수밖에 없기 때문이다. 공유지의 비극은 시장을 자연으로부터 이익을 얻는 수단이자 혹독한 인간 활동으로부터 자연을 보호하는 수단으로 이해하는 방식을 부각하면서, 오늘날의 지속가능성과 관련해 많은 함의를 드러낸다. 공유지의 비극이라는 시각에서 볼 때 사적 소유는 책임감·가치·보호를 의미하며, 소유권의 부재는 부패·오용·파괴를 의미한다.

문제는 수 세기에 걸쳐 쌓여온 증거가 정반대의 결론을 가리킨다는 데 있다. 자본주의 이전에 존재했던 공동소유의 역사는 악의적이고 무분별한 파괴에 대한 것과 사뭇 다른 이야기, 즉 수 세기, 심지어 수천 년에 걸친 지속가능성에 대한 이야기를 들려주곤 한다. 환경사가들은 여기에 주목했다. 예를 들어, 수전 콕스^{Susan Cox}는 다음과 같이 주장한다. "전통적인 공유지 체계는 많은 이들의 추정과 달리 본래 결함이 있는 토지 이용 정책 사례가 아니다. 그것은 그 시대에 걸맞은, 훌륭하고 성공적인 정책 사례다."[13] 또 다른 학자인 데릭 월^{Derek Wall}은 "하딘의 해석은 공유지의 역사에서 반복되어온 어떤 관행에도 부합하지 않는 추상화"라고 언급한다.[14] 영국, 인도, 몽골, 미국 등 다양한 맥락에 걸친 사례는 지속가능성에 대한 문화적 규범이 오랫동안 현지의 천연자원이 착취되지 않도록 방지하는 효과적인 보호책으로 작용해왔음을 부각한다. 다시 말해, 하딘은 환경 보존에 성공한 사회들이 그렇게 하는 것은 품루몬의 사례에서처럼 단지 금전적인 이유 때문만이 아닐 수 있음을 간과했다. 환경은 깊은 문화적 의미는 물론 종종 영적인 의미까지 지니며, 그런 점에서 자원으로서의 가치를 훨씬 뛰어넘는다.

인간 그리고 자연:
질문 자체를 바꾸기

프놈펜에서 생활한 처음 몇 달 동안 농촌 마을 주민들이 자신들의 지역사회가 생계를 건사하기 위해 의존하는 숲을 벌목하고 개간하기 위해 파견된 불도저에 맞서 싸우고 저항하는 모습을 보면서, 이를 거듭 느낄 수 있었다. 이를테면 태국과 국경을 접하고 있는 캄보디아 북부의 프레아 비헤아르주에서 마을 주민들이 모여 굴착기, 불도저, 그 외 중장비의 경로를 일제히 막아섰을 때 그랬다. 마을 전체가 하나의 목적을 위해 한자리에 모인 것, 게다가 자신들이 활용할 수 있는 도구란 도구는 모두 들고 나온 모습은 시선을 사로잡는 압도적인 광경이었다. 마을 주민들은 삼륜 트랙터를 이용해 즉석에서 전열을 정비했다. 그들은 진입로를 막아선 뒤, 토지 대량 양여의 일환으로 불하받은 토지를 개간하기 위해 파견된 중국 기업과 그들이 고용한 노동자들에 반대하는 내용의 플래카드를 내걸었다. 마을에서 촛불집회를 진행하면서 주민들은 그 기업의 이사들이 벼락에 맞기를, 코브라에게 물리기를, 호랑이에게 잡아먹히기를 기원했다.[15]

마을 주민들이 행동에 나서자 그 기업은 협상 테이블로 돌아왔다. 자연 파괴를 막아내는 보루로 숲의 정령을 불러낸 경우는 이외에도 더 있다. 예를 들어, 2009년의 피피멕스 Pheapimex 사례는 익히 알려져 있다. 당시 숲의 정령이 개입한 덕택에 경제적 토지 양여economic land concession [제도를 통해 양여된] 5헥타르에 달하는 토지가 공공의 소유로 되돌아왔다. 기계가 숲으로 진입하려고 할 때, 어느 여성이 벌떡 일어나더니, 토지의 정령(크메르어로 네악 타Neak Ta)이 자신에게 강림했다고 주장하면서 저항했다. 그 여성은 작업자들에게 탑 앞에 서 있는 나무의 벌목을 중단하라고 요구하면서 다음과 같이 외쳤다.

"여기는 우리의 집입니다. 산은 고대부터 우리의 집이었어요. 나무를 자르면 우리가 머물 곳도 없어집니다."[16]

이 광경을 보고 겁을 먹은 작업자들은 진입을 멈췄다. 결국 회사 사장은 토지 양여지 315헥타르 중 5헥타르를 정령이 개입한 지역의 탑에 반환하기로 했다. 산업이 토지를 잠식해온 오랜 역사에 기록된 또 하나의 보기 드문 승리였다. 그러나 정령이 인간 이웃에게 도움을 준 사례가 한 건 나올 때, 정령이 인간 이웃을 저버렸다고 알려진 사례는 수십 건씩 나온다. 마침내 불도저가 숲을 밀고 들어온 마을의 주민들은 오랫동안 섬기고 존경해온 정령들이 근대 산업의 탐욕과 그들이 제공하는 뇌물에 굴복해 자신들의 토지와 마을 주민들을 포기하는 데 동의했다고 매도한다.

이것은 캄보디아 전역에서 거듭 전해져 내려오는 설화이다. 설화에 따르면, 정령들은 평원을 활보하던 야수들을 따라 숲의 그늘로 숨어들었고 결국 그들과 함께 캄보디아의 변방으로 쫓겨나고 말았다. 이것은 그저 지역에서 전해져 내려오는 우화가 아니라 자연이라는 주체를 숭배하는 애니미즘적 사고다. 애니미즘은 서구 인류학이 150여 년 전인 1870년대로 거슬러 올라가는 초창기에 '발견'한 것 중 하나였다.[17] 그러나 애니미즘은 전 세계적으로 매우 광범위하게 퍼져 있다. 따라서 최근의 인류학자들은 애니미즘적 사고가 **존재하지 않는** 서구권이야말로 문화적 규범에서 벗어나 있는 존재, 즉 사실상의 예외일지 모른다고 주장해왔다. 전 세계 대다수의 인구에게는 자연을 그저 무생물로 이해하지 않는 것이 현실이기 때문이다. 대부분의 사람들은 인간에게서 자연환경의 특성을 찾을 수 있는 것과 마찬가지로 자연환경에서도 인간적 특성을 찾을 수 있다고 생각한다.

이런 사고방식은 널리 퍼져 있지만, 전통적으로 자연환경을 인간의 사유 재산으로 분류해온 서구권이 형성한 환경 거버넌스와 다소 불편한 관계를 유지하고 있다. 초국적 법학자 수자나 보라스Susana Borràs의 말마따나 "[서구권의] 권리 개념이 인간과 비인간의 관계를 우위 관계로 파악하고 자연의 소유를 함의하는 재산권을 중심으로 구축되었기 때문"이다.[18] 다시 말해, 애초에 인간과 자연을 구분한 것이 문제인 것이다. 하나의 실체에 나머지 실체보다 높은 지위를 부여하면 낮은 지위의 실체는 **필연적으로** 착취당할 수밖에 없다. 이런 사고방식은 공유지의 비극을 바탕으로 하는 환경주의와 완전히 반대되는 관점이고, 부탄에 대한 세계은행의 해석에서 드러나는 종류의 시장 기반 정책과 정면으로 배치되는 관점이다. 그렇지만 이것은 생각만큼 공상적이거나 급진적이지 않다.

오히려 환경법은 1972년 이후 꾸준하게 그 방향으로 나아가고 있다. 그해에 유엔 인간환경선언UN Declaration on the Human Environment(혹은 스톡홀름 선언Stockholm Declaration)은 인간은 "존엄과 복지를 누릴 수 있는 생활을 영위할" 권리를 가질 뿐 아니라 "현재 세대와 미래 세대를 위해 환경을 보호하고 개선할" 의무를 가진다고 명시했다. 스톡홀름 선언은 법적 구속력이 없었지만, 여러 국가가 이것을 기본권의 형태로 흡수하면서 자국의 헌법에 반영해왔다. 깨끗하고 건강한 환경에 대한 권리를 인정한 국가는 50개(1998년)에서 193개(2016년)로 증가했다.[19] 2021년 유엔 인권이사회UN Human Rights Council는 건강한 환경을 누릴 권리를 인권으로 인정하는 결의안을 채택해 환경보호를 국제법의 기초로 삼을 것임을 공식화했다.

그간 불변의 것으로 추정되었던, 인간과 환경 사이에 놓인 법적 장벽은 이제 조금씩 허물어지고 있다. 그러나 이것이 유일한 변화는 아니다. 최근 몇 년 동안 환경에 **대한** 인간의 권리뿐 아니라 환경 자체**의** 권리도 법으로 인정하는 다양한 사례가 등장하기 시작했기 때문이다. 그 첫 번째 사례 중 하나는 놀랍게도 캘리포니아주에서 등장했다. 바로 1972년 어느 기업이 놀이공원을 조성하기 위해 오래된 숲을 매입하면서 시작된, 이른바 시에라 클럽 대 모튼Sierra Club v. Morton 소송이었다. 이 소송에서 판사는 선박에서 기업에 이르는 수많은 비인간 실체가 법적 목적상 인격권을 가지고 있고, 자연도 예외가 되어서는 안 된다고 판시했다. 그 결과 놀이공원 조성은 보류되었다.

변화는 더 있다. 최근 몇 년 동안 많은 국가들이 환경의 인격권을 [법으로] 인정하기 시작했다. 에콰도르와 볼리비아는 각각 2008년과 2010년에 자연을 재산으로서 보호해야 할 자원이나 인간의 건강을 위해 필요한 환경이 아니라, 그 자체로 인간이 갖는 것과 같은 일련의 양도할 수 없는 권리를 가진 주체로 헌법에 통합했다. 에콰도르에서는 심지어 자연에 파차마마 Pachamama(케추아어 Quechua로 '어머니 대지'를 의미)라는 이름도 부여했다. 파차마마는 존재할 권리뿐 아니라 재생하고 진화하면서 생태계와 모든 자연적 순환의 균형을 보존할 권리도 가지고 있다.

이와 같은 법적 틀은 인간과 자연의 관계에 대한 패러다임의 이행이 아니라, 정답을 찾을 수 없다면 질문 자체가 문제일지 모른다는 깨달음을 일러준다. 그러나 이런 사실을 깨닫는 것만으로 논쟁에 사용되는 용어를 바꾸기는 어렵다. 글로벌화된 세계에서 우리가 환경에 대해 던지는 질문은 현지와 관련되어 있지 않고, 자유롭게 선택된 것도 아니다. 자연과의 관계를 설명하는 용어들은 현지가 아닌 다른 곳에서 고안되고, 경제적 여건은 환경 관련 대화에 참여하는 것을 엄격히 제한하곤 한다. 환경을 대변할 수 있으려면 먼저 발언권이 있는 사람이 누구인지가 결정되어야 한다.

기후 지식이라는 권력:
발언권은 누구에게 주어지는가

프놈펜에 도착하고 몇 주 뒤, 프놈펜의 중심 사원인 왓프놈 옆에 설치된 벤치에 앉아 아침 햇살을 맞고 있을 때만 해도 나는 불평등한 환경적 지식의 정치학에 대해 인지하지 못하는 속 편한 사람이었다. 아직 그리 덥지 않았고 사원 곳곳에 서 있는 야자나무가 여전히 충분한 그늘을 드리우는 아침나절이었다. 그리 멀지 않은 곳에서는 삼보 Sambo라는 이름의 영리한 아시아 코끼리가 주인과 함께 자기 등에 타고 사원을 한 바퀴 돌 그날의 첫 관광객을 기다리고 있었다. 다리에 남아 있는 깊은 흉터로 보건대 크메르루주 치하에서 살아남은 것으로 추정되는 코끼리였다. 그날은 내가 참여하게 될 새로운 프로젝트의 현장연구를 시작하는 첫날이었다. 연구 주제는 이주노동자들이 변화하는 환경적 조건에 대응하는 방법이었다. 새들은 지저귀고 있었고, 오토바이는 주변 도로를 씽씽 달리고 있었다. 오전 9시, 나와 또 다른 영국 연구원은 캄보디아 연구원들을 만나 우리의 첫 번째 과제를 수행할 장소로 출발했다.

이미 두어 달 전부터 프로젝트에 참여하고 있었던 동료들 덕분에 연구를 수월하게 시작할 수 있었다. 우선 사원 주변의 그늘에서 손님을 태우기 위해 기다리는 오토바이 택시 기사들에게 말을 붙여보았다. 2000년대 프놈펜의 보편적인 교통수단이었던 낡은 빨간색 스즈키^{Suzuki} 스쿠터에 몸을 기댄 오토바이 택시 기사들은 자신들의 이주 패턴, 시골 마을을 떠나온 연유, 앞으로의 계획을 솔직하고 친절하게 설명해주었다. 이것은 연구였다. 우리는 연구를 하고 있었고, 통계 자료를 수집하고 있었다. 그러나 우리는 경험 부족이라는 안개가 드리운 렌즈를 끼고 있었다. [하지만 그때만 해도] 나는 우리가 이런 연구를 수행하는 첫 번째 연구팀으로서 학문의 새로운 지평을 열고 있고, 이전에는 아무도 던지지 않았던 질문을 던지고 있다고 생각했다.

그렇게 연구를 수행하면서 2년이 지나가게 될 터였다. 현지의 학부생 연구원과 함께 설문지를 작성하고, 모호한 부분을 명확하게 바로잡으며 답변을 기록하고, 현장 조사가 완료되면 그 결과를 유용한 자료로 정리하는 것이 내가 수행하게될 일이었다. 영국에서 학사 학위를 취득했고 두 달의 석사 과정을 이수했다는 것을 제외하고 내가 현장에서 다른 사람보다유달리 더 잘할 수 있는 일은 없었다. 당시 나는 크메르어를 잘하지 못했고 현장연구 경험도 없었다. 캄보디아에 도착해 6개월이 지난 시점에도 캄보디아에 대해 깊이 있게 아는 것이라고는 여전히 별로 없었다. 쉬이 말해 나는 자격 미달의 연구원이었다. 나의 역량에 걸맞은 월급을 받았기에 망정이지, 그렇지 않았다면 더 큰 죄책감을 느꼈을지도 모를 만한 단점이었다. 월급은 경비를 포함해 280달러였고 6개월 뒤에는 두 배 정도 인상돼 560달러가 조금 넘었다.

당시의 이야기를 자세히 하는 이유는 이 이야기가 학문적 연구에 대한, 그리고 사실 좀 더 일반적으로는 직업의 세계에 대한 어떤 근본적인 진실을 보여주기 때문이다. 즉 경험을 쌓으려면 막대한 기회비용을 치러야 하는데, 그것을 감당할 의지가 있거나 감당할 수 있는 사람은 많지 않다. 내가 2년에 걸쳐 수행했던 연구는 인턴십을 목적으로 설계된 연구가 아니었다. 사실 내가 처음부터 연구에 특별한 열망이 있었던 것은 아니다. 그저 하다 보니 좋아하게 된 것이었다. 단순히 약간의 돈, 없는 것보다는 나은 돈을 벌기 위한 수단이었다. 당시에는 분명 그것이 특권처럼 느껴지지 않았다. 그러나 몇 년 후 나는 박봉일지언정 임금을 받으면서 일할 수 있다는 것 자체가 호사였음을 깨닫게 되었다.

이 문제는 미국과 영국 같은 국가에서 무급 인턴십이 증가하면서 더욱 부각되고 있다. 말하자면 그것은 경제적 여유가 없는 저소득층 출신들과 가장 바람직한 일자리 사이에 놓여 있는 굳건한 금전적 장벽이다. 그렇지만 개인적으로 나는 내가 초보 연구원으로서 2년에 걸쳐 수행한 첫 번째 연구 프로젝트가 끝날 무렵에야 비로소 이 교훈을 깨달았다. 그 기간 동안 나는 나보다 한 살 어린 캄보디아 동료 피카데이Peakhadey와 매일 함께 일했다. 피카데이는 학사 학위를 마칠 무렵이었고 나는 석사 과정을 시작할 무렵이었다. 지금도 그렇지만 당시에도 우리는 좋은 친구였고, 모든 면에서 서로 별반 다를 것이 없는 연구자였다. 그러나 그 프로젝트가 끝난 후 우리의 삶은 다른 방향으로 흘러갔다. 나는 런던으로 돌아가 박사 과정을 시작했고, 당시만 해도 연구자로서의 경력을 쌓을 계획을 가지고 있었던 피카데이는 파란만장한 가족 사업에 끌려 들어갔다. 처음에는 부모와 형제의 뒷바라지를 하느라, 그리고 나중에는 아내와 자녀를 돌보느라 10년의 세월이 지나갔다. 그리고 많은 사람들이 그렇듯이, 피카데이는 그 잃어버린 10년 동안 공부를 이어갈 기회를 잡지 못했다. 가족을 부양한다는 것은 그에게 자기 인생조차 마음대로 누릴 수 없게 만드는 거부할 수 없는 의무였다.

바로 이것이 목소리를 잠재우는 방식이다. 사랑하는 가족을 부양해야 한다는 무거운 책임을 짊어지고 있었던 피카데이는 어쩔 수 없이 단기적으로 더 가난해질 수밖에 없는 결정을 내렸다. 그러나 이것은 비단 캄보디아 사람들만의 문제가 아니다. 유사한 경제적 의무를 짊어지고 있는 전 세계 수백만 명의 사람들이 내리게 되는 결정이고, 부유한 국가의 사회적 이동성과 관련된 주요한 문제다. 예를 들어 2018년 영국에서는 학부를 졸업한 24세 이하 졸업생의 거의 절반이 인턴십을 마쳤는데, 그중 70퍼센트가 무급이었다.[20] 중간계급 졸업생이 노동계급 졸업생보다 인턴십을 시작할 확률이 50퍼센트 더 높다는 것도 놀라운 사실이 아니다.[21] 환경을 대변하는 교육, 연구, 정책 지지 같은 부문에 큰 공백이 생기는 것은 당연하다.

운이 좋아 학위 과정을 거치는 내내 학비를 지원받은 이들조차 학위를 취득하는 과정에서 빚을 지게 된다. 그리고 심지어 박사 과정이나 박사후 과정을 밟을 때 필요한 연구비를 확보한 이들조차 높은 급여를 받기는 어렵다. 전도유망한 과학자들이나 환경학자들이 더 높은 지위에 오르려면 거의 수십 년 동안 금전적 제약을 감당해야 한다. 따라서 경제적 여유가 없는 저소득층 출신은 지식 생산에서 구조적으로 배제된다. 영국에서 학계는 가장 불평등한 전문직 중 하나로, 학계 종사자의 50퍼센트 이상이 가장 많은 특권을 누리는 '전문직 및 관리직' 출신인 반면 노동계급 출신은 고작 15퍼센트에 불과하다.[22] 미국의 보고서에서도 유사한 경향을 확인할 수 있다. 부모의 교육 수준이 학계에서의 지위를 예측하는 가장 신뢰할 만한 요인 중 하나로 꼽히기 때문이다. 학계의 교수진은 부모가 박사학위를 소지하고 있을 가능성이 최대 25배 더 높고, 가장 명망 높은 대학에서는 그 비율이 2배 더 높게 나타난다.[23]

심지어 이것은 훨씬 더 큰 이야기의 일부에 불과하다. 전 세계는 대학과 학생, 학자로 가득하다. 중국 2500개 이상, 미국 3000개 이상, 믿기 어렵지만 인도 5000개 이상의 대학을 비롯해 가장 최근 집계된 대학 및 고등교육 기관만 해도 3만 1000개가 넘는다.[24] 그러나 수천만 명의 상급 학자들을 아우르는 이 막대한 지식의 네트워크에서도, 전 세계적으로 자신의 목소리를 낼 수 있는 학자는 글로벌 북반구(서유럽, 북아메리카, 오스트랄라시아 지역)의 학문 강국을 중심으로 똘똘 뭉친 극소수뿐이다. 반대로, 나머지 대다수는 환경 연구를 주도하거나 가장 많은 독자를 거느린 지역에서 연구 성과를 출판하는 데 필요한 자금을 지원받지 못한 채 오직 국지적으로만 영향력을 행사할 수 있는 형편이다.

학문적 불평등을 연구하는 사회학자 프랜 콜리어^{Fran Collyer}는 이로 인해 "글로벌 북반구의 인용 횟수와 글로벌 남반구의 인용 횟수 사이에 상당한 불평등"이 발생하고 있으며, "글로벌 남반구에서 생산된 지식을 글로벌 북반구의 학자들은 물론이고 글로벌 남반구 학자들조차 거의 인용하지 않는 형편"이라고 요약한다.[25] 간단히 말해, 글로벌 북반구의 학자들이 환경에 대해, 심지어 자신들이 일하고 생활하는 곳에서 동떨어진 열대 환경에 대해 글을 쓸 때조차 주로 자신들과 같은 부류의 사람들, 즉 글로벌 북반구뿐 아니라 서구권에서 연구하고 생활하는 사람들의 연구를 인용한다는 것이다. 글로벌 남반구의 학자들 역시 마찬가지로, 자신들의 환경에 대해 글을 쓸 때 서구권 학자들이 자신들의 국가, 토지, 경관에 대해 논하는 내용을 인용한다. 최근 전 세계 400만 명의 저자가 작성한 2600만 편의 논문을 대상으로 수행한 연구에 따르면, 2015년 상위 1퍼센트의 과학 분야 저자가 전체 인용의 21퍼센트를 차지했다.[26] 대부분 서유럽과 북아메리카 출신인 소수의 학자들이 세계와 환경을 정의하는 데 이례적으로 강력한 목소리를 내고 있는 것이다. 다른 형태의 지식과 마찬가지로, 기후 지식 역시 권력이다.

볼 수 있는 힘:
언어를 갖는다는 것에 대하여

아는 것이 힘이다. 이것은 모두에게 익숙한 격언이다. 그러나 이 격언이 다소 추상적으로 느껴질 때가 종종 있다. 누구의 힘인가? 무엇을 하는 힘인가? 지식은 어떤 방식으로 환경을 형성하는가? 모두 좋은 질문이니, 이것들을 메콩강에 설치되는 수력발전 댐이라는 또 하나의 구체적인 사례와 결부시켜보자. 장장 4350킬로미터에 달하는 메콩강은 6개국(중국, 미얀마, 라오스, 태국, 캄보디아, 베트남)을 통과하는, 세계에서 가장 긴 수로 중 하나다. 메콩강은 세계에서 생물 다양성이 가장 풍부한 하천 중 하나이자 어족 자원이 가장 풍부한 내륙 어장 중 하나이며, 6000만 명이 넘는 사람들의 필수적인 생계 수단이다.[27] 그러나 메콩강은 끔찍한 곤경에 빠져 있다. 2021년 싱가포르의 유소프 이샥 동남아 연구소Yousof Ishak Institute는 "메콩강 생태계는 기후변화 영향의 누적과 상류에 설치된 댐의 증가 및 그 밖의 인위적인 활동(벌목, 모래 채취, 농업을 위한 광범위한 관개, 습지 전환)으로 인해 붕괴 직전에 내몰려 있는데, 돌이키기 쉽지 않아 보인다"고 경고했다.[28]

다시 말해, [지금] 메콩강은 환경문제들이 얽히고설킨 그물망으로 덮여 있다. 그 환경문제들은 서로 결합해 메콩강의 생태계와 환경적 자원을 모두 무력화한다. 어느 한 국가가 나선다고 해도, 단독으로는 어떤 문제 하나도 해결하기 어려울 것이다. 여러 국가에 걸쳐 여러 가지 문제가 걸려 있다는 것 자체가 추가적인 장벽으로 작용해 조치를 취하기 더 어렵게 만든다. 다시 말해, 메콩강 유역의 특정 지역에 어떤 문제가 있는지 파악하는 것은 별로 어렵지 않다. 메콩강을 직접 방문하거나 메콩강에 기대 생계를 건사하는 수천만 명의 사람들 중 한 명과 대화를 나눠보기만 하면 되기 때문이다. 몇 년 전 메콩강에 의존해 생계를 이어가는 어부들 및 여성들과 이야기를 나눌 기회가 있었다. 그들은 단호한 태도로 환경붕괴에 대한 이야기를 들려주었다. 어족 자원이 최소 80퍼센트, 어쩌면 그 이상 감소했고, 수위는 사상 최저치로 떨어졌다는 것이었다. 그들이 말한 수위 저하는 관측소에서의 모니터링을 통해 사실로 확인되었다. 메콩강은 죽어가고 있고, 떠날 여력이 있는 사람

들은 메콩강을 떠나고 있다.[29]

이것은 분명 문제이다. 그러나 누구의 문제인가? 6개 국가에 걸쳐 있는 수로는 모두에게 속해 있는 동시에 아무에게도 속해 있지 않다. 모두가 메콩강이 지속가능한 자원이 되길 바란다. 그러나 어느 한 당사국이 수로를 이용하기 시작하면 나머지 당사국들도 수로를 이용할 명분이 생긴다. 1990년대 초반 중국이 댐을 건설하기 시작했다. 처음에 사람들은 그것을 청정 에너지의 승리, 질식할 것 같은 매연을 내뿜는 석탄 화력발전소로부터 벗어나려는 움직임이라고 치켜세웠다. 그러나 결국 댐 건설은 현지 환경을 파괴하고 전 세계의 탄소 농도를 높이는 데 끊임없이 기여하는 것으로 드러났다. 하지만 메콩강 상류에 들어서는 댐이 하나둘씩 늘어가면서 이런 담론은 금세 다시 바뀌기 시작했다. 메콩강 주변에서 솟아나는 인프라가 메콩강의 목을 조른다는 사실이 조만간 분명히 드러날 것이다.

메콩강의 목을 조르는 일이 처음에는 불가능한 것처럼 보였다. 아시아 대륙의 절반을 가로지르는 메콩강은 거의 상상을 초월할 정도로 강력한 힘을 가지고 있기 때문이다. 그러나 메콩강에는 메콩강의 힘에 걸맞은 규모의 댐들이 건설되었다. 이 댐들의 육중한 몸체는 눈으로 직접 보지 않고는 상상하기 어려울 정도로 거대하다. 그중 가장 큰 댐은 윈난성의 다차오산 댐이다. 산악지대의 짙은 녹지 위에 115미터 높이로 솟아오른 거대한 갈회색 콘크리트 오벨리스크인 다차오산 댐은 엔지

니어링의 거대한 위업이다. 다차오샨 댐은 메콩강 강물을 한 번에 최대 10억 세제곱미터까지 저장할 수 있는데, 이는 200만 명이 1년 동안 마실 수 있는 식수와 맞먹는 양이다. 다차오샨 댐은 자연의 형태를 바꿀 수 있을 만큼 심대한 힘을 지닌 구조물이지만, 현재 중국이 메콩강 중국 유역에서 운영하고 있는 11개의 주요 댐 중 하나에 불과하다. 이 11개의 댐은 위대한 메콩강이 동남아시아에 도달하기 전에 이미 유량의 3분의 1을 퍼올려 가둔다.[30]

그러나 중국이 유일한 원흉인 것은 아니다. 메콩강 하류의 국가들은 메콩강 의존도가 높은데도 세기가 바뀔 무렵부터 거의 중국 못지않은 열정으로 댐을 건설하기 시작했다. 라오스는 '아시아의 배터리'가 되겠다는 계획의 일환으로 메콩강의 라오스 유역에만 (대부분 소형인) 63개의 댐을 건설했다.[31] 심지어 메콩강의 수위가 감소하면 가장 큰 피해를 입을 것으로 알려진 캄보디아조차 2개의 대형 댐과 6개의 관개 저수지를 자체적으로 건설하면서 댐 건설 대열에 합류했다. 현재 메콩강에서 가동되고 있는 수력발전 댐을 모두 합치면 100개가 넘고, 추가로 100여 개가 건설되고 있거나 건설이 계획되어 있다. 이것은 메콩강의 생태뿐 아니라 그 흐름의 역학 자체를 바꿔온 인간의 개입에 대한 기록이다. 이 거대한 자연의 힘은 이제 오롯이 인간의 손아귀 안에 들어와 있다.

이런 흐름 자체가 문제로 비춰질 수도 있다. 실제로 이것은 메콩강에 의존해 생계를 건사하는 수백만 명의 민중과 메콩강의 생태계 자체에 분명 큰 문제다. 최근 몇 년 동안 메콩강 지역은 물 부족에 시달려왔다. 2014년부터 2019년까지 6년 동안 5번의 엘니뇨가 발생했다. 당시 상류의 댐에서 엄청난 양의 물을 가둬두면서 하류 지역의 물 부족 문제가 악화되었다. 이로 인해 발생한 극심한 가뭄은 주민들과 지역사회에 큰 타격을 입혔다. 수위 저하로 흉작이 반복되자 소규모 자영 농민들은 소득은 고사하고 막대한 빚을 지게 되었고, 많은 가족들이 토지를 버리고 떠날 수밖에 없었다. 2019년에는 캄보디아 유역의 수위가 크게 낮아져 수력발전 댐에서 전기를 생산하지 못했다. 그 때문에 문자 그대로 불을 켤 수 없었다. 6개월 동안 정전이 이어지면서 무더위가 일상이 되었다. 시골 사람들은 굶주린 배를 채우느라 여념이 없었고 도시 사람들은 불편함에 시달렸다.

기나긴 정전이 계속되던 어느 무더운 날, 나는 프놈펜 남부에 자리 잡은 아파트를 나섰다. 캄보디아가 직면하고 있던 문제에 대한 해답을 찾으러 가는 길이었다. 정전 기간 동안 전력을 공급받기 위해 많은 도시 주민들이 돌리는 디젤 발전기의 덜컹거리는 굉음을 들으며 오후의 교통 체증을 헤치고 나아갔다. 가는 도중, 보도에 나와 앉아 있는 수많은 가족들을 지나쳤다. 짙은 배기가스에 둘러싸이는 것을 감수하고서라도 더위를 피하려는 사람들이었다. 나를 태운 자동차는 잠시 후 메콩강 하류 4개국(라오스, 태국, 캄보디아, 베트남)이 수자원 관리 통계 자료를 공유하기 위해 1995년 설립한 메콩강위원회

Mekong River Commission에 도착했다. 운전기사에게 요금을 지불하고 자동차에서 내렸다. 정원을 가로질러 사무실에 들어서니 시원한 에어컨 바람이 나를 맞이했다. 당연하게도 정부 건물은 자체적으로 전력을 공급하고 있었다.

하천 모니터링을 연구하는 과학자 중 한 명인 보란 박사 Dr. Boran가 노란 벽으로 둘러싸인 사무실로 나를 데려갔다. 다른 이들의 책상처럼 그의 책상은 서류, 책, 컴퓨터 모니터 등으로 어지러웠다. 오후의 햇살이 강렬하게 내리쬐었지만, 푸른 유리창과 기다란 형광등 덕분에 실내는 마치 황혼이 드리운 것 같은 느낌이었다. 설명을 시작한 그는 가뭄에 대한 대처를 어렵게 만드는 이유로 가뭄의 심각성과 예측 불가능성을 꼽았다. 메콩강위원회는 수위를 측정하기 위해 설립되었지만, 최근 수십 년간 인간이 메콩강에 대규모로 개입하면서 강수량과 기온 같은 '자연적인' 환경적 요인의 영향은 크게 줄어든 반면, 댐 가동과 관련해 인간이 내리는 결정의 역할은 증가했다. 사실상 메콩강은 더 이상 자연적인 수로처럼 운영될 수 없게 되었다.

여러 재해관리위원회를 운영하면서 사람들에게 토지의 변화를 파악하는 방법을 교육하고는 있지만 강에서 홍수가 발생할 위험을 완벽하게 예측할 수는 없습니다. …… 왜냐하면 이제 자연 법칙이 바뀌었기 때문입니다. 수력발전과 같은 개발이 특히 상류에서 많이 이뤄지는 관계로 수위 예측이 그다지 정확하지 않습니다. 예를 들어 라오스처럼 수력발전 댐이 연결되면 수위가 빠르고 극적으로 변하는 경우도 있습니다. 예전에 저는 한 수력발전소에 대해 꾸준히 기록하곤 했습니다. 그런데 그곳에서는 정해진 절차에 따라 수문을 열지 않았습니다. 오히려 구름이 검게 변하기만 해도 황급히 수문을 열어버리는 바람에 수위가 빠르게 변했습니다. 그 탓에 우리로서는 수위를 예측하기가 다소 어려워졌죠. 강의 수위를 계산하는 컴퓨터 모델을 실행하는 데도 어려움이 생겼고요.

인간의 활동이 미치는 영향력 덕분에, 이제 상류에 자리 잡은 거대한 댐들의 책임자들은 (힘을 합쳐) 메콩강의 흐름을 마치 수도꼭지처럼 위 혹은 아래로 조절할 수 있다. 이는 개발의 힘이 환경에 미치는 영향력을 보여주는 단적인 증거인 동시에 이런 인적 요인을 얼마나 시급히 고려해야 하는지를 보여주는 지표이기도 하다. 즉 산업 활동과 환경 지표에 대한 지역 통계 자료를 국경을 넘어 공유해야 할 필요성을 분명하게 보여주는 사례다. 그러나 그것은 오히려 정반대의 사례, 즉 정치와 이해관계가 통계 자료 공개를 방해하는 방식을 보여주는 사례가 되었다. 메콩강위원회는 표면적으로는 메콩강 하류 유역의 통계 자료를 공유하기 위해 노력하는 것처럼 보이지만 사실상 세계에서 가장 취약한 제도 중 하나로 간주되고 있다.[32] 그곳에서 들은 말에 따르면 이것은 사실이다. 보란 박사는 이렇게 덧붙였다.

그래서 이제 메콩강위원회에 남은 회원국은 캄보디아, 베트남, 라오스뿐입니다. 그런데 때로는 다소 의기소침해지게 됩니다. …… 이 국가들이 메콩강위원회의 회원국으로서 정보 교환을 활성화해야 하는데도 자국의 경제성장 요건에 따라 정보 사용을 두고 힘겨루기를 하는 경우가 있기 때문입니다. 그러면 참 힘들어집니다.

그날 오후 메콩강위원회를 떠나기 위해 정원을 가로지르다 잠시 뒤를 돌아보았다. 1990년대에 지은 황백색 건물은 붉은 기와, 황량한 로비, 먼지가 쌓인 복도, 색유리를 끼운 창문 등 당시 지은 여느 정부 건물과 다를 바 없어 보였다. 바로 이것이 요점이었다. 즉 환경에 대한 지식의 근간을 이루는 환경 통계 자료를 지배하는 규칙은 다른 모든 것에 적용되는 규칙과 동일하다. 통계 자료 공유를 위한 협약은 국가의 정치 구조 및 국제 정세뿐 아니라 자원 사용을 둘러싼 더 폭넓은 정치적 논의와도 뒤얽혀 있다. 따라서 환경 통계 자료 공유는 수력발전, 경제개발 전략 공유, 물 관리를 비롯해 메콩강 관리와 관련된 다른 문제와 동일하게 정치적 협상의 대상이 된다.

이것은 비단 메콩강에 국한된 문제가 아니다. 이 문제는 더 거대한 무언가를 가리킨다. 우리가 환경의 모든 측면에 대해 던지는 질문에는 우리에게 필요한 지리학이 반영되어 있다. 우리가 대서양 한복판 어느 상공 특정 세제곱미터의 기압을 소수점 셋째 자리까지 알고 싶어 한다 하더라도, 그런 정보가 존재할 가능성은 크지 않다. 일반적으로 우리는 우리가 알아야 할 필요가 있는 것에 대해 파악하기 때문이다. 이는 그 자체로 논리적이다. 어쨌든 우리가 모든 것을 알 수는 없는 노릇이니 말이다. 그러나 그 진술에서 '우리'가 누구인지를 분석하기 시작하면 상황은 더욱 복잡해진다. 모든 사람, 모든 국가, 모든 지역의 지식 창출 능력이 동일한 것은 아니기 때문이다. 서유럽, 미국, 중국, 일본 등의 부유한 세계는 덜 부유한 국가에 비해 환경 관련 지식을 창출하는 능력이 훨씬 더 뛰어나다.

지식에 대한 통제는 자원에 대한 통제를 수반한다. 다른 모든 것과 마찬가지로, 환경 통계 자료에도 권력과 자본이 얽혀 있다.[33] 강 이외의 많은 경우에도 이것은 사실이다. 이 책에서 내내 살펴본 것처럼, 거의 모든 국가의 경제는 이제 너무 글로벌화되고 상호연결되어 있어서 어떤 국가도 단독으로는 그것을 감독할 수 없다. 메콩강 사례에서와 마찬가지로, 무역의 흐름에 대한 지식은 서로 다른 당사국들이 각자의 이해관계에 따라 공개할 것과 공개하지 않을 것을 결정하면서 통제한다. 자국이 운영하는 댐이 하류에 가뭄을 일으킨다는 사실을 드러내고 싶어 하는 국가가 없는 것과 마찬가지로, 자국이 운영하는 공장이 지속가능성 목표를 무시한다는 사실을 드러내고 싶어 하는 국가는 없다. 지속가능성에 대한 약속을 홍보하는 해외 구매자에게 크게 의존하는 캄보디아나 베트남, 심지어 중국 같은 국가들이 환경 규제를 유의미하게 '강화'하도록 유도할 만한 요인은 제한적이다. 구매자들의 입장 역시 이와 유사해서, 그 국가들에게 책임을 떠넘기는 것을 매우 흡족히 여긴다.

인간의 활동이 자연 세계를 변화시키는 속도는 믿기 어려울 정도로 빠르다. 인간의 활동은 자연 세계의 형태가 아니라 그 경향, 흐름, 습성을 바꾼다. 지금 인간이 살고 있는 지구는 새로운 기술과 낡은 권력이 결합했던 18세기에 글로벌 경제를 지금과 같은 폭발적인 성장 경로에 올려놓으면서 그려보았던 것과는 다른 모습일지 모른다. 우리 인간의 환경은 20세기 중반의 사회가 불가피한 것으로 보았던 자연에 대한 지배를 실현한 어떤 배후의 존재가 만들어낸 것이 아니다. 인간의 환경은 무수히 많은 부작용과 무관한 것들, '우리'가 알아야 할 필요가 없는 것들이 남긴 끝없는 유산에 관한 이야기를 품고 있다. 인간이 살고 있는 지구는 우리가 알지 못하는 지구이다. 그 것은 우리가 하는 모든 일의 보이지 않고, 의도하지 않았으며, 원하지 않은 그림자다. 비유하자면, 현재의 지구는 경제개발의 지킬 박사와 하이드씨이다.

이 환경이라는 유령이 유발하는 공포의 규모는 상상하는 것조차 어려울 수 있다. 그래서 나는 그것을 가늠해보기 위해 프놈펜에서 빠르게 확산되고 있는 여러 고층 건물 중 한 곳을 주기적으로 방문해 옥상에 올라보곤 했다. 환하게 불을 밝히는 조명 사이로 보이는 어둠 속을 들여다보고 있노라면, 반짝반짝 빛나는 텅 빈 고층 빌딩으로 가득 찬 도시 전체가 마치 유리, 강철, 눈부신 빛으로 이뤄진 화석림化石林 같은 모습으로 파노라마처럼 펼쳐진다. 나의 시선은 광학적 혼돈 속에서 길을 잃어버렸지만, 저기 어딘가에는 분명 더 낮고, 덜 인상적이며, 더 어두운 카나디아 은행^{Canadia Bank} 건물이 독특한 금속성 후광을 뿜내며 서 있을 터였다. 카나디아 은행은 내가 캄보디아를 떠나기 몇 주 전인 2010년에 문을 열었다. 불과 10년 전, 카나디아 은행이 개최한 개장 행사에 참석했을 때만 해도 나는 그 건물의 옥상에 서서 아무것도 없는 허공을 바라보며 내가 아래를 수직으로 내려다볼 수 있다는 사실에 감탄했었다. 10년 남짓한 시간이 흐르는 동안 지구에는 도시 하나가 솟아올랐고, 그 대신 도시 하나만큼의 토양이 사라졌다. 이제는 다소 초라하게 보이는 옥상을 집어삼킬 것만 같은 수천 개의 반짝반짝 빛나는 창문 중 하나를 통해 들여다볼 수 있는 실내의 모습을 상상해보자. 유리, 가구, 스마트폰, 그것들에 동력을 제공하는 전기, 수도꼭지에서 흘러나오는 물. 이 모든 것은 어디에서 왔을까? 이 모든 것이 이곳에 오기까지 어떤 우여곡절이 있었을까? 추측하려면 얼마든지 할 수 있겠지만 절대로 알지는 못할 것이다. 왜냐하면 '우리'가 그것에 대해 알아야 할 필요가 없기 때문이다.

우리는 우리가 가지고 있는 환경에 대한 지식보다 이 방대한 무지의 지형을 통해, 기후붕괴의 근원에 자리 잡고 있는 위기에 대해 더 많은 것을 파악할 수 있다. 그것은 기본적으로 기술의 문제가 아니라 권력의 문제이다. 권력은 힘보다 훨씬 더 강하기 때문에 문제를 해결하기가 백배는 더 어려워진다. 권력은 우리가 세계를 이해하기 위해 지니고 있는 틀, 그리고 그 틀을 통해 볼 수 있는 것과 관련되며, 그것을 파악할 수 있는 도구가 없어서 볼 수 없는 것으로 남아 있는 것과 관련된다.[34] 이런 시각에서 권력은 군대라기보다는 기차 선로처럼 보인다. 권력은 우리가 타는 방법을 아는 유일한 탈것이고, 정해진 경로를 습관처럼 운행한다. 따라서 우리는 특정 경로를 따라갈 수밖에 없다. 선로 너머의 광활한 대지와 그 너머의 세계를 구성하는 모든 사람, 모든 견해, 모든 사실은 기차에 오르는 승객들에게 알려져 있지 않고 접근할 수 없는 상태로 남아 있다. 그럼에도 승객들은 자신들이 진보하고 있다고 느낀다. 환경에 관한 한, 이런 지식의 인프라는 현상 유지를 외치는 목소리는 증폭시키고 다른 방식으로 생각하는 사람들의 목소리는 잠재움으로써 세계가 계속 지금의 선로를 따라 움직이게 만든다. 그리고 그 힘은 엄청나게 강력하다. 가치를 설정할 수 있는 능력을 보유하고 있는 한, 부유한 세계는 무력을 행사할 필요가 없을 것이다. 벽돌 가마가 1헥타르의 토지를 단돈 몇 백 달러에 매입할 수 있는 한, 토지는 계속해서 팔리고, 벽돌로 구워져 도시의 스카이라인을 뚫고 올라가는 건물이 될 것이다.

그러나 언제나 그렇듯이 또 다른 길도 있다. 그 환경에 기대 살아가는 사람들에게 목소리를 되돌려줌으로써 환경적 가치의 세계화를 거부하는 길 말이다. 환경이 한낱 추상적인 상품이어야 할 필요는 없다. 반대로 환경을 한낱 추상적인 상품으로 만드는 데는 많은 노력이 소요된다. 왜냐하면 이런 유의 개념화는 대부분의 사람들이 환경에 대해 생각하는 방식과 매우 다르기 때문이다. 자신의 정원, 동네 공원 또는 마을을 둘러싼 언덕을 잠재적인 수익의 원천으로 생각하는 사람은 거의 없다. 그것들의 가치는 명백히 총체적이어서 쪼개어 추산할 수 없다. 즉 전체를 망치지 않으면서 일부만 제거하기란 불가능하다. 그리고 바로 그런 이들이 벽돌이나 나무 의자를 기꺼이 사용함으로써 글로벌 생산을 도덕적으로 정당화한다. 사람들은 이런 자원을 파괴적인 방식으로 수집하면 **안 된다고 생각하면서도** 자신의 집 창문을 통해 볼 수 있는 자원만큼 귀하게 여길 **수는 없다고 생각하는 것으로** 추정된다. 그렇지 않고서야 어찌 그런 수탈이 이뤄질 수 있었겠는가?

글로벌 경제는 이런 유의 추정을 바탕으로 운영된다. 그리고 어떤 경우, 그것은 추정이 아니라 사실이다. 모든 자원이 개인과 지역사회에 소중한 자산인 것은 아니었다. 그러나 대부분은 그랬다. 그리고 점점 더 가속화되고 있는 자원 추출에 동반되는 침묵은 결코 무관심의 결과가 아니다. 그것은 사람들로 하여금 자신의 정원, 자신의 숲, 자신의 언덕을 대변할 수 없게 만드는 막대한 불평등의 결과다. 바로 이것이 지속가능성 사고의 핵심에 자리 잡은 문제이다. 지속가능성 사고는 현지의 자연에 대해 더욱 민감한 방식으로 사고할 것을, 즉 기후의 영향과 관련해 현지와 현지의 지식에 더 큰 가치를 부여하는 '장소에 기반한 과학'을 점점 더 크게 요구하고 있다.[35] 사람들이 현지의 환경에 대해 사고하는 방식에 더 큰 가치를 부여하는 방법은 우리의 환경적 사고를 탈식민지화할 수 있는 방법,[36] 추출주의extractivism에서 벗어날 수 있는 방법, 어쩌면 1700년대에 시작되어 서서히 진행되어온 자연의 죽음을 막아설 수 있는 방법[37]일 수 있다. 그러나 어쩌면 이것은 글로벌 경제를 녹색화하는 일과 관련된 많은 과제 중 가장 다루기 어려운 과제일 것이다. 왜냐하면 그것은 수많은 권력이라는 저울을 대변하기 때문이다. 그렇다면 목소리를 잃은 사람들에게 목소리를 되돌려줄 수 있는 현실적인 방법은 무엇인가?

이것은 까다로운 문제이다. 의제를 설정해 반대하는 목소리를 잠재우는 것은 정치가 사람과 환경을 통제하기 위해 항상 사용해온 주요한 도구 중 하나였고 지금도 그러하다. 탈식민주의 정치철학자 프란츠 파농Frantz Fanon이 언급한 것처럼, "언어에 대한 지배는 놀라운 힘을 발휘한다". 왜냐하면 언어는 문제에 접근하는 조건, 배제할 문제, 배제할 사람을 설정하기 때문이다.[38] 그러므로 기술적 틀은 세계를 설명하는 방법일 뿐만 아니라 세계를 통제하는 방법이다. "법학과 경제학을 전공한 사람들이 이해하는 언어만 사용하도록 주의를 기울이면" 정치적 지배의 필요성을 쉽게 증명할 수 있는 것과 마찬가지로,[39] 추출주의를 둘러싼 거버넌스의 거대한 힘은 추출주의의 논리를 불가피한 것으로 만든다.

기후붕괴의 현장에 서 있는 농민과 공장 노동자가 갖지 못한 것이 바로 이것이다. 즉 그들에게는 환경 거버넌스 회의 석상에서 앉을 자리가 없다. 그들에게는 기후변화에 대한 담론을 형성하거나 주어진 조건에 반박할 수단도 없다. 우간다의 바네사 나카테Vanessa Nakate에서부터 에콰도르의 니나 과링가Nina Gualinga에 이르는 소수의 유명인사들이 자신에게 가장 가까운 문제들을 부각하는 데 기여한 것은 사실이다. 그러나 이런 사례는 규칙이 존재한다는 것을 증명하는 예외에 불과하다. 당연하게도, 누구나 매체의 조명을 받을 수 있는 것은 아니기 때문이다. 따라서 서서히 진행되는 자연의 죽음을 막으려면 지정학적으로 주변화된 사람들의 말과 행동에 무게를 실어줄 수 있는, 덜 흥미롭지만 더 강력한 도구가 필요하다. 케냐의 소설가 응구기 와 티옹오Ngugi wa Thiong'o의 말마따나 '정신의 탈식민화'[40]는 개인적인 과정이 아니다. 정신을 탈식민화하려면 교육에서부터 거버넌스와 문화에 이르는 다방면에 걸쳐 공동의 노력이 필요하다. 그러나 그렇게 하기 위해서는 먼저 주변화된 사람들에게 그것들을 규제하는 법을 제정할 수 있는 능력을 부여해야 하고, 그런 실천을 통해 사람과 기업 간 권력 동학의 균형을 재조정해야 한다.

이 과정은 느리고 지난하지만, 이미 진행되고 있다. 대서특필되는 최신의 친환경 기술처럼 화려하지는 않을지라도 이제 각국에서, 그리고 국제 무대에서 출현하기 시작한 새로운 환경법은 환경 수호자들의 무기고에 보관되어 있는 것 중 가장 강력한 무기이다. 환경법을 통해 주요 국가들과 기관들의 지원을 받아 터무니없는 환경적 불평등 문제에 영향을 미칠 수 있기 때문이다. 지난 5년 동안 주요 국가들에서 통과된 환경법은 미약하고, 불완전하며, 부분적이었지만, 그럼에도 그 덕분에 사상 처음으로 민중과 지역사회가 자신들의 환경을 저하시키고 평가절하하는 생산 체계에 맞설 수 있는 문이 열렸다. 그리고 환경법은 이미 영향력을 행사하기 시작했다. 2020년, 환경을 불법적으로 남용한 기업을 상대로 제기된 소송 건수는 전 세계적으로 38건이었다.[41] 2021년, 여러 기업을 상대로 제기된 소송 건수는 193건으로 증가했다. 소송의 이유는 사람들을 그릇된 길로 이끄는 청정에너지에 대한 주장, 탄소집약적인 프로젝트에 대한 투자 제안, 기후변화와 환경 관련 규제 미준수, 탄소 배출량 감축 실패 등 다양했다.[42] 이 모든 소송은 목소리를 잃어버린 사람들에게 목소리를 되돌려주고 있다. 그리고 이것은 그저 시작에 불과하다.

6장

양의 탈을 쓴 늑대들: 기업 논리는 어떻게 기후행동을 포섭하는가

2021년 10월, 나는 글래스고전시센터 역을 빠져나왔다. 주변은 초조함을 감추지 못하는 언론인, 학자, 정책 입안가, NGO 관계자, 지속가능성을 지지하는 이들의 웅성거림과 속삭임으로 가득했다. 선선한 가을 바람을 맞으며 계단을 올라가, 웅얼대면서 비치적대는 군중의 틈바구니에 끼어들었다. 피니에스톤가로 접어들었을 때 형광 노란색 재킷을 입은 경찰들이 물결처럼 밀려왔다. 내가 그때까지 본 것 중 가장 많은 경찰이 [모노톤의 그림인] 그리자유 grisaille 속 배경 같은 인상을 풍기는 잔인한 탈산업 시대의 도시 한복판을 위풍당당하게 행진하고 있었다. 한 걸음 한 걸음 내딛을 때마다 군중은 더 늘어났고, 나아가는 속도는 더 느려졌으며, 목적의식은 더 커져갔다. 외국인들이 우간다에서 자행하는 환경 착취를 알리기 위해 우간다 환경운동가들이 부르는 저항의 노랫소리는 스코틀랜드 서부의 바람을 타고 그 어느 때보다 더 가까이에서 울려 퍼졌다. 환경운동가들은 주변을 둘러싼 울타리의 철조망 앞에서 '강하게, 용감하게, 현명하게'라는 문구가 쓰인 팻말을 들고 서 있었다. 그 위편으로, 한때 식민지로 향하는 기차를 들어올리기 위해 건설된 거대하고 튼튼한 클라이드 부두의 크레인이 눈에 들어왔다. 크레인 앞에는 전 세계의 이목이 쏠린 행사의 명칭을 새긴 입간판이 서 있었다. '2021년 영국, 유엔 기후변화협약 당사국총회'.

수년 동안 환경 분야에 몸담고 연구해왔지만, 유엔 기후변화협약 당사국총회(이하 당사국총회)에 참석한 것은 이번이 처음이었다. 내가 참석할 수 있으리라고는 생각하지 않았다. 그러나 마지막 순간에 대학 측이 나에게 참가권을 넘겨주었다. 신설된 환경학 학위 프로그램을 이끄는 역할을 맡았다는 이유에서였다. 덕분에 나는 3만 명에 달하는 대표단 사이에 낄 수 있었다. 공항에서 하는 것과 유사하게 이뤄지는 보안 검색을 통과하기 위해 몇 시간씩 줄을 서서 입장을 기다린 끝에, 드디어 전 세계적으로 유명해진 미디어 센터의 지구본 아래에 서게 되었다. 전 세계의 이목이 쏠리는 이와 같은 행사에 참여하며 많은 것을 깨닫고 또 겸손해졌다. 글래스고에 오기 전에는 더 넓은 기후운동을 구성하는 목소리가 이 정도로 다양한지, 그래서 서로가 서로를 이해하기가 얼마나 어려운지 상상할 수조차 없었다. 행사장의 모습을 보고 있노라니 폐허가 된 바벨탑의 모습이 떠올랐다. 의사소통만큼은 자신이 있었을 수만 명의 사람들이 서로를 설득하려고 애를 쓰기 시작하자, 행사장이 금세 아수라장으로 변했던 것이다.

이런 광경을 묘사하기 위해, 제26차 당사국총회에서 보내는 가상의 오후를 그려보고자 한다. 다른 많은 참석자들처럼 각국 정부가 기후변화에 대해 발표하고 해결책을 제시하는 장소인 '파빌리온들'을 둘러보면서 가상의 오후를 시작할 수 있을 것이다. 이 가상의 오후에 사우디아라비아 파빌리온에 들러 석유와 가스의 장기적인 역할을 결합한 '혼합형' 전환에 대한 발표를 들어볼 수 있을 것이다. 계속해서 영국 파빌리온으로 이동해, 수입의존적인 이 섬나라가 국내 넷제로를 목표로 기울이고 있는 세계 최고 수준의 노력에 대한 발표를 들어 볼 수 있을 것이다. 아니면 인도 파빌리온에 들러 인도가 2070 년까지 넷제로를 달성하는 것을 목표로 삼았다는 내용의 발표를 들어볼 수도 있을 것이다. 다음 발걸음은 몇 미터 떨어진 곳에 자리 잡은 방글라데시 파빌리온으로 자연스럽게 이어질 수 있을 것이다. 그곳에서는 세계에서 가장 기후에 취약한 국가 중 하나인 방글라데시의 대변인이 '손실과 피해' 의제를 홍보하면서 [기후붕괴가] 방글라데시의 경제와 생계 수단에 미친 파괴적인 영향에 대한 재정적인 보상을 요구하고 있을 수 있을 것이다.

이 모든 것이 당사국총회의 본질을 이루는 것처럼 보일 수도 있다. 기후변화협약의 당사국들이 각자가 활용할 수 있는 수단을 동원해 대체로 동일한 방향으로 나아가기 위해 힘을 모으는 회의 말이다. 그러나 실제로 그들은 전혀 동일한 방향을 추구하지 않는다. 인도같이 규모가 큰 국가가 앞으로 반세기 동안 탄소를 추가 배출하겠다는 것은 방글라데시 같은 국가나 기후변화의 영향으로 재앙이 코앞에 닥친 많은 소규모 도서국들에게는 아무것도 약속하지 않는 것이나 다름없다. 화석연료를 수출하는 러시아와 사우디아라비아가 내세우는 혼합형 해결책에 대한 약속도 별반 다를 바 없다. 글래스고에 모인 많은 사람들의 눈에는 이와 같은 '해결책'이 그린워싱에 지나지 않아 보였다. 말하자면 그들에게는 이것이 보완적인 해결책이 아니라 본질적인 변화를 가로막는 장벽처럼 보였다.

협력이라는 얄팍한 허울 아래에 화해할 수 없는 차이가 도사리고 있는 것이다.

서로 다른 것이 국가들뿐이라고 생각한다면 천만의 말씀이다. 방글라데시 파빌리온에 들렀다가 나오는 길에 모퉁이를 돌다가 영국중앙은행^{Bank of England} 총재인 마크 카니^{Mark Carney}가 동료를 기다리고 있는 모습을 보았고, 기후정의를 요구하는 원주민 공동체 대표들을 스치고 지나갔다. 빌 게이츠가 미디어 센터에서 인터뷰하는 모습을 지켜보았고, 기후에 대한 무대책으로 일관된 현실을 성토하는 미래를 위한 금요일의 젊은 회원 4명의 연설을 경청했다. 카니 부부 및 게이츠 부부와 원주민 공동체 및 미래를 위한 금요일의 활동가들이 원하는 것은 동일하지 않다. 그들은 동일한 방향으로 나아가고 있지 않다. 그들은 동일한 팀에 속해 있지 않다. 반대로, 한 측에게 해결책인 것이 다른 한 측에게는 파괴다.

이런 견해차의 근간에는 그보다 훨씬 더 심오한 무엇이 자리하고 있다. 현재와 미래의 세계를 위한 최선이 무엇인지를 둘러싼 근본적인 비전의 차이가 바로 그것이다. 그들의 차이를 좌파 및 우파 성향에 결부시키는 것은 지나치게 단순한 생각이다. 이런 분열에 정치적 배경이 있다는 것은 부인할 수 없지만, 그 정치적 배경은 사실 좌우 대립보다 훨씬 더 깊은 수준에 자리 잡고 있다. 기후변화에 대한 견해차는 오히려 대부분 근본적인 질문, 즉 지구의 생태계와 그에 의존해 생계를 건사하는 민중에게 영구적인 피해를 입히지 않으면서 생산하고 소비하는 규모를 계속 키울 수 있는가라는 질문으로 귀결된다.

이 질문에 긍정적으로 답하는 사람들은 대체로 기후변화에 대한 녹색성장 해결책을 지지하는 사람들로 묘사할 수 있다. 이 집단에는 크게 두 부류의 사람들이 포함된다. 한 부류는 노벨상을 수상한 경제학자 윌리엄 노드하우스가 대중화한 접근법을 옹호하는 사람들이고, 다른 한 부류는 좀 더 일반적인 의미에서 지속적인 경제성장이 장기적으로 글로벌 지속가능성과 양립할 수 있다는 단순한 생각을 지지하는 사람들이다. 이것은 본질적으로 시간의 흐름에 따른 경제성장과 자원 추출 사이의 경험적 관계에 의존하는, 성가시지만 꼭 필요한 질문이다. 이 두 가지 변수를 하나의 시계열 그래프로 그려보면 두 개의 선은 거의 일치하는 것처럼 보인다. 글로벌 성장의 속도가 빨라질수록 자원 추출의 속도도 빨라진다. 성장이 더 짧은 기간 혹은 더 긴 기간 하락하면 자원 추출 역시 같은 양상을 보인다. 수십 년 또는 수백 년 동안 지구의 지각에서 더 많은 재료를 추출할수록 GDP로 측정되는 우리의 경제 규모가 더 빠르게 증가한다는 데는 이론의 여지가 없는 듯하다.

이와 같은 방식으로 파악해볼 때, 성장과 지속가능성은 근본적으로 모순적인 관계에 있는 것처럼 보인다. 그러나 최근 몇 년 동안 이와 같은 시각은 강한 도전을 받아왔다. '녹색성장green growth' 패러다임[1]을 주창하는 경제학자들은 경제성장과 자원 사용의 동조 관계를 해체할 수 있다고 주장해왔다. 그들은 경제성장과 자원 추출의 동조 관계가 희미하게나마 서로 멀어지는 것처럼 보였던 2000년대 초반을 그 증거로 내밀었다. 초기의 명백한 성공은 날개가 되어 탈동조화^{decoupling} 개념을 확산시켰다. 이 개념은 유명해졌고 글로벌 패권을 유지시켰다. 경제성장이 자원 사용과 점점 더 많이 그리고 영구적으로 '탈동조화'되어 GDP를 지속가능하면서도 무한하게 확장할 수 있다는 발상의 영향력은 매우 막강해서, 지속가능성과 관련된 거의 모든 고위급 정책의 근간을 이루게 되었다. [그러나] 이보다 훨씬 더 중요한 점은, 이런 발상이 대부분 더 부유하고 더 지속가능한 미래라는 공유된 믿음의 기저에 암묵적으로 깔려 있다는 것이다.

그렇지만 모든 사람이 확신하는 것은 아니다. 예를 들어, 탈성장을 지지하는 인류학자 제이슨 히켈^{Jason Hickel}[2]은 1990년대와 2000년대 초반에 많은 찬사를 받았던 탈동조화가 잠깐 나타난 일시적인 현상이었다고 주장한다. 2008년 글로벌 금융위기 이후 자원 사용이 성장에 발맞춰 되살아났기 때문이다. 사실 히켈은 여기서 한 발 더 나아갔다. 즉 사람들이 GDP와 글로벌 자원 사용이 장기적으로 탈동조화될 것이라고 폭넓게 추정했지만, 앞으로도 그럴 일은 없을 것이라고 주장한 것이다. 히켈의 주장에 따르면, 지구의 체계가 견딜 수 있는 자원 추출의 대략적인 한계는 매년 약 500억 톤인 데 반해 세계는 2020년 무렵에 이미 매년 700억 톤을 소비하고 있었다. 즉 우리는 글로벌 자원 '예산'의 거의 50퍼센트를 초과 지출하고 있는 셈이다. 현재의 경제성장률로 미뤄볼 때, 2050년에는 자원 추출의 규모가 1800억 톤으로 증가할 것으로 추산된다.[3] 자원 효율성을 극대화하는 동시에 막대한 탄소세를 부과한다 하더라도, 이 수치는 기껏해야 950억 톤 수준으로 감소하는 데 그칠 것으로 보인다. 여전히 환경적 한계의 거의 2배에 달하는 셈이다. 이런 관점에서 볼 때, 녹색성장은 단순히 어려운 문제가 아니라 물리적으로 불가능하다.

히켈은 '탈성장'[4]을 해결책으로 제시한다. 인간 개발에 대한 재분배적 접근법을 위해 자원 사용**과 경제적 GDP의 규모**를 축소하자는 탈성장은 여전히 비교적 참신한 발상으로 남아 있고, 아직 주류 정책적 사고의 반열에 오르지 못했다. 그러나 탈성장의 기저에 깔려 있는 정신, 즉 소비를 축소해야만 지속가능성을 유의미하게 달성할 수 있다는 발상은 대중의 상당한 지지를 얻고 있다. 특히 최근 글로벌 지속가능성 분야에서 주류 지속가능성 사고를 뒷받침하는 '끝없는 성장이라는 동화'[5]에 반기를 든 그레타 툰베리Greta Thunberg 같은 유명 인사들이 등장하면서, 경제가 지속가능성이라는 세계의 고민을 풀어줄 해결책이 아니라 걸림돌일지도 모른다는 견해가 더 큰 영향력을 발휘하며 부상하고 있다.

그러나 글래스고컨벤션센터를 아무리 누비고 다녀보아도, 이런 변화는 전혀 눈에 띄지 않았다. 당사국총회를 둘러싼 외부 세계에서는 변화의 조짐이 보였지만, 내부에서는 모든 것이 평소와 다름없었다. 원자력 에너지를 홍보하기 위해 금으로 만든 8피트짜리 곰 조형물부터 선박의 몸체에 붙은 따개비를 제거하는 방법[갑각류에 속하는 따개비는 흔히 수면에 잠긴 선박 밑부분에 달라붙어 생활하는데, 이때 해당 부분을 부식시키고 선박의 마찰 저항을 높여 연료 효율성을 떨어뜨린다]으로 (전체 항공 산업보다 더 많은 탄소를 배출하면서 전 지구적인 탄소 배출량의 1.9퍼센트를 차지하는) 컨테이너 운송의 탈탄소화를 실현하자는 국제해사기구International Maritime Organization의 입장에 이르기까지 변한 것은 아무것도 없었다. 얼마 지나지 않아 이 모든 것이 당연하게 느껴지기 시작했고 가슴이 답답해지기 시작했다. 제26차 당사국총회 블루존Blue Zone[제26차 당사국총회장은 블루존과 그린존Green Zone으로 나누어 운영되었다]에서 탈출하고 나서야 비로소 지속가능성에 대한 대중의 급진적인 정서를 생생히 느낄 수 있었다. 평일 오후에 열린 미래를 위한 금요일 집회에 참석한 수천 명의 민중, 도시 곳곳에서 열린 수백 개의 부대 행사에 참여한 수만 명의 민중, 당사국총회 기간 중 일요일에 글래스고 시내에서 열린 민중 행진에 참여한 수십만 명의 민중, 전 세계 기후행동의 날Global Day of Climate Action 집회에 참여한 수백만 명의 민중. 그들은 따개비를 제거하기 위해 행진하는 것이 아니다. 그들은 희생을 기꺼이 감수할 수 있는 사람들이고 그중 많은 이들은 이미 희생을 감수하고 있다. 그들은 훨씬 더 많은 사람들을 대표한다. 그러나 제26차 당사국총회, 다보스 세계경제포럼Davos World Economic Forum, 유엔 기후행동 정상회의UN Climate Action Summit같이 의사결정을 내리는 회의장에서는 이런 사실을 알 수 없을 것이다. 왜냐하면 전혀 다른 지형에서 논쟁이 이뤄지기 때문이다.

강우 도박:
무엇이 중요한가를 결정하는 권력에 관하여

당사국총회 첫날 저녁, 글래스고 시내를 가득 메운 인파를 헤치고 걸어서 숙소로 돌아가는 길에 나는 기시감을 느끼기 시작했다. 모든 고위급 정책들처럼 기후 정책 역시 평범한 사람들이 세계를 경험하고 생각하는 방식과 동떨어져 있는 드높은 상아탑에서 만들어진다는 감각을 전에도 느껴본 적이 있기 때문이다. 몇 년 전 캄보디아 북서부에서 비슷한 경험을 한 적이 있었다. 우리가 세계를 분석하고 형성하는 데 사용하는 체계가 보기보다 훨씬 더 작고 주관적이라는 생각과 그 체계가 설정하는 선택지의 범위는 인간과 환경이 관여하면서 뜨겁게 달궈진 복잡성 위에 아슬아슬하게 얹혀 있는 석쇠와 다름없다는 생각이 문득 떠올랐다.

가장 최근에 이런 기분을 느꼈던 것은 2019년 봄 캄보디아 북서부에 자리 잡은 소도시인 바탐방에서였다. 긴 여정을 마치고 자동차에서 내린 나는 이 소도시 변두리의 나무 그늘 아래 한 무리의 남성들이 모여 앉아 있는 크레이 나무 평상으로 다가갔다. 젊은이와 노인이 한데 모여 가벼운 담소를 나누는 풍경은 시골이든 도시든 관계없이 캄보디아 어디에서나 볼 수 있는 나른한 정경이었다. 그렇지만 좀 더 자세히 들여다보니, 이곳에 모인 사람들은 조금 달랐다. 사람들이 나에게 보여준 중국산 스마트폰에는 무전기 앱, 메모장 앱, 광역 및 국지의 기압과 풍속 변화를 자세히 보여주는 첨단 날씨 앱이 깔려 있었다. 공기 중의 수분을 아주 정밀하게 감지할 수 있는 크고 값비싼 새로운 기계를 가진 재력가들이 있다는 소문도 돌았다. 이 모든 것이 내가 여기까지 오게 된 이유이자 거기에 서 있는 이유였다. 바로, 강우 도박 말이다.

전쟁 전부터 이어져온 캄보디아의 많은 전통처럼 이 특이한 도박의 정확한 기원을 추적하기란 불가능하다. 다만, 통상 최소 한 세기 전쯤 중국에서 이주해온 사람들이 시작했던 것으로 알려져 있다. 기본적으로 강우 도박은 매일 세 개의 시간대(오전 6시~오후 12시, 오후 12시~오후 2시, 오후 2시~오후 6시) 중 하나를 선택하면 되는, 어처구니없을 정도로 간단한 도박이다. 비가 올 것인지, 오지 않을 것인지를 맞추면 된다. 기이해 보이지만 바탐방에서만 하루 사이 종종 수백만 달러에 달하는 막대한 판돈이 오가는 것이 엄연한 현실이다. 대규모 불법 사업에 대한 단속이라는 음울한 기류만 아니었다면, 나도 아마 강우 도박의 매력에 푹 빠졌을 것이다. 캄보디아의 빛나는 녹색의 '미작米作 지대'인 상케강을 따라 곧 무너질 것만 같은 프랑스 식민지 시대의 건축물이 늘어서 있는 느릿한 도시 바탐방에서 강우 도박꾼들은 단속에도 눈 하나 깜짝하지 않는다. 강우 도박은 현지 문화에 깊고 폭넓게 뿌리내린 삶의 방식이다. 따라서 강우 도박을 퇴치하려는 공권력의 노력은 실패를 거듭할 수밖에 없었다.

오늘날의 도박꾼들은 현대적인 장비를 사용하지만, 강우 도박을 특별하게 만드는 것은 특이한 강우 측정 방식이다. 강우 도박에서 고수되고 있는 이 방식은 외부인에게는 거의 무의미하게 보일 수 있다. 강우 여부는 우량계에 새겨져 있는 밀리미터 단위의 눈금으로 판단되지 않는다. 강우로 간주되려면 13겹으로 된 종이 아래에 놓인 압지 한 장이 눈에 띄게 젖을 만큼 충분한 수분이 모여야 한다. 사람들은 이 귀중한 종이를 플라스틱 상자에 담아 도시 변두리에 자리 잡은 전형적인 교외 주택에 붙어 있는 허접한 탑 꼭대기에 보관한다. 우기 동안에는 굳게 잠긴 두 개의 철문을 통해서만 플라스틱 상자에 접근할 수 있는데, 문에서 3미터 이내에는 접근할 수 없게 되어 있는 세 명의 남성이 그 문을 지키고 있다.[6] 도박에 참가하는 사람들이 보편적으로 동의하는 이런 측정 방식은 항상 비공개로 이뤄지기 때문에 관찰할 수 없다. 따라서 강우 도박은 본질적으로 자의적인 측정 방식에 대한 완전한 믿음 없이는 이뤄질 수 없다. 날씨와 관련된 다른 여건에서는 중요한 것처럼 보일지 모르는 질문, 즉 '왜 이 장소인가?', '왜 12겹이나 14겹이 아니라 13겹인가?' 같은 질문을 던지는 이는 아무도 없다. 어느 도박 중개인의 말마따나 규칙이란 원래 그런 것이다.

승률이요? 비가 올 것처럼 보이면 8달러를 걸고 이기면 10달러를 받습니다. 비가 많이 와서 종이가 충분히 젖으면 10

달러를 받는다는 말입니다. 하지만 종이가 충분히 젖지 않으면 8달러를 잃게 됩니다. 종이가 충분히 젖었는지 여부는 측정 유리로 판단합니다. 따라서 비가 많이 내렸다고 하더라도, 종이가 충분히 젖을 수도 있고 아닐 수도 있습니다. [어찌되었건] 종이가 충분히 젖지 않았다고 판정되면 판돈을 잃는 거죠.

이런 임의성은 강우 도박의 한 측면에 불과하다. 상자의 지붕을 타고 흘러내린 비는 13겹의 종이 위에 떨어진다. 상자 지붕에는 주로 플라스틱이 사용되지만 지붕 타일과 같은 대체재도 사용할 수 있다. 지붕 타일, 특히 더럽거나 오래된 지붕 타일은 비를 흘려보내지 않고 흡수하는 경향이 있어 문제를 더욱 복잡하게 만든다. 날씨가 얼마나 더운지, 먼지가 얼마나 많이 쌓여 있는지 같은 것을 계산하는 데 관련된 과학은 엄청나게 복잡할 수 있지만, 강우 도박은 사실상 과학이 아니다. 강우 도박은 지식의 집합체를 자처하지도 않고, 더 폭넓은 의미를 시사하지도 않는다. 온갖 무전기, 온갖 장치, 온갖 날씨 웹사이트, 깔끔하게 정리된 기록부, 주province를 넘나드는 방식으로 이뤄지는 온갖 유·무상의 구름 관찰자cloud watcher[각 지역의 구름 여부를 관찰해서 그 정보를 강우 도박꾼에게 유료 혹은 무료로 알려주는 이들] 네트워크들의 협력은 모두 그저 약간의 기대감 속에서 시간을 보내면서 어쩌면 약간의 돈까지 벌 수 있을 방편에 불과하다.

그날의 인터뷰를 마친 뒤, 나는 친구이자 오랜 공동 연구자인 피카데이와 함께 호텔로 돌아왔다. 저녁 식사를 하기 위해 현지 식당에서 피카데이가 도착하기를 기다리면서 강우 도박꾼들이 전해준 이야기의 함의를 생각해보았다. 나의 마음을 사로잡은 것은 그 관행이 거의 그림자과학shadow science 같다는 점이었다. 즉 그것은 여러모로 기상학 혹은 심지어 기후학 같은 느낌을 풍기지만, 그런 과학과는 전혀 다른 목표를 향해 나아간다. 인도에 설치된 식탁에 앉아 새해의 첫 구름이 용틀임하는 소리를 듣는데, 이 모든 것에는 그저 도박 이상의 무언가가 있다는 느낌을 떨쳐버릴 수 없었다. 즉 만일 우리가 가장 거창하지는 않을지언정 우리에게 꼭 필요한 과학을 만든다면, 그 과학은 우리가 보유한 세계에 관한 지식에 대해 많은 것을 말해줄 수 있어야만 할 것이다.

최근 몇 년 동안 기후변화에 맞선 '싸움'의 기조가 전환되었음을 감안할 때, 이것은 무엇보다 중요해 보였다. 브렉시트Brexit를 초래하고 트럼프에게 이목을 집중시켰던 투표가 이뤄졌던 2016년 이후, 과학적 결론에 의문을 제기하고 과학 자체에 대한 회의론을 불러일으키는 것이 유행하는 정치 풍토가 자리 잡았다. 이런 유의 지식의 평준화는 최근 몇 년 동안 수많은 우익 단체들의 단골 전략이 되었다. 영국의 브렉시트 찬반 투표를 앞두고 "전문가는 충분하다"고 외친 영국인들부터 "지구 온난화는 미국 제조업의 경쟁력을 떨어뜨릴 목적으로 중국이 자족적으로 지어낸 개념"[8]이라고 강변한 트럼프까지,

모두 그 사례로 꼽을 수 있다.

이런 눈속임이 그토록 효과적인 이유는 최근 몇 년 동안 많은 사람들이 갈망해온 이상, 즉 다수의 발상에 높은 가치를 부여하는 민주주의와 평등에 호소하기 때문이다. 그러나 이것은 기본적으로 수사학적 눈속임이나 다름없다. 하나의 얼음 핵을 분석하는 데 드는 노력을 상상해보자. 바람이 쌩쌩 불어오는 남극의 얼음 속에서 얼음 핵을 시추한 뒤 그것을 수천 마일 떨어진 곳에 자리 잡은 실험실로 보낸다. 그러면 실험실의 과학자는 수십만 년 동안 갇혀 있던 기포의 미세한 동위원소 차이를 분석한다. 이 모든 것은 시계열 기온 변화 그래프에 찍을 점 하나를 얻기 위한 노력이다. 이 기후과학자가 더 큰 목소리를 얻을 수 있는 것은 자기 자신이 아니라 이 모든 노력, 그리고 그 이상의 것을 대변하기 때문이다.

문제는 통계 자료를 수집하고 분석하며, 끊임없이 스스로를 조정·정제·개선하는 환경과학environmental science[9]이라는 '거대한 기계', 즉 글로벌 기후 합의가 활용하는 거대하고 복잡한 장치가 사실은 기계가 아니라는 데 있다. 환경과학은 지리학, 제도, 부, 정치에 따라 이합집산을 거듭하는 서로 다른 인간과 그들이 사용하는 도구들의 집합이다. 일부는 기대할 수 있는 모든 첨단 기술과 정밀 기술(예를 들어, 기상 기구와 직접 연계된 관측소 및 기상 위성)을 동원하겠지만 나머지는 더 조악하고 더 단순한 기술을 사용할 수밖에 없다.

강우 모니터링을 예로 들어보자. 전 세계의 많은 국가들처럼 캄보디아에서 강수량을 모니터링하는 방식은 근대적인 관측소에 고정식으로 설치한 흰색의 첨단 장비를 사용해 강수량을 모니터링하는 유럽이나 미국의 방식과 다르다. 캄보디아에서는 여전히 많은 강수량 관측소가 현지 주민이 직접 수작업으로 강수량을 측정해 보고하는 방식으로 운영되고 있다. 수년간 많은 강수량 모니터링 요원들이 시민의 의무라는 마음가짐으로 매일 오전 6시와 오후 6시에 강수량을 측정해왔다. 그들은 깡통, 작은 플라스틱 측정 실린더, 주정부 당국에서 제공하는 일지같이 한 세기 전 강수량 측정에 동원되었던 것과 동일한 도구를 사용해 강수량을 측정한다. 물론, 이제는 그런 측정 도구만을 사용하는 것은 아니다. 그러나 새로운 기술은 새로운 문제를 야기한다. 자동 관측소에는 유지·보수가 필요한데, 캄보디아의 외딴 지역에서 문제가 발생하면 문제를 해결할 수 있는 전문가를 찾기 어려울 수 있다. 즉 특정 시간에 특정 비율의 계측기가 제 기능을 하지 못해 환경 정보 기록에 공백이 생길 수 있다.

이 외에도 종종 간과되는 또 다른 문제가 있다. 바로 유지보수 비용을 누가 부담할 것인가 하는 문제다. 캄보디아의 경우 최근 유엔으로부터 강우 감지 인프라 개·보수에 필요한 자금을 지원받았다. 그러나 그 인프라를 유지·보수하는 예산은 반드시 캄보디아 정부가 마련해야만 한다. 그리고 예산과 관련된 모든 의사결정이 그러하듯 여기에도 어느 정도의 협상이 수반된다. 예산은 빠듯하고 최상위에서 재정을 관리하는 주정부 당국은 과도한 부담을 원하지 않는다. 또한 그들은 캄보디아 중앙정부의 재정 배분 방식이 공정해서 지역이나 규모에 관계 없이 각 주에 비용을 평등하게 배분해주기를 원한다.

몇 주 전, 유엔 개발계획United Nations Development Programme 캄보디아 지부 사무실을 방문했다. 인상적인 회색 문이 달린 저택이었다. 그곳에서 이런 문제들을 연구하는 기술 전문가와 이야기를 나누면서 나는 이것이 유발하는 문제에 대해 알게 되었다. 당시 기술 전문가는 다음과 같이 설명했다. "캄보디아 전체를 온전하게 포괄하려면 최소한 200개가 넘는 관측소가 필요한 것으로 파악되었습니다. 그렇지만 제 생각에 지금까지 확보한 관측소는 다 합쳐서 100개 정도인 것 같고, …… [게다가] …… 모든 관측소가 제대로 기능하는 것도 아닙니다." 더 나은 자료 수집을 가로막는 것은 과학 통계 자료를 수집하는 행정과 관련된 정치학이다. 바로 이것이 통계 자료 수집을 도맡은 사람들에게 좌절감을 안기는 요인이 될 수 있다. 결국 기술 전문가는 음모를 꾸미기라도 하듯 의자 앞으로 몸을 수그리면서 낮은 목소리로 나에게 말했다. "정치, 그리고 정부 부처의 정책에 달려 있다고 해도 과언이 아닙니다." 중앙정부가 예산을 배정하는 한, 의사결정권 역시 정부가 배정하는 것이나 다름없다. 이런 문제로 인해 전문가들은 기술적·과학적 의사결정권을 빼앗기곤 한다. 기술 전문가는 다음과 같이 덧붙였다.

농업 기상 구역을 고려한 강수량 측정에 대해 논의하기 위해 실무 그룹이 구성되었습니다. 과거에 일어났던 재해를 감안하면 각 주마다 최소한 2개소에서 3개소 정도가 필요한데, 문제는 여기에 인구 밀도가 고려되지 않았다는 것입니다. 게다가 서로 다른 자금 제공자가 네트워크의 서로 다른 부분에 자금을 지원했습니다. 따라서 주별로 조직이 구성되었지만 올바른 방식으로 구성되지 않았습니다. 저는 이런 결정에 의문을 품지 않을 수 없었습니다. 거리와 수문학hydrology도 파악해야 하지만 수문의 형태도 중요하기 때문입니다.

이것 역시 과학이다. 그러나 이 세계는 우주 시대에 걸맞은 정밀한 기상 위성의 세계와 크게 동떨어져 있다. 이 세계는 고장 난 기계, 플라스틱 그릇, 수기로 작성하는 일지, 자원봉사자, 누락된 통계 자료로 이뤄진 어지럽고, 정치적이며, 불완전한 세계이다. 하지만 그럼에도 이 세계는 전 세계 각지에서 중요한 통계 자료를 수집하는 데 기반이 되는 중요한 세계이다. 겉모습은 초라해 보일지 모르지만, 이 세계 역시 결국 어딘가에서 통계 자료를 가져와야 하는 기후학이라는 거대한 기계의 일부이다.

잠시 후, 피카데이가 식당에 도착했다. 나는 생각을 털어버리고 음식으로 관심을 돌렸다. 그렇지만 저녁이 깊어가자 도로변에서 시작되었던 몽상에 대한 생각이 꼬리에 꼬리를 물고 일어났다. 저녁 식사를 하면서 우리는 그날 강우 도박에 대해 알게 된 것들에 대해 의견을 나눴다. 피카데이는 강우 시장에 대해 설명해주었다. 강우 시장에서는 구름이 짙어지거나 엷어지면 판돈의 가치가 달라지면서 가격이 오르내렸다. 강우 시장은 군중의 지혜, 시장의 마법, 경험의 무게, 기술의 힘이 모두 한데 어우러진 곳이었다. 무엇보다 강우 시장은 [강우량 측정을 위해] 정원 바닥에 설치하는 깡통과는 완전히 달랐다. 즉 하나는 과학이고 하나는 과학이 아니었다. 하나는 중요했고 하나는 중요하지 않았다. 그렇다면 그 이유는 무엇인가?

흔히 포근한 저녁에는 질문은 쉽게 나와도 답은 쉽게 나오지 않는 법이다. 그러나 바탐방에서 맞이한 아침의 따스한 햇살 아래에서는 모든 것이 명확해 보였다. 지리학자 데이비드 드메릿David Demeritt이 언급한 바에 따르면, 과학적 진실은 "하늘에서 뚝 떨어진 것처럼 뜬금없이" 등장하지 않는다.[10] 다른 모든 것과 마찬가지로 과학적 진실은 정치와 이해관계, 불균등한 경제력이 어지럽게 얽혀 있는 동일한 세계에서 도출된다. 캄보디아에서 세 번째로 큰 도시의 변두리에 자리 잡은 평범한 가옥 주변의 특별한 강우 패턴이 세계에서 가장 세밀하게 관찰되고 가장 잘 이해되는 이유는, 강우 패턴이 특별해서가 아니라 가치가 있기 때문이다. 이런 경향을 기상학적인 측면에서 볼 때 알려진 것이 거의 없는 캄보디아의 광활한 지형과 대비해보자. 홍수 대응을 도맡은 어느 NGO 직원이 고작 몇 주 전 나에게 전해준 바에 따르면, 최근 관측소의 밀도를 높였음에도 여전히 "두 관측소 간 거리가 50킬로미터나 떨어져 있어, 두 관측소 사이에 자리 잡은 곳에서 엄청난 폭우가 쏟아지더라도 모르고 지나갈 수 있다".

이것은 중요하다. 우리는 개별 국가 단위 혹은 전 지구적인 규모에서 날씨를 보는 데 익숙해졌지만, 실제로 날씨는 훨씬 더 미묘한 지리적 특성을 띤다. 우리가 예측을 위해 사용하는 날씨 모델은 예를 들어, 각각 50킬로미터씩 떨어져 있는 100곳 또는 200곳의 기상 관측소에서 수집한 저해상도 통계자료를 기반으로 한다. 경우에 따라서는 대규모 추세를 규모가 더 작은 지역에 거의 그대로 적용하는 축소된 지역 모델을 기반으로 한 추세 예측이 이뤄진다. 그렇지만 당연하게도 이정도로 큰 규모에서 기후를 경험하는 유기체는 없다.[11] 우리가 인식하는 날씨와 동식물이 느끼는 날씨는, 지형에서부터 현지를 뒤덮은 나무와의 조우에 이르는 여러 작은 요인에 의해 결정된다. 게다가 이런 차이는 단지 주관적인 것이 아니라 측정 가능하다. 언덕과 계곡 같은 소규모 지형은 기온에 영향을 미친다. 나무를 베어내면 강수량이 줄어든다. 과학은 오래전부터 이어져 내려온 현지의 지식을 이제야 비로소 따라잡고 있는 형편이다.[12] 그러나 작지만 세밀한 복잡성은 기후 모델링에서는 대체로 눈에 띄지 않는다. 왜냐하면 중요하지 않거나 중요도가 크지 않다고 여겨지기 때문이다.

이것은 기후 모델링 혹은 환경 모델링에 대한 비판이라기보다는 지식의 본질에 대한 좀 더 일반적인 설명에 가깝다. 과학자로서, 학자로서, 평범한 사람으로서, 심지어 어린아이라고 하더라도 지식 그 자체를 위해 지식을 수집하는 사람은 없다.

우리는 지식이 유용하고 필요하기 때문에 그것을 수집한다. 이것은 제네바에 자리 잡은 세계기상기구의 판유리 건물 안에서도 진실이고, 강우 관측소에서 150킬로미터 이상 떨어져 있는 캄보디아 몬둘키리주의 고립된 숲에서도 진실이며, 인구 밀도가 매우 높은 소도시 바탐방의 시민과학citizen science 현장에서도 진실이다. 돈은 물론이고 관심이라는 자원 역시 한정되어 있기 때문에, 사람이든 기관이든 관계없이 이 한정된 자원을 중요한 곳에 사용해야 한다. 그리고 바로 여기에 핵심이 있다. 어떤 것을 중요하게 여기는 이유를 파헤쳐보면, 기본적으로 그것은 절대로 순수하게 과학적이지 않다. 과학 기구들은 더 큰 규모에서 강수량을 추적한다. 왜냐하면 규모가 더 클수록 더 많은 것을 알려주기 때문이다. 그러나 그것을 우리 중 **누구**에게 알려주는가의 문제 역시 중요하다. 페루의 안데스 산맥에 설치된 강우 관측소의 밀도(5000평방킬로미터당 관측소 1개)는 스위스에 설치된 강우 관측소의 밀도(475평방킬로미터당 관측소 1개)보다 10배 더 낮다. 이 사실은 우리가 환경에 대해 던지는 질문이 곧 돈이 던지는 질문이라는 것을 말해준다.

기후 진실의 정치학:
기후 발언과 그린워싱 메시지의 행간 읽어내기

[그로부터] 불과 몇 달 전인 2019년 1월의 어느 날 오후, 처음으로 이 생각이 번뜩 떠올랐다. 실망스럽고 다소 착잡한 기분으로 캄보디아 국립은행National Bank of Cambodia을 나서는 길이

었다. 나와 또 한 명의 동료는 은행가, 소액 금융 기관 직원, 경제학자들을 대상으로 우리가 수행한 블러드 브릭스 연구에 대한 발표를 막 마친 참이었는데, 좋은 반응을 얻지는 못했다. 그들은 기후변화와 부채의 관계에 대한 우리의 이야기를 개별 사례, 주관적인 견해, 소규모 수치에 의존하는 미숙하고 감정적인 연구라고 평가하면서 정중하게 묵살했다. 돌이켜보면 이는 놀라운 일이 아니었다. 결국 캄보디아 정부도 언론을 통해 유사한 성명을 내면서 우리 보고서의 조사 결과를 묵살했기 때문이다. 우리의 발표를 들은 청중들이 객관적인 수치와 경제적 사실의 세계에 사는 사람들이라는 점을 감안하면 그리 놀라운 일도 아니었다. 그들에게 부채, 기후변화, 계약에 묶인 노동에 대한 100명의 개인적 증언은 그저 100명의 늙은 아내들의 경험담 내지는 [별 의미 없이 흩어져 있는] 100가지 주관적인 견해에 불과했다. 그들에게 이런 증언은 이웃과 나누는 한담이나 학교 교문 앞에서 떠는 수다나 다름없었다.

[그로부터] 2년 반이 지난 후, [캄보디아보다] 훨씬 더 추운 스코틀랜드 서부[글래스고]에서 열린 훨씬 더 큰 무대[제26차 당사국총회]에 참석한 나는 그때의 교훈을 되새겼다. 금융·경제·계획의 언어는 구술된 경험을 용납하지 않는다. 관심이 없기 때문이 아니라 **진실**이라고 평가하지 않기 때문이다. 반대로 금융가, 경제학자, 계획가들은 일반적으로 이런 것들의 가치를 명백하게 배척하는 과학적 격언을 채택한다. 영국 과학계의 중심지인 런던에 위치한 왕립학회Royal Society의 정문에 새

겨져 있는 라틴어 격언을 통해 이를 직접 확인할 수 있다. 과학적 방법의 초석이 된 눌리우스 인 베르바 nullius in verba 는 거칠게 번역하면 '아무도 믿지 말라'는 뜻이다. 즉 합리적 사고의 기초는 모호한 설득의 기술이 아니라 객관적인 증거로 이뤄져야만 한다는 의미이다. 1660년 프랜시스 베이컨이 왕립학회를 설립한 이후로 이 격언은 상상할 수 없는 과학적 진보를 뒷받침하면서 세계를 개변해왔다.[13]

그러나 순수한 이성의 영역에도 한계가 있다. 실험실의 증류된 명료함을 벗어나는 순간 가장 순수한 형태의 과학적 사고는 증발해버리기 때문이다. 미묘하게 다른 과학적 결론을 대중적이고 정책적인 언어로 세심하게 번역하기 위해서는 눌리우스 인 베르바와는 완전히 정반대의 목표를 추구해야 한다. 즉 설득력 있고 권위 있는 논거를 제시함으로써 추가적인 증거에 의존하지 않고도 청중을 납득시켜야 한다. 논거의 기저에 깔려 있는 엄격함을 조금이나마 보존하기 위해서는 반드시 큰 주의를 기울여 이런 전환을 관리해야만 한다. 그러나 아무리 세심하게 주의를 기울인다 한들 함정에 빠지지 않을 수 있는 접근법이 있을 리 만무하다. 연구 결과를 아무리 세심하게 설명한다 하더라도 사람들은 그것을 자신이 선택한 방식으로 해석할 것이기 때문이다. 바로 이것이 과학적 내용을 엄격히 전달하는 단체로 여겨지는 IPCC가 자신의 보고서가 대중 언론에 등장하기 시작했을 때 이내 알아차린 현실일 것이다.[14]

실험실이 없는 사회과학의 영역에서는 상황이 훨씬 더 복

2부 | 기후변화라는 거대한 불평등

잡해진다. 사회과학은 최근에야 비로소 기후변화가 사회에 영향을 미치는 방식을 본격적으로 파악하기 시작했지만, 이미 그 존재감을 드러내고 있다. 사람들이 변화하는 기후에 적응하는 방법, 사람들이 기후를 인식하는 방법, 사람들이 기후변화를 부정하는 이유를 상세하게 연구하는 사회과학은 기후변화가 세계에 표출되는 방식과 관련해 [자연과학과] 미묘하게 다르면서도 더욱 긴요한 시각을 제공해왔다. 최근 발간된 IPCC 보고서[15]에서 사회과학이 제공하는 이런 시각은 인간이 기후변화에 미치는 영향을 둘러싼 중요한 증거를 제공했을 뿐 아니라 기후변화에 대한 정보를 전달하는 더욱 폭넓은 전략을 수립하는 데 기여했다. 그러나 사회과학과 자연과학의 동맹은 각자의 방법과 맥락을 지키기 위해 각자의 영역을 조심스럽게 선회한다는 점에서 불편한 관계가 되곤 한다.

그 이유는 사회과학과 자연과학의 방법론이 서로 다를 뿐 아니라 많은 경우에 그들이 정반대의 방식으로 세계를 바라보기 때문이다. 항상 그랬던 것은 아니었지만 1960년대에, 특히 페미니스트와 글로벌 남반구의 학자들의 주도 아래 새로운 사회과학적 사고의 시대가 열린 이후부터 오늘날까지 줄곧 그래왔다. 페미니스트와 글로벌 남반구 학자들은 주관적이면서도 권력관계를 고려하는 접근법을 바탕으로 식민 지배의 엄연한 사실들을 무수히 드러냈다. 그들은 지난 수십 년간 이어져 온 모든 것을 아우르는 객관성에 도전하면서, 사회과학자 역시 사람이기 때문에 자신이 조사하고자 하는 사회현상으로부터 진정으로 벗어날 수는 없다는 핵심 전제를 기반으로 하는 정신을 불러일으켰다. 우리가 '진실'을 추구할지라도, 우리가 던지는 질문과 우리가 보는 것을 해석하는 방식은 **필연적으로** 편파적일 수밖에 없다. 우리 자신이 결부되지 않은 이야기는 존재하지 않기 때문이다.

사회과학자들은 약간의 주관성을 선호하지만 궁극적으로 정치인들이 확실한 수치를 원한다면 제공하지 못할 이유는 무엇인가? 어쨌든 최대한 큰 규모의 정량적 정보는 좋아 보이지 않는가? 그 답이 '예'라는 것에는 의심의 여지가 없다. 수치는 유용하다. 그러나 문제는 기후변화에 가장 취약한 많은 이들에게는 개인이 경험한 이야기가 전부라는 것이다. 기후변화의 영향을 가장 많이 받는 사람들은 많은 경우 교육을 받지 못했고, 거의 예외 없이 고위급 기후 정책의 영역에서 증거로 받아들여질 수 있을 만한 종류의 대규모 통계 자료를 수집하고 분석할 수 있는 자원을 가지고 있지 않기 때문에 기후의 미래를 둘러싼 논쟁에서 사실상 배제된다. 이 문제는 [2009년 10월] 몰디브의 모하메드 나시드Mohamed Nasheed 대통령 내각이 스쿠버 장비를 착용하고 물에 들어가 긴급구조를 요청하는 메시지에 서명하는 장면이 언론을 통해 전파되면서 부각되었다. 나시드 대통령의 수중 내각회의는 짐짓 유쾌한 느낌의 퍼포먼스를 통해, 심각한 위험에 처해 있는데도 아무도 자신들의 목소리를 들어주지 않아 목소리를 낼 수 없게 된 현실을 진지하게 전달했다.

나시드 대통령의 수중 내각회의가 지금까지도 나의 뇌리에 남아 있는 한 가지 이유는 그것이 기후변화에 대한 더욱 폭넓은 문제, 즉 기후를 대변하고 기후에 대해 발언할 수 있는 능력에 존재하는 불평등을 정곡으로 찔렀기 때문이다. 제26차 당사국총회에서 나는 이 불평등을 여러 가지 방식으로 경험했다. 가장 직접적인 경험 중 하나는 블루존에서 캄보디아의 존재를 찾아볼 수 없었다는 점이었다. 수많은 국가들이 저마다의 파빌리온을 주관하는 와중에도, 캄보디아는 그 밖의 다른 많은 덜 부유한 국가들처럼 파빌리온을 주관하지 못했다. 자국의 문제를 드러낼 절호의 기회였지만 많은 비용이 들기 때문이었다. 그 일주일 동안 내가 대화를 나눠본 유일한 캄보디아인은 소팔Sophal과 소말라이Somalai라는 영화 제작자 겸 환경운동가 부부였다. 두 사람은 당사국총회가 열리는 2주 동안 글래스고 곳곳에 마련된 문화 부대 행사장 중 한 곳에서 자신들이 직접 제작한 영화를 상영하고 있었다.

그것은 블루존 바깥에서 열린 행사 중 내가 처음 참석한 행사였다. [블루존과 그 바깥은] 매우 극명하게 대비되었다. 영화는 당사국총회에 어울리는 정장 차림의 사람들로 번잡한 현장에서 동떨어져 있는, 글래스고 랜딩Glasgow Landing이라는 이름의 임시 천막에서 상영되었다. 끔찍하게 추운 날씨였지만, 코로나19 팬데믹이 여전히 진행 중이었던 관계로 [천막의 일부를 개방한 나머지] 관람석에는 뼛속까지 스미는 차가운 외풍이 휘몰아쳤다. 변변치 않은 패딩 점퍼를 입은 소팔과 소말라이가 상영관 맨 앞자리에 앉아 부들부들 떨고 있었다. 영화가 시작되기를 기다리는 동안 천막 측면에 마련된 다과를 먹으며 주변을 둘러보았다. 거의 모든 사람이 품이 넉넉한 모직 카디건을 입고 있었다. 날씨에 아랑곳하지 않고 신발을 벗고 있는 사람도 있었다. 이것은 당사국총회와는 전혀 어울리지 않는 세계, 즉 어딘가에서 비롯된 매우 독특한 환경주의였다. 그것은 윤리와 문화, 그리고 무엇보다 소비에 대한 거부, 즉 대부분 자본주의 자체에 대한 거부에 뿌리를 내리고 있는 환경주의였다.

제26차 당사국총회의 시각에서는 이 천막이 주요 논쟁의 변두리로 밀려난 것으로 보였을 수도 있다. 그러나 당사국총회의 논쟁을 실제로 주도한 것은 이 천막 안을 가득 메웠던 정신이었다. 다음 날 글래스고 시내를 행진한 수십만 명의 민중 가운데 녹색성장이라는 슬로건을 외친 사람은 없었을 것이다. 탄소 포집을 요구하는 플래카드를 든 사람도 없었을 것이다. 2018년 런던의 다리 5곳을 점거한 멸종에 대한 반란 활동가들은 탄소 배출권이라는 명분을 내걸지 않았다. 2019년 거리로 나선 전 세계 400만 명의 기후 파업가들은 청정 석탄을 지지하지 않았다. 그 대신, 눈에 띄게 행동하는 소수의 강경파 환경 운동가들은 익숙한 메시지를 지지한다. '기후가 아니라 체계를 바꾸자', '우리는 돈을 먹을 수 없다', '정부는 기후 범죄자들과 한통속이다', '우리는 석탄을 먹을 수 없고, 석유를 마실 수 없다'. 구체적인 문구가 무엇이든, 이것은 글로벌 경제를 더 지속가능한 조건으로 재구성함으로써 소비를 줄이자는 요구, 즉 블루존의 기술관료주의와 매우 뚜렷하게 구별되는 진정으로 급진적인 메시지이다.

영화 상영이 끝난 후 나는 소팔과 소말라이에게 다가가 축하 인사를 건넸다. 영화를 재미있게 봤다고 말했더니 감사 인사가 돌아왔다. 식사를 하러 자리를 뜨기 전에 두 사람과 잠시 이야기를 나눴다. 소팔은 고향의 숲을 보호하는 일에 열정적으로 헌신하는 환경운동가였다. 2012년 경찰의 총에 맞아 사망한 환경운동가 춧 웟티Chut Wutty처럼 [캄보디아] 환경운동가들이 신변에 위협을 받고 심지어 피살되는 상황에서, 소팔이 생각하기에 환경을 보호하는 가장 좋은 방법은 그 현실을 기록하고 알리는 것이었다. 공식적인 경로가 엄격하게, 심지어 폭력적으로 폐쇄된 상황에서 예술 보도 또는 다큐멘터리 보도의 세계는 유의미한 행동에 나설 수 있는 유일한 기회로 여겨지기 마련이다. 매체를 통해 증폭되면 전 지구적 범위의 대중에게 다가갈 가능성이 생기기 때문이다. 지금까지 소팔과 소말라이는 캄보디아 밖으로 나가본 적이 없었고 영어도 못했다. 크메르어를 구사하는 영국인 활동가[나]를 만나지 못했다면, 이 행사에 참여한 다른 사람들과 교류하는 데 상당한 어려움을 겪었을 것이다. 젊고, 용감하며, 원칙을 중요하게 여기는 그들은 차가운 미지의 세계를 향한 여정에 나섰다. 그들의 여정은 매체의 눈길을 사로잡은 나시드 대통령의 수중 내각회의처럼 파격적인 전략이었다. 기후행동주의 핵심부에서 활동하는 외부 인사들과 직접 연합함으로써 무대책으로 일관하는 폐쇄적인 관료주의를 우회하는 방법 말이다.

그리고 이런 상황은 궁극적으로 기후라는 난제의 근원을 이룬다. 기후변화가 그토록 해결하기 어려운 문제로 전락한 이유는 기후변화를 개선하는 데 기술적 어려움이 따를 뿐 아니라 앞으로 나아가기 위해 필요한 조치를 취해야 한다고 설득해야 하는 이해관계가 다양하기 때문이다. 많은 사람들이 기후변화에 대한 조치를 취해야 한다고 말하지만(예를 들어, 기후변화는 영국 사회태도 조사^{British Social attitudes survey}에서 3위를 차지했다), 기후변화 문제를 해결하는 데 필요한 세부적인 조치에는 거의 참여하지 않는 것이 현실이다. 환경지리학자 조 스미스^{Joe Smith}와 여러 학자들이[16] 요약한 것처럼, 문제는 기후변화가 "긴급하고 중요한 것으로 이해되는 동시에 지루하고 어려우며 혼란스러운 것으로 널리 인식된다"는 데 있다. 기후변화는 전 지구적 위험을 초래하지만, 동시에 매우 분열적이다. 기후변화는 우리 시대를 규정하는 도전이지만, 동시에 많은 사람들이 무시하고 심지어 일부 사람들은 부정하는 문제이다. 다시 말해, 정책 집단은 이토록 복잡한 기후변화 문제를 획일화해 제시하는 경향이 있는 반면, 공론장에서는 강력한 정치적 신념과 이해관계를 통해 걸러진 견해들이 광범위하게 경합한다.

이 세계에서 빌 게이츠파와 그레타 툰베리파는 동맹 관계가 아니다. 어떤 희생을 감수할 수 있는지, 기후행동을 통해 얻고자 하는 것이 무엇인지에 대해 서로 극도로 다른 견해를 펼치기 때문이다. 미래에 대한 두 파벌의 비전은 매우 다를 뿐 아니라 종종 상호배타적이다. 핵심은 바로 여기에 자리 잡고 있다. 환경운동가들은 기후 회의론과 많은 싸움을 벌여왔고, 의혹과 음모가 완전히 사라졌다고 할 수는 없지만 실제로 오래전에 승리를 거뒀다. 저명한 기후학자 마이클 만^{Michael Mann}[17]이 언급한 것처럼, 기후 전쟁은 새롭고 더욱 미묘한 영역으로 이동해왔다. 즉 이제는 공개적으로 전투를 치르지 않는 대신 내부에 불화와 분열의 씨앗을 심는다. 첨예한 많은 갈등들처럼, 기후 전쟁은 직접 전쟁에 뛰어드는 대신 문화·가치·지식의 영역에서 대리전을 치르고 있다.

환경운동가들이 제기하는 도덕적 논거를 정면으로 반박하기는 어려우므로, 즉 어쨌든 불평등, 갈수록 진행 속도가 빨라지는 온난화, 환경붕괴를 방지하기 위한 조치를 더디게 만드는 행위를 **지지**하기는 어려우므로, 논쟁은 더 배타적인 수치의 영역으로 이동한다. 그러나 오래전부터 이어져온 바탐방의 강우 도박꾼들 사례에서 부각했던 것처럼, 숫자는 그저 이야기의 일부에 불과하다. 첨단 기술을 활용해 통계 자료를 수집하고 인상적인 도구를 사용하는 것은 별 소용이 없다. 바탐방에는 그보다 훨씬 더 미묘한 부·권력·지식의 지형이 자리 잡고 있어서, 그것이 무엇이 중요하고 중요하지 않은지를 알려준다. 실제로 기후 정책의 세계는 협정, [그러니까] 진정한 합의의 세계가 아니라 전쟁터라는 것을 인식해야 한다. 기후에 결부되어 있는 이런 정치적인 차원에 맞서 싸우지 못하면 환경에 대한 전 지구적 대화에서 빈곤층의 목소리는 졸지에 묻혀버리고 말 것이다.

많은 질문들이 그렇듯, 이 경우에도 모두가 발언권을 얻을 수 있는 것은 아니다. 그러나 듣는 사람들에게는 단순하고 효과적인 해결책이 있다. 기후변화에 관한 담론을 들을 때, 그것이 정책이나 논거이든 혹은 환경을 이해하기 위해 제시된 새로운 프레임이든 그 말을 뒷받침하고 있는 이해관계를 살펴보자. 그 혜택을 보는 사람이 누구인지 세심히, 독립적으로 생각해보자. 대형 에너지 기업이 제시하는 논거와 담론에 익숙해지자. 어쨌든, 그것들은 셸Shell, BP, 엑손 모빌Exxon Mobil 같은 기업 웹사이트의 지속가능성 페이지에 공개되어 있어 누구나 볼 수 있다. 따라서, "우리의 목적은 장·단기적으로 이익의 균형을 맞추고 경제적·환경적·사회적 고려 사항을 통합하는 책임감 있는 방식으로 더 많고 더 깨끗한 에너지 솔루션을 제공하는 것입니다"[18]라는 문구를 보면, 이것이 차단, 지연, 필리버스터[국회에서 소수파가 다수파의 독주를 막고 의사 진행을 지연시키기 위해 합법적으로 동원하는 무제한 토론]를 의미한다는 것을 인식하는 방법을 터득하자. "사람과 지구를 위한 에너지의 재구상이라는 우리의 목적은 BP의 사업 다각화 및 탈탄소화에, 그리고 주주를 위한 진정한 가치 창출에 도움이 될 수 있습니다"[19]라는 문구는 화석연료 사용을 지속적으로 확장하고 수익성이 높은 녹색 기술에 투자한다는 사실을 교묘히 감추는 빈말임을 이해하자.

녹색 메시지의 행간을 읽어내는 이런 능력은 특히 중요하다. 왜냐하면 그렇게 함으로써 시민에게 정부에 책임을 물을 수 있는 힘이 생기기 때문이다. 어쨌든 그린워싱은 기업만의 전유물이 아니라 반세기가 넘도록 이어져온 '지속가능한' 무역이라는 눈속임에 빠르게 익숙해진 정치권의 전유물이기도 하다. 심지어 가장 웅장한 무대에 오르는 조 바이든 미국 대통령에서부터 안토니우 구테흐스 유엔 사무총장에 이르는 전 세계의 지도자들이 제멋대로 사용하는 기후 비상사태라는 표현은 대부분 연막, 즉 현상 유지를 위한 겉치레에 불과하다. 일단 이것을 인식하기 시작하면 절대로 잊을 수 없을 것이다. 행간을 비판적으로 읽어내는 일에서만큼은 그레타 툰베리를 따라올 사람이 거의 없다. 2주에 걸쳐 열린 제26차 당사국총회의 거창한 수사가 막을 내린 뒤 글래스고의 거리에 모인 군중들 앞에 나선 그레타 툰베리는 특유의 직설적인 화법으로 전 세계가 지켜보고 있던 행사에 대해 발언했다. "이게 무슨 기후 회의인가요? 글로벌 북반구의 그린워싱 축제일 뿐이죠."[20]

냉소적인 입장을 보이는 것은 툰베리뿐만이 아니다. 실질적인 이행을 끌어내는 선명한 규칙, 메커니즘, 제재가 동반되지 않는 녹색 약속은 최근 전 세계 정부의 단골 담론이 되었다. 영국 정부는 겉으로는 영국의 녹색 에너지 전환에 대한 수사를 지속적으로 내밀면서 실제로는 북해North Sea에 여러 석유 및 가스 생산 시설을 승인해 '궁극의 그린워싱'이라는 비난을 받아왔다.[21] 그러나 영국보다 더 뻔뻔한 정부도 있었다. 제26차 당사국총회에 참석한 브라질 대표들은 2028년까지 불법 벌목을 종식시키겠다고 약속했다. 그러나 그 목표를 달성하는 데 필요한 실행 계획을 수립하지 않았다는 점에서 브라질의 약속은 공수표나 다름없다. 약속이 선언된 해에만 아마존에서 불법 벌목이 22퍼센트 증가했고, 2022년에는 2008년 이후 가장 빠른 속도로 불법 벌목이 자행되었다.[22] 그린피스 대변인은 다음과 같이 비꼬았다. "인공위성은 보우소나루 대통령과 다릅니다. 거짓말을 하지 않거든요."[23]

우리가 우리의 의혹을 확인해줄 수 있는 인공위성을 항상 활용할 수 있는 것은 아니다. 그러나 우리에게는 말 뒤에 감춰진 증거를 요구할 수 있는 목소리가 있다. 우리는 반드시 급진적이고 정치적인 냉소주의자가 되어 비판적인 관점을 가지고 녹색 약속에 대한 의혹을 끈질기게 제기해야만 한다. 이런 관점은 결코 부정적이거나, 반생산적이거나, 불친절한 것이 아니다. 오히려 녹색 정책의 행간을 읽어내는 기술은 환경보호를 희망하는 사람들이 필수적으로 갖춰야 할 소양이다. 왜냐하면 그 목표에 반대하는 사람들을 식별해낼 수 있는 유일한 방법이기 때문이다. 1990년대에 공개적으로 뿌려진 갈등과 의혹의 씨앗은 이제 변방으로 물러났다. 이제는 모두가 지속가능성이라는 언어를 사용한다. 그러나 그렇게 말하는 사람들 중 큰 목소리를 내는 상당수는 지구의 이해관계를 최우선으로 생각하지 않는다. 2020년대의 과제는 이 양의 탈을 쓴 늑대들을 인식하고, 단순한 변화가 아니라 급격하고 급진적인 변화

를 추구하는 것이다. 그렇게 하지 않는다면, 강우 도박에 뛰어
드는 것과 전혀 다를 바가 없다.

탄소 식민주의를 부추기는 여섯 가지 신화

어떻게 다르게 생각할 것인가?

경제적 측면에서 볼 때, 임금 수준이 가장 낮은 국가에 유독성 폐기물을 대량으로 투기하는 행위에는 논리적으로 흠잡을 구석이 없다고 생각합니다. 우리는 이 점을 직시해야 합니다. …… 저는 항상 아프리카의 국가들이 지나치게 깨끗하다고, 그들의 대기가 아마 로스앤젤레스에 비해 훨씬 비효율적으로 사용되고 있을 것이라고 생각해왔습니다. …… 우리끼리 하는 말이지만, 세계은행이 더러운 산업을 최저개발국으로 더 많이 이전하도록 장려해야 하는 것 아닐까요?

—세계은행 수석 경제학자 로런스 서머스Lawrence Summers, 1991[1]

나는 쓰레기장 꼭대기에 잠시 멈춰 섰다. 경사가 가파른 쓰레기 더미 위로 버려진 옷가지, 천쪼가리, 끈, 비닐봉지, 옷걸이 등을 실어 나르는 굴착기가 보였다. 차체를 재게 놀리면서 위태로운 모습으로 쓰레기 더미 위를 오르는 낡은 굴착기의 금속 재질로 된 차체에서는 삐걱거리는 소리와 갈리는 소리가 났고, 수직 배기관에서는 검은 연기가 뿜어져 나오고 있었다. 거의 만화 같은 풍경이었다. 잠시 후 갑자기 아래쪽으로 궤도를 바꾼 굴착기는 쓰레기 더미 꼭대기 근처의 평평한 곳으로 내려가 자리를 잡았다. 작은 굴착기가 쓰레기 더미를 휙휙 치워버리자 이 광활하고 입체적인 넝마 더미에 또 하나의 고만고만한 뾰루지가 생겨났다. 생에 단 한 번도 눈부시게 빛날 기회를 잡지 못하고 이곳으로 오게 된 새것들이었다.

돌아서서 도로 쪽으로 내려가려던 찰나, 무언가가 분주하게 움직이는 모습이 내 눈에 포착되었다. 쓰레기 더미 자체가 순간적으로 생기를 띠는 듯했다. 얼굴들과 팔다리들이 보였다. 삼베 자루를 들고 새로 도착한 여섯 명 남짓한 넝마주이들이었다. 그들은 쓰레기 더미에 묻혀 있는 폐기물들을 순식간에 선별하고 분류해 각자 가져온 자루에 담았다. 넝마주이들이 흩어지자 쓰레기 더미에 묻혀 있던 옷가지들이 다시 주변 쓰레기들과 자연스럽게 뒤섞였다.

호기심이 발동했다. 나는 움직임이 포착된 방향으로 기어 올라갔다. 어디에서 온 것인지 알 수 없는, 기름 묻은 흙더미를 밟고 이따금 반짝이는 날카로운 무언가를 조심스럽게 피하면서 어느 넝마주이에게 다가갔다. 그는 한낮의 뜨거운 태양 아래에서 쓰레기 더미를 어슬렁거리는 외국인을 보고 조금 놀란 모양인지 폐기물 수집을 잠시 멈춘 터였다. 내가 다가가자 그는 들고 있던 자루를 잠시 내려놓았다. 자신을 소핍^{Sopheap}이라고 소개한 넝마주이는 이곳에서 일하며 겪는 고충을 털어놓았다. "맑은 날에는 돈을 벌 수 있지만 비가 오면 힘들어요. 할 수 있는 것이 아무것도 없거든요. 가장 큰 문제는 건강입니다. 여기에 세균이 너무 많아서 병원을 제 집처럼 드나들게 됩니다. 기운이 없고, 무엇보다 안 아플 때가 없으니까요."

소핍의 머리 위에서 작열하는 태양이 정점에 다다랐다. 먹이를 잔뜩 먹어 굼뜬 커다란 파리들이 더 열심히 윙윙거리며 날아다녔다. 뙤약볕에 뜨거워진 공기가 파리의 움직임에 따라 흔들리면서 아른거렸다. 소비가 만들어낸 산에 이리저리 흩어져 있던 소들은 바닥에 배를 깔고 몸을 웅크렸다. 신체의 고통이 호기심을 잠시 밀어냈다. 머리가 띵하고 피부가 따가웠다. 오염되어 시큼한 냄새를 풍기는 탁한 공기는 거의 액체처럼 느껴질 정도로 답답했다. 이곳에 온 지 30분도 채 지나지 않았고 달랑 노트북 하나만 들고 있었을 뿐인데도 숨이 턱턱 막힐 정도로 작업 환경은 열악했다. 문득 뻔한 질문이 떠올랐다. '왜 다른 곳에서 일하지 않는 걸까?' 어쨌든 프놈펜은 대도시이고, 일자리가 많기 때문이다.

소핍은 내가 생각했던 것과 다른 대답을 내놓았다. 그는 특별히 힘든 시간을 겪어본 적이 없었다. 아픈 가족도 없었고 호된 가뭄이나 홍수를 겪지도 않았다. 덕분에 많은 캄보디아 사람들과 다르게 혹독한 시련을 견뎌낼 필요가 없었다. 반대로, 소핍이 이곳에 있는 이유는 집을 짓기 위해서였다. 아니, 좀 더 정확하게는 여기서 멀지 않은 곳에 집을 짓기 위해 돈을 빌렸기 때문이었다. 여기서 일하면 가족이 소액 금융 기관에서 빌린 대출을 갚을 수 있었고, 그러는 동안 반쯤 지어진 집에서 공짜로 살 수 있었다. 소핍의 인내심은 목적을 이루기 위한 수단이었다. 소핍은 절망하기는커녕 열망을 품고 있었다. 더 나은 삶을 이루기 위해 기나긴 여정을 떠난 그는 한 걸음 한 걸음을 무겁게 내딛고 있었다.

아마도 지금쯤이면 독자들의 긴장이 다소 풀렸을 것이다. 나 역시 본능적으로 안도했기 때문이다. 뭐, 이 정도면 괜찮네! 어쨌든 사람들은 더 나은 것을 얻기 위해 도전을 견뎌내기 마련이다. 미래의 이익을 위해서라면 고통쯤은 감수할 수 있는 일일 뿐 아니라 당연한, 심지어 어쩌면 **바람직한** 일일지도 모른다. 사회심리학자들은 만족을 지연시키는 능력을 '최고의 미덕', 즉 그 밖의 다른 모든 좋은 대접을 받을 수 있는 출발점이 되는 '핵심 덕목'으로 간주한다.[2] 대부분의 주요 종교는 금욕, 자제, 고통의 인내가 미래의 행복에 이르는 길이라고 가르친다. 그리고 이런 식의 도덕적 담론은 경제계획과 환경계획을 지배하게 되었다.

그렇지만, 문제는 여기에 있다. 전 지구적 환경위기가 교차하는 곳에서 삼베 자루를 움켜쥐고 서 있는 소핍은 여러 가지를 상징한다. 소핍은 기후변화로 인해 큰 타격을 입은 가난한 국가의 시민이며, 자산은 거의 없고 부채는 많다. 또한 건강이 좋지 않은데도 하루 종일 비위생적이고 심지어 위험한 작업장에서 비바람을 맞으며 일한다. 그는 어떤 면에서 보더라도 세계에서 가장 오염이 심하고 탄소집약적인 산업 중 하나에서 나오는 쪼가리를 모아 생계를 건사하고 있다. 좀 더 넓은 의미에서 보면, 그는 부유한 세계의 과소비가 유발한 쓰레기에 의존해 삶을 연장하고 있다. 유독한 패션의 찌꺼기에서 실존을 쥐어짜내고 있는 것이다.

다시 말해, 소핍은 우리 시대의 주요한 지속가능성 문제 대부분과 맞닿아 있는 인물이다. 그러나 어찌 된 일인지, 그는 이 모든 문제의 바깥에 머물러 있다. 수출을 목적으로 운영되는 의류 경제 안에서 살아가지만 비공식적으로는 공급망 밖에서 그것에 의존해 살고 있다. 이런 비공식성 때문에 소핍이 야외에서 수행해야 하는 노동은 눈에 띄지 않는다. 그를 착취한다고 지목할 수 있는 회사가 존재하지 않기에 폭염 속에서 끝없이 이어지는 노동시간은 오롯이 그의 책임이다. 자선단체 또는 그것의 근대적 버전인 NGO는 거론할 가치조차 없다. 그는 열망을 가지고 있기에 자선을 거부한다. 어쨌든, 선택에는 반드시 결과가 따르기 마련이기 때문이다. 헬렌 페인^{Helen Fein}의 말을 약간 바꿔 표현하자면, 그는 지속가능성이라는 의무로 이뤄진 우리의 세계 너머에 존재한다.[3]

그렇지만 문제는 전 세계 대부분의 사람들이 이런 입장을 가지고 있다는 것이다. 우리가 기후의 영향을 바라볼 때 사용하는 렌즈는 시야가 좁다. 그래서 항상 평소와 다름없는 글로벌 경제와 뚜렷하게 구별되는 예외적인 영향만을 찾으려고 한다. 결과적으로 우리가 글로벌 기후변화를 논한다고 할 때, 그것은 기후변화의 매우 특정한 부분, 즉 우리가 정상이라고 간주하는 것에서 가장 쉽게 측정해 구분해낼 수 있는 부분에 대해서만 논한다는 의미이다. 기본적으로 바로 이것이 이 책의 핵심 메시지이다. 즉 우리가 세계를 해석하고, 설명하며, 정당화하기 위해 사용하는 사회적 담론이 환경붕괴와 관련해 우리가 하는 일과 우리가 보지 못하는 것을 결정하는 데 중요한 역할을 수행한다.

　이 책에는 글로벌화된 환경에 대한 나만의 시각을 구축할 수 있게 해준 많은 순간·사건·대화의 일부가 상세하게 소개되어 있다. 그것은 여러 해 동안 내가 기울인 관심, 내가 가진 특권, 나에게 주어진 행운이 한데 어우러져 만들어진 관점이며, 다른 모든 관점과 마찬가지로 결코 확정적이지 않다. 그럼에도 전 지구적 문제를 겪는 한 개인의 경험이 그토록 중요한 이유는 그것을 통해 환경과 개발이라는 거대 담론에 도전할 수 있기 때문이고, 지속가능하다고 여겨지는 체계에 만연해 있는 수많은 '블랙 스완 black swan'(규칙이 완전히 틀렸음을 입증하는 예외적 사건)을 식별할 수 있기 때문이다. 무엇보다 그것은 목소리를 갖지 못한 사람들에게 목소리를 낼 수 있는 수단, 즉 지리학적 주변부에 있는 사람들과 더불어 말하고 글을 쓸 수 있는 수단을 제공한다.[4] 그것은 글로벌 추출 체계의 논리 아래 짓밟힌 사람들의 말을 공개적으로 드러낼 수 있는 수단도 제공한다.

이런 수단을 통해 우리는 글로벌화된 경제에 만연한 합리성의 대척점에 있는 인간의 얼굴을 부각하고 그들의 말을 증폭시킬 수 있다.

이 장의 서두를 장식한 인용문은 이것을 완벽하게 보여주는 사례다. 그것은 1991년 세계은행 수석 경제학자 로런스 서머스가 쓴 것이다. 우리끼리 조용히 하는 말을 그토록 시끄럽게 떠벌린 것은 이례적인 일이지만, 그 기저에는 패권주의적 논리가 깔려 있다. 2020년 영국에서만 거의 70만 톤의 플라스틱 폐기물이 수출되었다. 하루로 치면 거의 200만 톤에 달하는 이 수치는 2002년 대비 6배 많은 수치다.[5] 1990년대 초 세계은행에서 처음으로 출현한 격언은 이제 현실이 되었다. 심지어 영국같이 '세계를 선도하는' 탈탄소 국가들에서조차 폐기물 처리를 외주화하는 속도가 해마다 빨라져왔다. 그리고 이것은 지구 전체라는 대양에 비춰볼 때 고작 한 방울의 물에 불과하다. 플라스틱 수출의 전체 규모 측면에서 영국은 미국, 일본, 독일에 못 미치는 데다, 사실상 플라스틱이란 부유한 세계가 글로벌 생산이라는 끊임없이 이어지는 덩굴[공급망] 속에 감춘 다양한 형태의 오염 중 하나에 불과하기 때문이다.

지금까지 나는 독자들을 쓰레기장, 물고기가 사라진 호수, 화학물질로 뒤범벅된 경작지 같은 오염의 현장으로 데려감으로써 그 실체는 물론 지속가능한 생산이라는 수사와 현실 사이의 간극을 오롯이 보여주고자 했다. 간단히 말해, 지속가능성을 둘러싼 지형에는 사람들을 그릇된 길로 이끌거나 전혀 사실이 아닌 것이 수두룩하다. 거기에는 사람들을 안심시켜 글로벌 공장의 가장 더러운 부분을 감추는 신화도 존재한다. 진실을 알게 되면 이미 많은 사람들이 충격에 빠질 것이다. 이런 신화는 너무 광범위하게 퍼져 있어서 피할 수 없는 것처럼 느껴질 수 있다. 그것은 진정한 변화와 유의미한 조치를 가로막는 수 마일 높이의 벽과 같다. 그러나 그것이 꼭 그래야 할 필요는 없다. 우리가 세계를 바라보는 방식은 하나의 정치적 선택이다. 그리고 모든 정치적 선택이 그러하듯, 먼저 파악할 수 있다면 선택하지 않을 수 있다. 그렇지만 그러기 위해서는 먼저 우리가 지니고 있는 확신을 버리고 환경붕괴와 관련해 우리가 놓치고 있는 이해와 그 안에 도사리고 있는 엄청난 불공정을 드러내야 한다.

환경에 대한 여섯 가지 신화:
어떻게 다르게 행동할 것인가

소핍을 만나고 몇 달 후, 나는 다시 런던으로 돌아왔다. 인파를 뚫고 번화가의 매장으로 브랜드 양말을 사러 간 어느 날이었다. 매장에 들어서자마자 실내 인테리어가 내 눈길을 사로잡았다. 고객들에게 지속가능한 매장이라는 인상을 주기 위해 매장 주인이 얼마나 심혈을 기울였을지 충분히 짐작하고도 남을 만했다. 이전에는 번화가의 매장답게 이목을 끄는 대담한 방식으로 실내를 꾸몄지만, 이제 형광등 불빛이 비추는 이 넓은 실내 공간은 따뜻한 계열의 색을 차분하게 조합한 녹색, 황토색, 갈색으로 한껏 장식되어 있었다. 간판의 경우에도 이전에는 '톡톡 튀는 스타일로' 디자인되었었다면 이제는 확연히 빛바랜 색상을 활용해 재활용된 것 같은 느낌을 주고 있었다. 벽은 보헤미안풍의 의상을 입고 따스한 햇살이 비추는 초원을 뛰어다니는 금발의 모델들로 채워져 있었다. 다시 말해, 내가 사는 지역의 양말 매장은 지속가능성의 미학을 완벽하게 받아들였다고 할 만했다.

진열대 사이를 서성이다가 문득 소피과 그가 들고 있던 삼베 자루가 떠올랐다. 환경에 대한 의식을 갖는다는 발상, 즉 책임감 있고 지속가능한 삶을 영위한다는 발상의 의미는 우리를 둘러싼 다양한 영향에 의해 끊임없이 형성되고 변화한다. 반세기 전 주류로 진입한 상업적 그린워싱은 수년에 걸쳐 성장과 진화를 거듭해오면서 이제는 번화가에서 우리가 내리는 선택의 중심에 자리 잡았을 뿐 아니라 그 선택의 한계를 보여주는 기준이 되었다. 오늘날의 그린워싱은 지속가능성을 나타내는 단순한 표식을 넘어섰다. 이제 많은 사람들에게 그린워싱은 환경붕괴와 환경보호 사이에 존재하는 모든 가능성을 아우르는 지속가능성을 의미하게 **되었다.**

예를 들어 컨설팅 회사인 딜로이트^{Deloitte}의 조사 결과에 따르면,[6] 최근 영국 소비자의 85퍼센트는 일회용 플라스틱 사용을 줄이고, 지속가능해 보이지 않는 브랜드를 피하는 방식으로 구매 패턴을 바꾼 것으로 나타났다. 이런 조사 결과는 유럽 전역에서 광범위하게 나타나고 있다. 여러 연구에 따르면,[7]

유럽인의 거의 3분의 2가 이미 기후변화에 대한 행동에 나선 것으로 나타났다. 일반적인 형태는 재활용이나 포장재 사용을 줄이는 것이었다. 이것은 기후붕괴에 주의를 기울이고 그것을 방지하기 위해 자신이 할 수 있는 일을 기꺼이 실천하는 사람들의 행동이다. 그러나 이런 행동이 기후변화가 유발하는 최악의 영향과 무슨 관련이 있는가? 유럽의 시민들은 거의 매일 벌목, 사막화, 기록적인 폭염, 녹아내리는 빙하의 이미지에 시달리고 있다. 여러 설문조사에 따르면, 이런 변화에 대한 우려(기후 불안, 기후 우울증, 심지어 기후 슬픔) 역시 심각한 수준이다. 그러나 사람들의 대응 방법은 예나 지금이나 동일하다. 이곳 혹은 저곳에서 장바구니만 조금 바꾸면 된다는 식이다. 만일 이런 식의 대응이 정상적인 것으로 받아들여지지 않았다면, 대중의 머릿속에 소비에서의 작은 변화가 사회의 큰 변화를 이끈다는 식의 고정관념이 자리 잡고 있지 않았다면, 장바구니만 조금 바꾸면 된다는 발상은 비웃음거리에 불과했을 것이다.

그러다가 문득 이 두 세계는 사실상 화해할 수 없을 정도로 동떨어져 있다는 것을 깨달았다. 개념적으로 말하자면, 런던 북부에 자리 잡은 의류 매장의 양말 진열대 앞에 서 있는 사람과 산더미 같은 빚을 갚기 위해 소 떼를 지나 천쪼가리로 가득 찬 작은 굴착기 근처로 다가가는 넝마주이가 서로 만나는 일은 일어나지 않는다. 이 두 사람의 시선이 맞닿는 일은 없다. 직접적인 책임이 없기 때문이다. 그리고 이것은 다분히 의도적이다. 우리가 삶을 공유하는 수많은 조직, 즉 브랜드, 정부, 기업, 정치인, NGO는 모두 지속가능성에 대한 각기 다른 담론을 가지고 있다. 왜냐하면 이해관계가 서로 다르기 때문이다. 세계 어느 곳에 살고 있든 관계없이, 우리 각자는 환경과 관련해 옳은 것과 그른 것을 정의하고, 환경문제를 해결하기 위해 할 수 있는 것과 할 수 없는 것을 정의하는 이런 담론에 사로잡혀 있다. 이제 이 책의 남은 부분에서는 전 지구적인 환경에 대한 우리의 이해를 형성하는 신화들에 대해 좀 더 구체적으로 설명함으로써 책의 완성도를 높이고, 더 나아가 행동의 발판으로 삼으려고 한다. 어쨌든 보이지 않는 것과 싸울 수는 없는 노릇이니 말이다.

첫 번째 신화:
기후변화가 더 많은 자연재해를 유발한다?

기후변화와 점점 더 극심해지는 기상 이변으로 인해 지난 50년 동안 자연재해가 급증했고, 그 영향은 더 가난한 국가에 편중되어 있다.

—유엔 뉴스United Nations News, **2021년 9월**

기후변화 담론에서 가장 폭넓게 공유되는 신화 중 하나는 기후변화가 자연재해의 발생 가능성을 높이고, 그 부담이 더 가난한 국가에 '편중된다'는 발상이다. 이는 대통령에서 교수에 이르기까지 누구나 거론하는 격언이다. 그러나 이 격언에는 근본적인 결함이 있다. 기후변화는 더 많은 자연재해를 유발하는 요인이 아니다. 왜냐하면 애초에 재해는 자연적인 것이 아니기 때문이다. 재해는 폭풍, 홍수 또는 가뭄으로 인해 발생하는 것이 아니다. 재해는 이런 위험 요소가 취약성 및 경제적 불평등을 만났을 때 발생한다. 예를 들어, 싱가포르의 주민들과 동티모르의 주민들에게 허리케인은 전혀 다른 의미를 가질 것이다. 싱가포르의 경우에는 기록적인 폭우가 유리창을 두드리는 바람에 몇 시간가량 집 안에 발이 묶이는 것을 의미하겠지만, 동티모르의 경우에는 생명을 위협하는 위험을 의미할 것이기 때문이다.

이것은 분명 물리적인 지리가 아니라 세계의 일부 지역을 다른 지역보다 기후변화에 더 취약하게 만드는 글로벌 경제에서 기인하는 차이다. 글로벌 공장이 그토록 많은 사람들의 삶에 중대한 요인이 된 오늘날 '개척되지 않은' 생계 수단과 환경은 거의 남아 있지 않다. 그 대신 생계 수단과 환경은 글로벌화된 생산의 변덕에 따라 재구성되거나, 저하되거나, 보호된다. 그러므로 자연재해는 경제적 재해, 즉 수 세기에 걸쳐 이뤄진 불평등한 무역과 오늘날의 상업이 일상에 미치는 영향의 구체적인 결과이다. 분명한 사실은, 심지어 변화하는 기후라는 불확실성을 겪으면서도 재해의 발생을 용인하는 선택이 지금껏 우리 사회가 해왔고 앞으로도 계속할 선택이라는 것이다.[8]

이것을 살펴보기 위해 소박한 티백에서 시작해보자. 티백은 작고 가벼우며 평범하다. 비록 가공된 것이지만 식물이 들어 있다는 점에서 자연적이다. 또한 티백은 친환경적이다. 포장 및 운송에 관련된 모든 공정을 비롯해, 차 1킬로그램을 만드는 과정에서 배출되는 이산화탄소는 총 약 32킬로그램이다.[9] 그러나 아침에 마시는 차를 끓이는 데 필요한 찻잎의 양이 매우 적기 때문에, 차는 일반 가정에서 소비하는 상품 중 탄소 집약도가 가장 낮은 축에 속한다. 심지어 우유를 넣은 차 녁 잔을 1년 동안 하루도 빠짐없이 마신다고 하더라도, 일반적인 자동차가 1년에 60마일을 주행하면서 배출하는 수준의 탄소가 배출된다.[10] 그렇다면 무엇이 문제인가? 이 자그마한 저탄소 티백이 글로벌 기후위기와 무슨 관련이 있다는 말인가?

여기서 예로 든 티백과 관련해 말해보자면, 글로벌 차 무역의 의도치 않은 결과로 스리랑카의 산사태 위험이 증가했다. 그 이유는 가파른 언덕에 뿌리가 얕은 차나무를 심고 수많은 노동자를 투입하는 차 플랜테이션이 산사태를 유발하는 가장 큰 위험 요소 중 하나이기 때문이다. 현재 전 세계에서 발생하는 산사태의 3분의 1 이상이 차 플랜테이션에서 비롯된다.[11] 1990년 이후 스리랑카의 산사태 발생률은 26배 증가했다.[12] 덕분에 사소한 문제였던 산사태는 이제 스리랑카의 중대 재해가 되었다. 이는 단순한 악천후의 결과가 아니다. 산사태의 80퍼센트는 '인간이 유발한 것'으로 분류된다.[13] 그리고 그중 대부분은 차 플랜테이션에 연루되어 있다. 기후변화가 고산지대에 점점 더 강한 비를 유발하면서 차 플랜테이션은 마치 자석처럼 치명적인 재해를 끌어들인다. 차는 파릇파릇한 녹색일지 모르지만, 차를 소비하는 도시나 차를 도시까지 운반하는 컨테이너선과 마찬가지로 글로벌 경제의 산물이다.

그러나 다음번에 치명적인 산사태가 발생하더라도, 이와 관련해 글로벌 경제에 대한 언급을 듣게 될 가능성은 크지 않다. 이것은 우리가 '자연'재해를 바라보는 방식이 아니기 때문이다. 그러나 우리는 이런 방식으로 자연재해를 바라보아야 한다. 미래 기후변화 예측, 온도 변화 또는 '글로벌 기후위험'을 보여주는 수많은 지도 중 하나만 보더라도 분명한 경향을 알아차릴 수 있다. 북반구에 자리 잡은 더 부유한 국가들이 적도에 더 가까운 국가들에 비해 일반적으로 좀 더 안전해 보이는 경향이 바로 그것이다. 이와 같은 지도는 흔하고 익숙하다. 이와 같은 지도는 강수량, 기온 또는 풍속 같은 자연적인 정보에서부터 부, 정치적 성향 혹은 심지어 언론의 자유 같은 인간적인 정보에 이르는, 세계에 대한 다양한 정보 조각들의 지리적 위치를 이해하는 데 도움이 된다. 그러나 이와 같은 지도조차 전달해주지 못하는 정보가 종종 존재한다. 바로 이런 취약성을 끊임없이 강화하고 재구성하는 글로벌 공장, 특히 그 내부에 자리 잡은 부유한 국가들의 지속적인 역할이다. 글로벌 자본주의가 무려 500년 동안 세계를 지배한 결과, 세계의 지형은 극도로 멀리 떨어진 곳에 위치한 시장의 요구에 거의 완전히 얽매이게 되었다.

이런 현상은 식민주의가 오늘날의 기후 취약성에 미친 영향을 매우 직접적으로 보여준다. 19세기 영국의 식민지 개척자들이 없었다면, 스리랑카의 고산지대에서 차를 재배하는 일은 없었을 것이다. 플랜테이션이 없었다면, 산사태는 훨씬 더 적게 일어났을 것이다. 찻잎을 딸 필요도 없었을 것이므로 산사태에 노출되는 사람들도 훨씬 더 적었을 것이다. 그러므로 오늘날 일어나는 산사태는 모두 오랜 지배의 역사에 뿌리를 내리고 있다. 그러나 여기에는 추가적인 차원이 작용한다. 스리랑카는 차의 시장가치를 결정할 입장에 있지 않다. 그리고 1장에서 간략하게 설명한 이유로 인해, 스리랑카 경제를 떠받치게 된 농산물과 광물 같은 1차 수출품에 대한 의존에서 벗어나기도 어렵다. 한 국가의 힘만으로는 역사를 거치면서 고착화된 환경적 취약성의 경제를 뒤집을 수 없다. 식민주의가 환경에 남긴 유산을 평가할 때 무엇보다 바로 이 점을 인식할 필요가 있다. 2세기에 걸쳐 배출된 탄소는 자연재해의 위험을 증가시켰을지 모르지만, 5세기에 걸쳐 이뤄진 지배는 자연재해와 맞닥뜨리게 되는 맥락을 형성한다.

두 번째 신화:
소비를 통해 기후붕괴에서 벗어날 수 있다?

플라스틱 빨대가 대양 오염의 주범이라는 것을 모르는 사람은 없다. 따라서 변화를 위한 가장 좋은 방법은 재사용할 수 있는 빨대를 사용하는 것이다.

—〈쓰레기를 줄여 더 지속가능한 생활에 도움을 주는 30가지 친환경 제품〉,

《굿 하우스키핑Good Housekeeping》, 2022

글로벌화된 세계에서 경제와 환경은 점점 더 떼려야 뗄 수 없는 관계가 되어가고 있다. 그렇다면, 그토록 많은 환경적 취약성이 경제 과정 및 의사결정에 결부되어 있다는 사실 자체야말로, 지속가능한 소비의 중대한 필요성을 입증하는 논거가 아닐까? 어떤 의미에서는 당연히 그렇다. 전 지구적 배출량을 넷제로로 줄이는 것은 고사하고, 배출량의 증가세만이라도 줄이는 방향으로 나아가려면 우리가 구매하는 제품과 서비스가 지금보다 훨씬 더 많이 지속가능해야 하기 때문이다. 그렇지만 여기에는 문제가 있다. 우리가 소비자로서 구매하는 제품에 대한 정보가 제한적이라는 점이 **유의미한 수준의** 지속가능한 소비를 방해하기 때문이다. 슈퍼마켓의 진열대 앞에 서서 진열된 제품들을 살펴본다고 하더라도, 우리가 삶의 기본 기능을 충족하기 위해 의존하는 [글로벌 생산] 공정 자체가 터무니없이 복잡하게 얽히고설킨 그물망 같아서 감독할 수 있는 것이 거의 없는 형편이다.

그렇다면, 환경 의식을 가진 가상의 소비자가 몇 가지 필요한 물건을 구입하기 위해 동네 슈퍼마켓에 들렀다고 가정해보자. 가상의 소비자는 장바구니에 세 가지 물건(바나나, 건전지, 초콜릿 비스킷)을 담아 계산대로 간다. 가상의 소비자는 책임감 있는 소비자답게 잠시 멈춰 서서 휴대폰으로 제품 정보를 찾아보지만, 구체적인 정보를 얻기가 어렵다. 가상의 소비자는 먼저 제조국이 중국으로 기재된 라벨이 붙은 배터리에 대한 정보를 찾아본다. 그는 배터리의 생산자가 공장 노동자들을 착취하고 화학물질을 배출해 환경을 오염시킨다는 수많은 보고서를 발견한다. 가상의 소비자는 보고서를 통해 이런 배터리를 제조하는 데 알루미늄, 코발트, 납, 니켈을 비롯한 수많은 중금속이 사용되고, 수생 야생동물에게 유독한 산업 폐수가 기하급수적으로 증가하고 있다는 사실을 알게 되고 경각심을 갖는다.[14] 가상의 소비자는 산업이 유발한 대기오염이 중국의 주요 사망 원인이라는 중국 보건부Chinese Ministry of Health의 발표도 확인한다. 그렇지만 구입하기 위해 고른 배터리가 구체적으로 어디서 만들어졌는지에 대한 정보는 고사하고, 유해한 영향에 연루된 특정 공장에 대한 정보조차 찾아볼 수 없다. 배터리가 너무 위험하다고 판단한 가상의 소비자는 최대한 조심하는 차원에서 배터리를 진열대에 다시 가져다놓는다.

가상의 소비자는 여기서 낙담하지 않고 장바구니에 담긴 다음 제품을 살펴본다. 바로 영국에서 포장된 초콜릿 비스킷이다. 포장지에 다른 나라의 이름도 적혀 있는 것을 본 가상의 소비자는 이를 바람직한 현상이라고 생각한다. 포장지에는 코코아의 생산국인 가나의 이름이 적혀 있다. 조금 전보다 기분이 좀 나아진 가상의 소비자는 다시 휴대폰을 확인한다. 그리고 다른 곳과 마찬가지로 가나에서도 코코아를 생산하는 과정에서 인산비료에 함유된 중금속과 살충제를 유출해 환경을 오염시킨다는 사실과 가나에서 생산되는 코코아 1킬로그램당 3.2킬로그램의 탄소가 배출된다는 사실을 알게 된다.[15] 포장지를 다시 들여다보니 100그램의 코코아가 함유된 것으로 표시되어 있다. 이것은 곧 300그램의 탄소가 배출되었다는 의미다. 그다지 나쁜 수치는 아니라고 느껴지지만, 다른 성분은 다소 무겁다. 250그램의 버터가 걱정스러워 보여 찾아보니, 버터는 킬로그램당 최대 15킬로그램의 탄소를 배출하는 것으로 확인된다![16] 따라서 버터만으로도 거의 4킬로그램의 탄소가 배출된 셈이다. 가상의 소비자는 다음 원료인 설탕은 확인해보지도 않고 진열대로 돌아가 초콜릿 비스킷을 다시 올려놓는다.

이제 장바구니에 남은 것은 바나나뿐이다. 바나나보다 더 자연적이고 친환경적인 제품이 또 있을까? 가상의 소비자는 자기가 가지고 있는 긍정적인 이미지를 확인하기 위해 마지막으로 휴대폰을 본다. '돌Dole'이라고 적힌 익숙한 라벨을 보니 안심이 되었지만, 처음에 가졌던 긍정적인 이미지는 잘못된 것이었다. 가상의 소비자는 바나나 산업이 면화 산업을 제외한 전 세계의 그 어떤 작물 산업보다 더 많은 농약을 사용한다는 사실에 실망한다. 껍질이 두껍고 병충해에 취약한 캐번디시Cavendish 품종이 시장을 지배하고 있어 다른 열대 과일보다 더 많은 살충제를 사용해야 하기 때문이다. 훨씬 더 나쁜 것은 그런 화학물질이 물과 토양을 오염시킬 뿐 아니라 바나나 한 송이에 해당하는 소비자 가격의 9퍼센트를 임금으로 받는 노동자들의 건강에 치명적인 영향을 미칠 수 있다는 사실이다.[17] 이는 가상의 소비자가 기대했던 정보가 아니다. 그는 좌절감을 느끼면서 바나나를 진열대에 도로 올려놓고 문 쪽으로 돌아선다. 휴대폰(탄소 16킬로그램 배출, 유독한 카드뮴 광산과 관련)을 청바지(탄소 6킬로그램 배출, 수자원 고갈 유발) 주머니에 집어넣고, 새 신발(탄소 15킬로그램 배출, 메탄가스 배출, 가죽 손질 과정에서 화학물질 사용)을 더럽히지 않기 위해 물웅덩이를 조심스럽게 피하면서, 포드 몬데오Ford Mondeo(탄소 17톤 배출, 리튬 중독, 금속 광산, 고무 플랜테이션 조성을 위한 벌목과 관련)를 타고 빈손으로 집으로 돌아간다.

완곡하게 말하자면, 우리의 모든 행동이 전 세계의 환경에 미치는 영향은 얽히고설킨 그물망과 같아서 추적하기 매우 어렵다. 노력 자체가 헛되다는 말이 아니라 혼자 기울이는 노력이 헛되다는 말이다. 윤리적 표식을 붙일 수 있는 경우가 있고, 그것이 유용한 경우도 있다. 그러나 윤리적 표식은 완벽한 해결책이 될 수 없다. 대부분의 소비자에게는 이런 표식들의 상대적 가치를 면밀하게 조사할 시간이나 능력이 없다는 것이 그 한 가지 이유이며, 이뿐만 아니라 추가 비용을 지불할 재정적 자원을 갖지 못한 소비자들 역시 많다는 것은 더욱 중요한 이유이다. 실제로, 제품을 조사하느라 슈퍼마켓에서 몇 시간을 머무르는 사람은 없을 것이다. 또한 제품과 관련해 찾아낸 정보 때문에 빈손으로 슈퍼마켓을 떠나는 사람도 없을 것이다. 지속가능한 생산이라는 거대하고 복잡한 문제를 소비자가 혼자서 해결하기에는 일상의 긴급한 필요가 너무 크다. 기후 붕괴의 부담을 소비자에게 전가하는 것은 비효율적일 뿐만 아니라 불공평하다. 평범한 사람들 대부분이 기후위기에서 이익을 취하는 것은 아니기 때문에, 결과적으로 전 세계의 많은 사람들은 막대한 손해를 보고 있는 셈이다. 그러므로 전 세계의 평범한 사람들에게 소비를 위기에서 벗어날 수 있는 방법이라고 제시하는 것은 해결책을 제시하는 것이 아니라 농간을 부리는 것에 가깝다.

　2019년 다보스 세계경제포럼에서 역사학자 뤼트허르 브레흐만Rutger Bregman은 다소 격앙된 목소리로 이 점을 지적했다. "1500대의 전용기가 이곳으로 날아왔습니다. 데이비드 아텐버러David Attenborough의 연설을 듣고 우리가 지구를 어떻게 망치고 있는지 알아보기 위해서요"라고 운을 뗀 브레흐만은 인상적인 말을 덧붙였다. "그런데 꼭 물과 관련해서는 입도 뻥끗할 수 없는 소방관 회의에 참석한 느낌이네요." 금기시되는 주제를 입에 올리는 바람에 이듬해 열린 다보스 세계경제포럼에 초대받지 못한 브레흐만이 '물'이라는 비유를 통해 전달하고자 했던 내용은 무엇일까? 바로 세금이었다. 즉 화석연료에서 발생한 이익에 대한 세금, 탄소 배출에 가장 많이 기여하는 최고 소득자에 대한 세금, 이 두 가지 모두로부터 발생하는 부에 대한 세금 말이다. 기후변화에 맞서기 위한 돈은 슈퍼마켓의 진열대가 아니라 바로 그 세금에서 나온다. 지속가능한 소비에는 분명 긍정적인 측면이 있다. 그러나 그것은 자신이 부담해야 할 몫을 지불하지 않으려는 사람들이 주의를 다른 곳으로 돌리기 위해 종종 써먹는 도구로도 기능한다.

세 번째 신화:
환경주의자들은 넷제로를 위해 싸운다?

폭도들의 광기. 친환경을 외치는 '이기적인' 군중이 관광 명소인 타워브리지를 **점거**한 사이 환경운동가들이 다리에서 줄을 타고 내려가[는 퍼포먼스를 벌이]면서 런던 시내에 교통 **혼잡**을 유발했다.

—《더 선 The Sun》, 2022년 4월 8일

석방은 더 큰 혼란을 일으킬 자유를 주는 것! 경찰은 유류터미널에서 **40시간** 동안 농성한 15명의 환경운동가를 체포했지만 그중 4명을 기소하지 않고 석방했다. 주유소는 여전히 '휘발유가 동난' 상황이다.

—《데일리 메일 Daily Mail》, 2022년 4월 12일

기후 광신도 대 뉴욕 주택 소유자 및 노동자.

—《뉴욕 데일리 뉴스 New York Daily News》, 2022년 5월 2일

위에서 소개한 표제들은 2022년 영국, 호주, 미국의 주요 신문에 몇 주 간격으로 게재된 것이다. 이제 이런 표제들을 염

두에 두고 다음 표제들을 살펴보자.

넷제로 **달성**과 호주인들의 채식주의 및 호주의 매우 높은 인 플레이션의 관계.

[기사의 첫 문장: 2050년까지 넷제로? 100달러짜리 스테이크에 대비하세요.]

—《데일리 메일》, 2022년 5월 15일

넷제로라는 악몽.

[기사의 첫 문장: 한동안 넷제로는 완전히 죽었었다.]

—《호주 스펙테이터Spectator Australia》, 2022년 5월 14일

넷제로는 '위험하다': 에라링Eraring 화력발전소 폐쇄로 인한 일자리 손실이 예상보다 많을 것으로 점쳐지고 있다.

[기사의 첫 문장: 호주 사람들은 그렇게 어리석지 않다. 그들은 총 리와 넷제로 지지자들이 약속한 녹색 일자리 혁명 따위는 없다는 것을 안다.]

—《호주 스카이 뉴스Sky News Australia》, 2022년 5월 12일

위에 소개한 표제들은 서로 동떨어진 국가들에서 발행된, 혹은 그 국가들에 관한 신문기사에서 발췌한 것이다. 그러나 주의를 기울여 자세히 들여다보면 한 가지 혹은 그 이상의 주 제가 부상하고 있다는 것을 알아차릴 수 있을 것이다. 이 기사

들은 한편으로 환경 저항가들을 평범한 사람들의 삶과 생계 수단을 무분별하게 침해하는 '광신도'로 구성된 '이기적인' '폭도'로 낙인찍는다. 여기에 넷제로 공약을 밀접하게 결부시킨 뒤, 이 공약에 이념적으로 어리석고, 비용이 많이 들며, 반노동자적이며, '위험한' 공약이라는 편견을 씌운다. 물론, 이런 메시지들이 고만고만한 것은 우연이 아니다. 그 표제들은 특히 우익 자유주의 정책과 언론계에서 선호해 폭넓게 홍보해온 반환경주의적 메시지를 반영하고 있다. 그리고 바로 이것이 수십 년 동안 서구의 담론을 지배해온 주요 특징이다.

그렇지만 더욱 흥미로운 점은 이런 일이 벌어지는 방식이다. 즉 이 메시지들은 거칠어 보이지만 실제로는 매우 정교하고 효과적이다. '분할과 지배'라는 표현을 들어보지 못한 사람은 없을 것이다. 그러나 전혀 알려져 있지 않지만 그에 못지않게 중요한 정반대의 전략이 있으니, 바로 '통합과 지배'다. 어쨌든 맞서 싸울 수 있는 일관된 적을 특정하지 못하는 상황에서 동맹국들이 분열하는 것은 바람직하지 않기 때문이다. 바로 이것이 오늘날 글로벌 기후 대화에서 일어나고 있는 일이다. 환경 정책을 둘러싼 지속적인 투쟁에서 '통합과 지배'는 '환경주의자 대 나머지'라는 담론을 조성하는 데 핵심적인 역할을 수행한다. 이런 담론은 가능성의 범위를 결정하고 그것을 대중의 뇌리에 각인시킨다. 그 결과 대부분의 환경운동가들이 필요하다고 생각하는 급진적인 조치가 아니라 [담론을 주도하는 사람들이] 선호하는 제한된 형태의 조치가 전면에 등장하게 된다.

생태 폭도라는 형체 없는 괴물을 환경을 지지하는 사람들의 범주에 끼워 맞추는 전략은 환경 정책을 후퇴시킬 의도로 설계된 것이다. 우리는 우리 경제의 근본적인 구조를 어느 정도로까지 규제해야 하는지 논의하는 대신 우리가 승리했다고 생각했던 전장인 넷제로와의 '싸움'으로 도로 끌려 들어가게 된다. 전문용어로는 이것을 '오버턴 윈도^{Overton Window}'라고 한다. 다시 말해, 대중적 담론의 영역을 [담론을 주도하는 사람들이] 선호하는 영역으로 옮기는 것이다. 이것은 환경 규제에 반대하는 사람들의 주요 무기인데, 유럽인의 78퍼센트가 지지할 정도로 환경 규제[18]의 인기가 매우 높다는 것이 그 정확한 이유이다. 영국 우익 TV 방송국 〈GB 뉴스^{GB News}〉의 진행자 마크 돌란^{Mark Dolan}은 그 훌륭한 본보기를 제시한다.

2019년에 넷제로에 찬성표를 던진 사람은 아무도 없다고 생각합니다. 그들이 친환경 보일러에 2만 파운드를 지원하는 법안에 혹은 전기자동차 한 대당 3만~3만 5000파운드를 지원하는 법안에 찬성표를 던졌는지도 확실하지 않습니다. 비록 옳은 일이라고 하더라도, 값비싼 친환경 의제에 대해 영국 대중에게 자문을 구했어야 합니다. 그러지 않았다는 것만으로도 이미 대중의 공분을 사기에 충분한 일입니다. …… 더 나쁜 것은 생태 광신도들의 오만함입니다. …… 녹색 로비를 벌이는 단체의 일부 회원들은 일종의 종교적 열기에 휩싸여 있습니다. 그들은 당장 내일 아침부터 모든 에너지를 어떻게든 풍력에서 얻어야 한다고 주장하고, 식단을 어떻게든 채식으로 바꿔야 한다고 주장합니다. …… 이 생태 저항가들 중 직업이 없는 이들이 상당한 것도 당연합니다. 비건 채식을 하면 시위할 기운도 없을 테니까요.[19]

이런 식의 비아냥은 한 귀로 흘리자. 중요한 것은 [어조가 아니라] 이런 식의 발언들[의 내용]이 서로 반대되는 입장들을 하나로 엮는다는 것이니까. 일단, 생태 저항가들을 넷제로 정책 지지자들과 동일시할 수 없다. 심지어 실제로는 생태 저항가들이 넷제로 정책을 지지하기보다 반대할 가능성이 크다. 이 책 전반에 걸쳐 간략하게 설명한 이유로, 넷제로는 파격적으로 추구해야 할 결과가 아니라 신화로 간주된다. 수많은 기후과학자들이 넷제로 목표를 "위험한 함정"[20]이라고 부르는 이유는 미래에 탄소 제거 기술이 발명될 것이라는 추정을 바탕으로 당장 필요한 탈탄소화 노력을 기울이는 속도를 늦출 가능성이 있기 때문이다. 그렇지만 이렇게 통합할 경우 [반환경주의자들이 환경주의 진영의] 약점을 드러낼 수 있다. 환경주의의 영역에서 가장 보수적인 입장과 가장 급진적인 입장을 혼합한다고 가정했을 때, 가장 큰 승리를 거두는 것은 결국 현상 유지를 주창하는 이들이다.

그렇다면, 궁극적으로 그 수혜자는 누구인가? 당연하게도 이런 표제들을 주문하는 사람들이다.《더 선》과《스카이 뉴스》는 루퍼트 머독Rupert Murdoch의 뉴스 코퍼레이션News Corp이 운영하고 있고, 《데일리 메일》은 4대 로더미어 자작4th Viscount Rothermere이, 《스펙테이터》는 프레더릭 바클레이Frederick Barclay가 각각 소유하고 있다. 모두 억만장자로, 지난하게 이어져온 기후 회의론의 역사에 이름을 올린 이들이다. 루퍼트 머독은 "기후변화에 회의적인 시각으로 접근해야 한다"고 언급한 것으로 알려져 있다. 프레더릭 바클레이의 《텔레그래프Telegraph》는 기후 회의론의 주요 인사이자 과학자도 아닌 제임스 델링폴James Delingpole을 초청해 기후과학을 지지하는 일이 지금껏 서구 문명에서 알려진 것 중 가장 큰 위협이라고 설파할 수 있는 자리를 마련해주었다. 로더미어의 《데일리 메일》은 "지구 온난화는 잊어라. 미 항공우주국NASA 소속 과학자들의 말이 틀리지 않았다면 템스강은 다시 얼어붙을 테니"라는 표제를 수년 동안 게재해왔다.[21]

　최근에는 이런 매체들의 어조가 다소 누그러졌지만, 그렇다고 해서 머독을 비롯한 많은 사람들이 대중이 생각하는 깨달음을 얻었다고 보기는 어렵다. 오히려 그것은 기후붕괴에 맞선 싸움이 새로운 국면으로 전환되었음을 보여준다. 이들을 비롯한 그 밖의 다른 많은 매체들은 노골적으로 부정하기보다는 끝없이 이어지는 기나긴 논쟁과 토론, 의견 불일치로 주의를 분산시키고 싶어 한다. 그럼으로써 현상 유지를 타파하고 글로벌 경제를 급진적으로 재구성해야 한다는 요구를 회피하고자 한다. 그것은 혼합, 위증, 필리버스터라는 순서로 진행되는, 이미 검증된 과정이다. '친환경 보일러'에 2만 파운드를 지원한다는 정책에 찬성표를 던진 사람이 정말 아무도 없을까? 물론, 당연히 그럴 것이다. 실제로 그런 제안을 한 사람이 아무도 없었기 때문이다. 그러므로 이와 같은 주장으로 지상파 방송을 채우는 것은 시간을 버리는 일이나 다름없다. 그리고 시간이야말로 우리가 갖지 못한 유일한 자원이다.

네 번째 신화:
국경 안보를 강화해 수십억 명의 기후 이주민을 가로막아야 한다?

사하라 사막 이남의 아프리카를 보면 기본적으로 이슬람에, 출산율이 높고, 빈곤층이 많으며, 기후변화에 시달리는 국가들이 매우 많습니다. 기후변화는 그저 하나의 요소가 아닌 것입니다. 이런 국가들이 이슬람 근본주의의 새로운 온상지가 될 가능성이 있고 이미 그렇게 되고 있다는 이유로, 최근 서구에서 일종의 방어 전략을 마련하자는 이야기가 나오는 것을 보았습니다. 앞으로 무슨 일이 일어날지 말씀하셨는데, 그렇다면 그다음에는 어떻게 될까요? 현재 중동에서 하고 있는 것처럼 그 지역에 군대를 파병하게 될 것이고 끝없는 전쟁을 치르느라 엄청나게 많은 돈을 쏟아붓게 될 것입니다. 그렇지만 이런 논쟁을 어떻게 바꿀 수 있을까요? 이미 구획화가 상당히 진행된 상황이니 말입니다. 한편에는 기후변화가 있고, 다른 한편에는 자선 산업 같은 것들이 있습니다. 이런 논의들을 하나로 모으지 못한다면 문제 해결은 요원할 것입니다.

—존경하는 맥널리 경Lord McNally, 기후 이주에 관한 유럽연합 내무분과
하위위원회 회의, 2020년 3월 12일

2020년 3월에 열린 기후 이주에 관한 유럽연합 내무분과 하위위원회 회의에서 맥널리 경은 기후변화와 관련해 가장 널리 알려진 한 가지 우려를 표명했다. 기후변화로 인해 세계에서 가장 불안정한 지정학적 조건을 가진 일부 지역의 생계 수단이 악화되면서 급진주의에 빠질 가능성이 높은 수백만 명의 난민이 세계 무대에 모습을 드러낼 것이라는 게 그 내용이었다. 수백만 명의 기후 이주민은 다수의 매체들이 많은 지면과 시간을 할애해 보도하는 위협이다. 기후변화 때문에 이리저리 떠도는 무리의 이미지는 뉴스의 단골 의제다.[22] 그리고 좀 더 넓은 의미에서 기후 이주는 환경학계가 수십 년 동안 연구해 온 핵심 주제다. 그동안 환경학계는 기후 이주를 유발하는 결정적인 요인, 즉 분명하고 가시적인 방식으로 단번에 많은 사람들에게 매서운 영향을 미치는 기후 충격을 파악하고자 노력해왔다.

그 충격이란 해수면 상승으로 인한 저지대 해안 지역의 침수일 수도 있고, 가뭄과 고온으로 인해 농업 지역이 더스트 볼로 바뀌는 것일 수도 있다. 해당 지역의 사람들을 일제히 이

주시킬 것으로 추정되는 이 모든 경우들을 두고, 사람들은 기후변화가 인간사회를 근본적으로 변화시킨다는 것을 보여주는 분명한 사례가 될 것이라고 전망한다. 이것은 과학적 차원에서뿐 아니라 정보 전달이라는 차원에서도 중요하다. 세계 최초의 기후 난민이 누구인지 명확하게 지목할 수 있다면, 그들을 새롭고 중요한 증거로 삼아 탄소 배출에 대한 조치를 취하도록 각국 정부에게 압력을 가할 수도 있기 때문이다. 그러나 인간의 삶과 동기에 자리 잡고 있는 복잡성이 어려움으로 작용해 기후변화와 기후 이주의 명확한 관계를 파악하는 일이 결코 쉬운 일이 아니라는 사실만 더 명징해졌다.

몇 년 전, 돌파구 같은 일이 발생했다. 방글라데시에서 휴대전화 회사와 협력해 연구를 수행하는 연구자들이 휴대전화 신호를 이용해서 사람들의 이동 경로를 모니터링하고 있을 때였다. 해안 주변 지역에 홍수를 유발한 대형 사이클론이 발생한 후, 연구자들은 해안에서 멀어지고 있는 휴대전화 신호를 감지했다. 그 수천 개의 신호들은 결정적으로 서로 떨어져 있었고, 이것은 사람들의 이주를 확인시켜주는 명백한 증거로 간주되었다. 기후가 계기가 되어 실향한 사람들의 흔적이 디지털로 기록되는 순간을 포착했다고 생각한 연구자들은 흥분을 감추지 못했다. 연구자들은 즉석에서 휴대전화 신호가 감지된 장소로 이동할 계획을 세웠다. 역사에 길이 남을 이 이주민들과 직접 이야기를 나눠볼 요량이었다. 그렇지만 연구자들이 도착한 곳에 있던 어느 누구도 자신이 실향민이라고 생각하지 않았다. 연구자들은 놀라지 않을 수 없었다. 그곳에 있던 사람들은 당황한 연구자들에게 "우리가 사는 곳은 여기"라고 말했다. "우리는 어부입니다. 폭풍이 온다는 소식을 듣고 해안으로 가서 배를 안전한 곳에 정박시켰어요. 그러고는 집으로 돌아왔죠."[23]

이런 일화는 인간에게는 환경에 맞서 싸울 수 있는 수완이 있다는 사실을 말해준다. 어쨌든 우리는 그래야만 하기 때문이다. 어떤 면에서 볼 때, 인간의 신체는 안타까울 정도로 연약하다. 인간은 섭씨 38.2도의 체온에서 약 80분 동안 생존할 수 있다. 체온이 39도에 이르면 약 45분 뒤에는 신체 기능이 정지하기 시작한다. 매우 습한 환경에서는 외부 온도가 35도쯤만 돼도 얼마든지 인간의 심부 체온이 위험한 수준에 이르게 될 수 있다.[24]

따라서 우리는 치사 온도lethal temperature를 매우 정확하게 정의할 수 있다. 그러나 문제는 인구 밀도가 높은 지역에서조차 치사 온도가 항상 나타난다는 것이다. 최근 남아시아에서 폭염이 발생했을 때 기자들은 기온이 섭씨 49도까지 오른 [파키스탄] 이슬라마바드의 거리를 샅샅이 뒤졌지만 단 한 구의 시신도 발견하지 못했다. 기온만 감안한다면 사망률이 치솟는 게 마땅한 조건이었지만, 사람들이 그늘이나 바람이 부는 곳을 찾아가고, 물을 마시며, 선풍기나 에어컨을 이용하기 때문에 실제 사망자는 훨씬 적은 것으로 나타났다. 삶은 더 나빠지고, 더 힘들어지며, 더 가난해지고, 더 불평등해질지 모른다.

더 많은 사람들이 여러 병을 얻고, 약해질지 모른다. 그러나 자원이 있는 한 사람들은 언제나 적응할 방법을 찾기 마련이다.

수위도 마찬가지이다. 인간은 물속에서 몇 분 이상 살 수 없고 심지어 물 위에 떠 있다고 하더라도 며칠을 넘기지 못한다. 하지만 그렇다고 해서 물이 있는 곳에는 인간이 없다는 단순한 등식이 성립할까? 그렇지 않다. 남아시아와 동남아시아에 자리 잡은 수백만 채의 수상 가옥을 휙 둘러보기만 해도 이런 생각이 틀렸다는 것을 확인할 수 있다. 인간은 영리하고, 적응력이 뛰어나며, 회복력이 강하다. 실행에 필요한 수단만 가지고 있다면 어떻게든 방법을 찾아낸다. 기후변화가 인간에게 미치는 영향을 규정하는 요인은 환경 자체가 아니라 기후변화에 적응하기 위해 활용할 수 있는 자원의 유무인 경우가 더 많다.

동일한 지번에 위치한 인접한 방에서 생활하는 두 사람이 있다고 해보자. 한 사람에게는 선풍기가 있고 다른 한 사람에게는 선풍기가 없다고 가정할 때, 이 두 사람이 경험하는 더위는 서로 차원이 다를 것이다. 선풍기가 없는 사람은 더위로 인해 불편을 느끼고 탈수와 불면증에 시달리는 등 선풍기가 있는 사람에 비해 더위의 영향을 훨씬 더 심하게 받을 것이다. 그리고 이것은 단지 가정에 그치지 않는다. 여러 더운 국가에서 전기 요금은 감당하기 어려울 정도로 비싸다. 따라서 선풍기가 있다고 하더라도 그것을 실제로 사용할 수 있는 사람은 많지 않다. 선풍기를 사용할 여력의 유무는 생활환경의 차이를 결정할 것이다. 그리고 그 차이는 더위가 각자의 신체에 미치는 영향의 차이로 이어질 것이다.

그렇지만 문제는 우리가 기후변화의 영향에 대해 논하는 방식이 이런 식의 세부사항을 통합하는 데 적합하지 않다는 것이다. 기후변화는 엑셀 같은 컴퓨터 프로그램에서 탄생한 현상이다. 따라서 기후변화를 측정하는 것과 관련된 모든 문제는 기후변화를 뒷받침하는 대규모 통계에서 비롯된다. 그렇지만 기후변화가 **사람들**에게 미치는 영향을 대규모 수준에서 사고하는 방식은 환경에 대한 경험을 형성하는 무수히 많은 요인을 모호하게 만든다. 경제가 이런 영향을 형성하는 방식에 대한 질문은 외면당하고, 소비가 주도하는 지속가능성과 기술적 해결책을 앞세우기 위해 경제 정의의 중요성은 폄하된다. 기후변화의 영향에 적응하는 문제에 관한 가장 효과적인 해결책은 가난한 사람들을 조금이라도 더 부유하게 만드는 것인데 말이다.

종말론적 기후 이주 담론이 그토록 해로운 이유는 여기에 있다. 그 담론은 대개 이주민에 대한 해로운 정치적 고정관념, 즉 그들이 절박하고 위험한 무리라는 틀에 박힌 생각과 이미지를 양산해낸다. 우파 언론의 이민 담론과 마찬가지로 좌파 언론의 기후 이주 담론도 그런 고정관념을 자의적으로 사용한다.[25] 그렇지만 더욱 중요한 점은 그로 인해 가장 시급한 조치가 무엇인지 사고하지 못하게 된다는 것이다. 코앞에 닥친 재앙을 막기 위해 필요한 조치는 높은 장벽이 아니라 경제 정의이다. '대규모 실향'[26]이 정치적 성향과 관계없이 기후 담론의 단골 주제로 떠오르는 사이 그것이 막을 수 없는 일이 아니라는 점은 잊히고 말았다. 방파제는 홍수를 막을 수 있고, 선풍기는 폭염을 막을 수 있으며, 운하는 가뭄을 막을 수 있다. 그리고 이 모든 것의 근원에는 돈이 있다. 부유한 세계는 전력과 자원을 비축하는 방식으로 다가오는 기후변화의 맹공격에 대비하고 있다. 그러나 그것은 해결책이 아니다. 이 문제를 해결하려면 부유한 세계가 글로벌 공장에서 더 공정하게 거래해야 한다. 그리고 부유한 세계는 그렇게 할 수 있다.

다섯 번째 신화:
지속가능성은 국내에서부터 시작된다?

영국은 지난 30년 동안 온실가스 배출량을 44퍼센트 줄였습니다. 그사이 GDP는 78퍼센트 상승했습니다. 즉 오염을 줄이는 동시에 일자리와 성장을 촉진할 수 있다는 말입니다. 그리고 이제 영국은 국가 온실가스 감축 목표Nationally Determined contribution를 이행함으로써 여기서 한 걸음 더 나아가고자 합니다. 영국이 정한 목표는 2030년까지 탄소 배출량을 1990년 대비 68퍼센트 감축하는 것으로, 개별 국가가 각자 설정한 국가 온실가스 감축 목표 중 가장 큰 축에 속합니다. 아울러, 모든 국가가 탄소 배출량 감축을 위한 이 서약에 동참하기를 바라는 바입니다.

글래스고에서 제26차 당사국총회가 개최되기 몇 달 전, 유엔 총회에 참석한 보리스 존슨^{Boris Johnson} 영국 총리는 총회에 참석한 각국 대표들 앞에서 기후변화 의제 설정을 주제로 연설했다. 존슨 총리는 고전적인 비유와 과장된 은유가 뒤섞인 이 연설에서 앞으로 열릴 이 중요한 당사국총회의 핵심 목표를 제시했다. 탄소 배출에 대해 연설하면서 그는 "모든 국가가 탄소 배출량 감축을 위한 서약에" 동참해 각국이 각자의 국내 탄소 배출 목표를 설정하고 달성하는 것이 중요하다고 강조했다. 존슨 총리의 연설에는 탄소 배출과 관련해 고정관념처럼 자리 잡은 사고방식, 즉 탄소 회계를 개별 국가 단위에서 바라보는 시각이 반영되어 있다. 각국은 자체 통계와 그래프를 발표하고 이런 수치를 바탕으로 성공 혹은 실패를 주장한다. 이것은 놀라운 일이 아니다. 어쨌든 우리 대부분은 전 지구적인 사안에 접근할 때 민족국가라는 발상을 중심으로 조직된 사고방식을 동원하기 때문이다. 민족국가는 우리의 근본적인 정치적 단위이고, 그 안에는 (민주주의 체제든 독재 체제든) 우리의 삶이 펼쳐지는 체제를 형성하는 권리와 의무가 포함되어 있다.

그렇지만 전 세계 국가들의 규모가 그들을 규제하는 국가 체계를 넘어선 것이 현실이다. 지구상의 모든 국가는 (영국이

나 유럽연합의 경우처럼) 국내 배출량을 상당히 줄이거나, (중국, 인도를 비롯한 여러 국가들처럼) 향후 넷제로를 달성할 수 있도록 신중하게 계획된 배출량 곡선을 따라가고 있다. 그러나 주요 산업국이 환경적으로 큰 성과를 거둬온 기간 동안에도 대기 중 탄소 증가율은 계속해서 높아져, 연간 1.5ppm(1990년대)에서 연간 2ppm(2000년대)을 거쳐 연간 2.5ppm(2010년대)이 되었다.[27]

주요 국가들이 모두 배출량 감축 약속을 그토록 잘 지키고 있는 상황이라면 대기가 그토록 나빠지는 이유는 무엇인가? 간단히 말해, 그 이유는 우리가 탄소 배출량을 계산하는 방식이 우리가 재화를 생산하는 방식에 더 이상 부합하지 않기 때문이다. 부유한 국가들은 국내에서 재화를 제조하는 비중을 계속해서 축소해왔다. 따라서 실제 배출량을 보고해야 할 책임은 글로벌 기업들이 지게 되었다. 그러나 기업이 자신들의 공급망에 대한 정보를 정확하게 보고하도록 유도할 수 있는 대책은 거의 없는 실정이다. 분명 이것만으로는 충분하지 않다. 탄소 배출을 유의미하게 추적하기 위해서는 공급망에서의 배출과 관련해 전 지구적인 관점을 취할 필요가 있다. 그러면 부유한 국가들의 탄소 배출량은 현재 그들이 보고하는 수치보다 훨씬 더 나빠질 것이다.

부유한 정부들은 당연히 이런 지적을 반기지 않는다. 따라서 이런 주장을 펼치려고 하면 필연적으로 '단일 국가가 할 수 있는 일에는 한계가 있다', '정치적 권한은 한 국가의 국경

안에서만 행사할 수 있을 뿐 그보다 더 먼 곳에서의 변화를 요구하는 데서는 행사할 수 없다' 따위의 말만 듣게 된다. 그러나 실제로 이것은 신화에 불과하다. 부유한 국가는 국경을 넘어 들어오는 재화를 통제할 수 있는 막강한 권력을 가지고 있고, 그 재화가 이런저런 조건을 준수해야 한다고 얼마든지 요구할 수 있다. 미국, 호주, 영국 혹은 유럽연합이 국경을 넘어오는 식품 수입을 얼마나 엄격하게 규제하는지 생각해보자. 수입된 모든 식품은 엄격한 검사를 거쳐야 하고, 독립적인 제3의 기관을 통해 수많은 규제를 준수한다는 인증을 받아야 한다. 부유한 국가들은 자국의 국내 환경을 보호하기 위해 이런 기준들을 적용하고 있다. 기업에는 부담이 되더라도 꼭 필요하기 때문에 적용하는 것이다. 해외에서 배출되는 탄소와 환경저하에 대해서도 동일한 수준의 엄격한 기준을 적용하는 것은 전적으로 이 부유한 국가들의 몫이다. 그러나 그런 일은 일어나지 않고 있다. 이런 현실을 통해 우리는 부유한 국가들이 환경 정책에서 우선시하는 것이 무엇인지 파악할 수 있다. 다시 말해, 그들은 전 지구적인 환경을 희생시킬지라도 자국의 영토만큼은 보호할 수 있는 환경 정책을 고수하고 있다.

여섯 번째 신화:
기후과학은 정치와 무관한 합의다?

과학은 끝났다.

　—앨 고어, 《불편한 진실An Inconvenient Truth》, 2006

[한국어판:《불편한 진실: 앨 고어의 긴급 환경 리포트》,

김명남 옮김, 좋은생각, 2006]

　　흔히 기후과학은 필요한 모든 결론에 도달했다고들 한다. IPCC가 도출한 합의는 97~99.9퍼센트에 달하는 과학자들의 지지를 받았다.²⁸ 따라서 2006년 전 세계적으로 크게 주목받은 앨 고어Al Gore의 다큐멘터리 〈불편한 진실〉이 "과학은 끝났다"고 부르짖은 것은 여러모로 의심의 여지 없이 올바른 것이었다. 인간이 유발한 탄소 배출이 대기 온난화를 유발하는지에 의문을 제기하는 과학자는 이제 극소수에 불과하다. 우리가 이미 바다, 공기, 숲, 심지어 직장에서까지 기후변화의 영향을 목도하고 있는지에 의문을 제기하는 사람도 거의 없다. 그러나 그 취지의 올바름과 관계없이 이것은 잘못된 메시지다. 과학은 결코 완성되는 것이 아니다. 과학은 절대로 완성될 수 없다. 과학자가 된다는 것은 곧 질문하고, 시험하며, 의혹을 제기하는 사람이 된다는 것이기 때문이다. 그러나 이것은 문제의 절반에 불과하다. 기후과학 역시 절대로 '완성될' 수 없다. 왜냐하면 기후과학은 과학일 뿐 아니라 (그 방법이 아무리 객관적이라고 하더라도) 인간과 관련된 모든 노력처럼 정치학이기 때문이다.

　　물리적 과정으로서의 기후변화는 사실이다. 즉 엄격한 방법에 의해 분간되고 방대한 증거에 의해 뒷받침되는 객관적인 진실이다. 인간의 활동으로 인해 대기 중으로 배출되는 탄소의 규모가 그 어느 때보다 더 커지고 있고 그로 인해 전 지구적으로 기온이 상승하고 있다. 이것은 우리가 익히 알고 있는 사실이다. 그러나 기후변화에 대응하는 방법을 결정하는 것은 과학자들이 아니다. 심지어 그들이 결정한다 하더라도, 그것은 과학의 영역이 아니라 정치의 영역에서 이뤄질 것이다. 녹색성장, 국경 강화, 중동에서의 군비 지출이 기후 정책이 아니라고는 할 수 없겠지만, 모두 다른 사람들을 희생시키면서 특정 이익 집단에게 혜택을 준다는 점에서 문제가 있다.

권력관계와 정치학이 매체가 보도하는 내용과 정치적 사고를 형성하는 방법을 이해하는 것이야말로 기후에 대한 유의미한 조치를 달성하기 위해 해결해야 할 핵심 과제다. 최근 수십 년간 기후과학자들이 이룩한 놀라운 업적 덕분에 우리는 인간의 활동이 전 지구적 환경에 미치는 변화를 훨씬 더 잘 이해할 수 있게 되었다. 그것은 글로벌 경제를 둘러싼 불편한 진실, 즉 극에 달한 진보의 열기가 파괴의 그림자를 감춰왔다는 진실을 알리기 위한 싸움으로, 지금까지 계속되고 있다. 그러나 문제는 과학이 이룩한 그 업적이 정치인과 대기업에 의해 표현되는 방식이다. 즉 정치인과 대기업은 기후과학의 가장 표준적인 객관성을 이용해 일부 사람들만 보호하는 정책에 무게를 싣고, 그 밖의 다른 사람들이 직면한 위협을 심화한다.

따라서 기후변화를 다르게 보기 위해, 그리고 지금까지 실행된 것과 다른 더 효과적인 해결책을 상상하기 위해 우리는 기후과학을 반드시 정치적인 시각에서 바라보아야만 한다. 기후변화에 대한 유의미한 조치를 실행하기 위해서는 부유한 세계 외부에 자리 잡은 과학자, 사회과학자, 환경운동가, 정책 입안가들의 목소리를 기후 대화에 끌어들여야 한다. 즉 현재 기후학계의 주변부에 자리 잡고 있는 사람들(젊은이, 빈곤층, 글로벌 북반구의 외부에 자리 잡은 사람들, 심지어 압도적 다수인 여성)에게 눈을 돌려 그들의 이야기에 귀를 기울여야 한다.

탄소 식민주의를 종식시키자:
노동자의 관점에서 다시 보기

쓰레기장의 측면으로 내려오다 보니 오늘날 기후 정책의 단점이 매우 명백하다는 생각이 들었다. 몇 달 뒤 런던 북부에 자리 잡은 양말 상점의 진열대 앞에서도 다시금 반복될 생각이었다. 내가 보고 들은 모든 것을 세계에 드러낼 수 없다면, 차라리 인간이 세계에 미치는 영향을 바라보고 해석하는 방식을 바꾸는 게 분명한 해결책이라는 생각이 들었다. 아무렇게나 나뒹구는 쓰레기 쪼가리를 밟으며 이런 생각을 곱씹고 있을 때 전화가 걸려와 몽상에 빠져 있던 나를 깨웠다. 올라오는 길에는 미처 발견하지 못했던 작은 벽돌집에서 걸려온 전화였다. 허술하게 지어진 벽돌집은 높이 쌓인 쓰레기 언덕의 가장자리에서 몇 미터쯤 떨어진 곳에 있었다. 갓 중년에 접어든 듯한 풍채 좋은 남성이 대문 옆에 놓인 크레이 나무로 만든 소파 겸 침대에 앉아 빙그레 웃고 있었다. 알고 보니 그는 쓰레기장

감독관이었다. 한 외국인이 쓰레기장에서 불쑥 나타났는데도 전혀 동요하지 않은 표정으로 나에게 잠시 앉아보라고 권했다. 쓰레기 더미 꼭대기에서 땡볕을 온몸으로 받아 지칠 대로 지친 나는 그 제안을 흔쾌히 수락했다. 감독관이 부인 및 자녀들과 함께 생활하는 방 두 칸짜리 집 그늘에 앉아서 한 시간 남짓 휴식을 취하는 동안 자신을 노린^{Norin}이라고 소개한 감독관은 나에게 쓰레기장에 대한 이야기를 들려주었다.

노린은 쓰레기장에서 쓰레기를 수거하는 100여 명의 노동자들이 재활용할 수 있는 쓰레기는 쓰레기장 주인에게 팔고, 재활용할 수 없는 쓰레기는 쓰레기장 밖으로 빼돌려두었다가 벽돌 가마나 값싼 가연성 물질이 필요한 다른 공장에 몰래 판다고 말해주었다. 다른 노동자들이 말해준 쓰레기 유통체계와는 조금 다른 구조였다. 또한 이곳의 노동자들이 쓰레기를 담는 데 사용하는 가방은 내가 목격한 가방, 즉 계속해서 가마 안에 던져졌던 쓰레기 가방이나 나중에 사용할 요량으로 벽돌 사이에 높이 쌓아 올려둔 쓰레기 가방과 달랐다. 그렇지만 우선 노린의 말을 믿어보기로 했다. 나중에 알게 된 바에 따르면, 가마에 투입되는 의류 대부분은 쓰레기장에 도착하기도 전에 이미 가마로 빠져나가고 있었다. 따라서 노린의 말은 진실이었을 수도 있고 아니었을 수도 있다.

얼마 뒤 노린과 작별 인사를 나누며, 앞으로도 영원히 이야기의 전모를 완벽하게 파악할 수 없겠다는 생각이 들었다. 그 생각은 지금도 변함이 없다. 생산은 극도로 복잡한 사업이다. 전 지구적 규모에서 깔끔하고 명확하게 규정된 형식은 훨씬 더 지저분하고 더러우며 복잡한 현장의 현실에 이르는 과정에서 희미해져간다. 이 점을 인식하는 것은 기후위기에 맞서 싸우는 데 중요하다. 왜냐하면 소비가 환경에 미치는 영향을 통제하거나 완화하는 것은 고사하고, 그런 현실을 아는 것 자체가 얼마나 절실하고 적절한 규제인지를 보여주기 때문이다. 즉 단 한 가지 방법만으로는 우리가 스스로를 지탱하기 위해 구축한 경제적 세계의 얽히고설킨 복잡성을 이해할 수 없다. 우리는 글로벌 공장이라는 거대한 기계를 그 나름의 방식으로 직시해야 한다. 다시 말해, 현장에 발을 딛고 창고와 작업장 내부를 들여다보아야 한다. 그리고 무엇보다 책임감을 발휘해야 한다. 기후변화에 대해 유의미한 조치를 취하기 위해서는 복잡성이라는 허점을 메워야 한다. 즉 생산이라는 나무의 꼭대기에 앉아 있는 사람들이 더 이상 글로벌 경제라는 기나긴 덩굴[공급망]에 자신의 의무를 떠넘기지 못하게 해야 한다.

그렇지만 무엇보다도 글로벌 공장에서 노동하는 사람들의 눈을 통해 기후위기를 바라보아야 한다. 즉 기후위기를 취약한 대륙을 뜨겁게 달구고 적시는, 온난화되는 대기로 바라볼 것이 아니라, 불평등한 경제의 압력으로 인해 이미 한계점에 다다른 생계 수단을 압박하는, 점점 더 커지는 압력으로 바라보아야 한다. 이 책에서 되짚어본 많은 이야기들에서 한 가지 교훈을 얻을 수 있다면, 기후는 절대로 혼자서 행동하지 않는다는 것이다. 기후는 사회라는 옷을 입고 인간을 만난다. 기후는 거버넌스 체계와 경제의 모습으로도 등장하고, 규범, 도덕, 신념의 모습으로도 등장한다. 인간이 경험하는 이 두 가지 영역은 함께 작용하면서 가장 크게 고통받을 사람, 가장 적게 고통받을 사람, 기후붕괴의 승자가 될 사람을 결정한다.

이것은 매우 중요한 문제다. 그 이유는 그것이 기후 취약성의 지리학을 이해하는 데 도움이 될 뿐만 아니라 기후를 근본적으로 변화시킬 수 있는 새롭고 매우 강력한 방편을 드러내기 때문이다. 만일 변화하는 기후가 우리의 사회 및 경제 체계를 통해 표출된다면 그 체계를 변화시키는 방식으로 기후의 영향을 완화하기 위해 노력해야 할 것이다. 더 높은 임금과 더 나은 노동조건은 기후변화에 대한 취약성을 낮출 것이다. 노동자들이 목소리를 낼 수 있게 된다면 소리 없이 고통받는 노동자는 훨씬 더 줄어들 것이다. 이 모든 것은 궁극적으로 책임성 있는 생산에서 비롯된다. 그리고 이런 변화는 개개인이 아니라 기업과 그 기업으로부터 재화를 공급받는 국가가 법적 규제를 통해 공급망에서 지켜야 하는 의무를 규정할 때 시작된다.

이것을 실천하기란 쉽지 않다. 왜냐하면 처음에는 그것이 눈에 띄지 않기 때문이다. 앞서 언급한 여섯 가지 신화를 도출해내기 위해, 나는 지난 15년 동안의 개인적인 여정을 이 책의 각 장에 담았다. 그 과정에서 환경붕괴의 최전선에 있는 사람들을 만나 대화를 나눴고, 많은 것을 배웠다. 의류 공장의 담벼락 너머를 들여다볼 수 있는 기회나 경제적·환경적 풍파에 노출된 탓에 인내심의 한계에 내몰린 사람들의 경험담을 들을 수 있는 기회를 얻을 수 있는 이는 많지 않다. 이런 식의 악순환에 빠진 사람들 중에 자신이 겪은 것을 하소연할 수 있는 사람은 훨씬 더 적다. 그러나 만일 우리가 보고 들을 수 있다면, 기후붕괴의 외주화를 중단하라고 요구할 수 있을 것이다.

이 과제에는 매우 다양한 차원이 포함되어 있다. 그러나 기본적으로 그와 관련된 메시지는 단순하다. 바로, 사람들이 기후변화에 취약해지는 것은 우연이 아니라는 것이다. 사람들이 취약해지는 이유는 사회가 그들을 취약하게 만들기 때문이다. 숲, 경작지, 바다가 오염과 저하에 취약한 것은 우연이 아니라 글로벌 공장이 그것들을 취약하게 만들기 때문이다. 이것은 아주 먼 과거나 얼마 전의 이야기가 아니라 바로 지금 일어나는 이야기이다. 우여곡절을 겪었지만, 부유한 세계는 심지어 환경의 불확실성이 점점 더 심해지고 있는 와중에도 자신들의 환경을 더 깨끗하고 안전하게 만들어가고 있다. 부유한 세계는 기후변화의 도전에 맞서 싸우는 데 필요한 자원을 축적하고 그것을 특권을 지닌 사람들을 보호하는 데 사용하고 있다. 그러나 전 세계의 대부분은 그와 정반대로 흘러간다. 천연자원은 계속해서 외부로 흘러나가는데, 그 보상으로 돌아오는 것은 빈약한 자본뿐이다. 기후와 시장이 맞물리면서 전통적인 생계수단이 무력화되자 크고 작은 행위자들이 숲을 파괴하게 되었고, 공장 노동자들은 무더운 환경에서 고된 노동에 시달리게 되었으며, 어부들은 생계 수단이 점점 더 줄어드는 상황과 직면하게 되었다.

이것이 가장 완벽한 의미의 탄소 식민주의이다. 글로벌 공급망은 경제적 조건을 지속적으로 재설정하면서 변화하는 기후에 적응하려는 현지의 노력을 방해하는 경제적 불안정성을 높이고 있다. 글로벌 공장의 주변부에서 착취당하는 노동자들은 기후위험에 노출될 가능성이 높지만, 막상 그에 대처할 수 있는 자본은 거의 가지고 있지 않은 형편이다. 글로벌 공장을 운영하는 데 필요한 인적 자원과 물적 자원을 제공하는 글로벌 남반구의 시민들은 글로벌 생산 공정으로 인해 현지의 환경이 저하되면서 더욱 심화되고 복잡해진 위험에 직면하게 되었다. 이런 공급망이 종종 부유한 세계로 이어진다는 사실은 부유한 세계가 짊어져야 할 책임(조치를 취할 필요성)과 그 세계가 보유하고 있는 기회(그렇게 할 수 있는 능력)를 동시에 시사한다.

우리는 국경 안에서 배출한 탄소를 집계하는 것이 아니라 우리가 사용한 전체 탄소를 집계해야 한다. 우리는 우리가 의존하는 경제가 머나먼 곳의 환경에 어떤 영향을 미치는지 인식하고, 무엇보다 이런 영향에 책임을 져야 한다. 생산이 환경법의 적용 범위를 더 쉽게 넘어서고, 그랬을 때 더 저렴하게 생산할 수 있는 한, 이런 일은 계속 반복될 것이다. 글로벌 공급망을 규제하는 법적 조치가 없다는 것은 우리의 삶을 뒷받침하는 공정과 관행이 사실상 누구의 소유도 아니라는 것을, 따라서 그와 결부된 책임이 공급망의 위 혹은 아래로 무한정 전달된다는 것을 의미한다. 법을 무력화하는 거대한 허점이 존재하는 한, 어떤 법도 효과적으로 시행될 수 없다. 따라서 글로벌 경제의 영향을 해결하기 위해 진지하게 노력하기 위해서는 반드시 책임이 우선시되어야만 한다.

다시 말해 우리는 기후붕괴를 해결하는 데 필요한 모든 도구를 가지고 있지만, 기후붕괴를 형성하는 생산 공정을 눈에 보이게 드러내는 능력이나 그 공정을 통제하는 능력은 부족하다. 이로 인해 우리는 수십 년 동안 아무런 조치도 취하지 못한 채 좌절감만 느껴왔다. 그러나 마침내 변화가 다가오고 있다. 법적 실험에서 기후 파업, 새로운 헌법에 이르기까지, 민중은 환경에 대한 우리의 사고를 형성하는 신화에서 벗어나고 있다. 민중은 '동화', 그린워싱, 개인주의에서 벗어나고 있다. 민중은 기후변화가 아직 개발되지 않은 기술의 문제가 아니라 항상 불평등한 권력의 문제였다는 사실을 깨닫고 있다. 기후붕괴의 영향이 더 명확해지면서, 이런 깨달음은 정치적·사회적 파열의 순간으로 전환될 잠재력을, 그리고 마침내 현상 유지를 탈피할 잠재력을 갖추게 되었다. 그러나 이런 잠재력을 발휘하기 위해서는 모든 사람이 나서야 한다. 모든 사람이 촉구하고, 의문을 제기하며, 면밀하게 조사해야 한다. 이것은 기업의 선의에만 맡겨두기에는 너무나도 크고 중요한 과제이다. 그러므로 더 이상 변명하지 말라고 요구하자. 더 이상 질질 끌지 말라고 요구하자. 우리 경제 속에 무언가를 감추는 뻔뻔한 작태를 더 이상 용납하지 말라고 요구하자. 탄소 식민주의의 종식을 요구하자.

프롤로그

1   Althor, G., Watson, J. E., and Fuller, R. A. (2016). Global mismatch between greenhouse gas emissions and the burden of climate change. *Scientific Reports,* 6(1), 1-6.

2   Intergovernmental Panel on Climate Change [IPCC] (2018). Global warming of 1.5℃. *An IPCC Special Report on the Impacts of Global Warming of 1.5℃ Above Pre-industrial Levels and Related Global Greenhouse Gas Emission Pathways, in the Context of Strengthening the Global Response to the Threat of Climate Change, Sustainable Development, and Efforts to Eradicate Poverty.* Geneva: IPCC.

3   Hooijer, A., and Vernimmen, R. (2021). Global LiDAR land elevation data reveal greatest sea-level rise vulnerability in the tropics. *Nature Communications,* 12(1), 1-7.

4   Asian Development Bank [ADB] (2013). *Beyond Factory Asia: Fuelling Growth in a Changing World.* Manila: ADB.

5   Thwaites, T. (2011). *The Toaster Project: Or a Heroic Attempt to Build a Simple Electric Appliance from Scratch.* San Francisco: Chronicle Books[한국어판: 토머스 트웨이츠, 《토스터 프로젝트: 맨손으로 토스터를 만드는 영웅적이면서도 무모한 시도에 관하여》, 황성원 옮김, 뜨인돌출판사, 2012].

6   Varman-Schneider, B. (2018 [1991]). *Capital Flight in Developing*

Countries. London: Routledge.

7   Morgan, K. (2004). The exaggerated death of geography: learning,
     proximity and territorial innovation systems. *Journal of Economic
     Geography*, 4(1), 3-21.

8   Open Apparel Registry (2021). *The Open Apparel Registry Database*.
     2021년 12월 23일 접속. [http://openapparel.org].

9   Sainsbury's, J. (2021). *Sustainability*. 2021년 12월 23일 접속.
     [www.about.sainsburys.co.uk/sustainability].

10   Greenpeace UK and Runnymede Trust (2022). *Confronting Injustice:
     Racism and the Environmental Emergency*. London: Greenpeace and
     Runnymede.

11   Hamilton, C. (2006년 2월). T*he Dirty Politics of Climate Change.
     Speech to the Climate Change and Business Conference,* Hilton
     Hotel, Adelaide, 2006년 2월 20일.

12   Glazebrook, T. (2008). Myths of climate change: deckchairs and
     development. In Irwin, R. (ed.). *Climate Change and Philosophy:
     Transformational Possibilities*. London: Bloomsbury, 162-179.

13   Hickel, J., and Kallis, G. (2020). Is green growth possible? *New
     Political Economy*, 25(4), 469-486.

14   Greer, J., and Bruno, K. (1996). *Greenwash: The Reality behind
     Corporate Environmentalism*. Penang, Malaysia: Third World
     Network.

15   Hickel, J., and Kallis, G. (2020). Is green growth possible? *New
     Political Economy*, 25(4), 469-486.

1장

1   United Nations Environment Programme [UNEP] (2020). *Sustainable
     Trade in Resources: Global Material Flows, Circularity and Trade*.
     Nairobi: UNEP.

2   World Wildlife Fund [WWF] (2020). *Living Planet Report 2020:
     Bending the Curve of Biodiversity Loss*. London: WWF.

3   Wilk, R. (2007). The extractive economy: an early phase of the
     globalization of diet, and its environmental consequences. In
     Hornborg, A., McNeill, R., and Martinez-Alier, J. (eds). *Rethinking
     Environmental History: World-System History and Global
     Environmental Change*. London: Rowman and Littlefield, 177-196.

4   Bales, K. (2016). *Blood and Earth: Modern Slavery, Ecocide, and the*

Secret to Saving the World. New York: Random House.

5 Bales, K. (2012). *Disposable People*. Berkeley: University of California Press.

6 Premchander, S., Poddar, S., and Uguccioni, L. (2019). Indebted to work: bondage in brick kilns. In Campbell, G. and Stanziani, A. (eds). *The Palgrave Handbook of Bondage and Human Rights in Africa and Asia*. New York: Palgrave Macmillan, 389-414.

7 Decker Sparks, J. L., and Hasche, L. K. (2019). Complex linkages between forced labor slavery and environmental decline in marine fisheries. *Journal of Human Rights*, 18(2), 230-245.

8 Bunker, S. G. (2007). Natural values and the physical inevitability of uneven development under capitalism. In Hornborg, A., McNeill, R., and Martinez-Alier, J. (eds). *Rethinking Environmental History: World-System History and Global Environmental Change*. London: Rowman and Littlefield, 239-258.

9 Sparks, J. L. D., Boyd, D. S., Jackson, B., Ives, C. D., and Bales, K. (2021). Growing evidence of the interconnections between modern slavery, environmental degradation, and climate change. *One Earth*, 4(2), 181-191.

10 El Kallab, T., and Terra, C. (2020). The colonial exports pattern, institutions and current economic performance. J*ournal of Economic Studies*, 48(8), 1591-1623; Bunker, S. G. (2007). Natural values and the physical inevitability of uneven development under capitalism. In Hornborg, A., McNeill, R., and Martinez-Alier, J. (eds). *Rethinking Environmental History: World-System History and Global Environmental Change*. London: Rowman and Littlefield, 239-258.

11 Hickel, J., Dorninger, C., Wieland, H., and Suwandi, I. (2022). Imperialist appropriation in the world economy: drain from the global South through unequal exchange, 1990-2015. *Global Environmental Change*, 73, 102467.

12 Bunker, S. G. (2007). Natural values and the physical inevitability of uneven development under capitalism. In Hornborg, A., McNeill, R., and Martinez-Alier, J. (eds). *Rethinking Environmental History: World-System History and Global Environmental Change*. London: Rowman and Littlefield, 240-241.

13 Mekong Fish Network (2020). Trash Under the Surface of the Tonle Sap River. 2022년 2월 8일 접속. [http://mekongfishnetwork.org].

14 Felipe, J., Abdon, A., and Kumar, U. (2012). *Tracking the Middle-Income Trap: What Is It, Who Is In It, and Why?* Levy Economics

Institute, Working Paper Number 715.

15 Tilley, L. (2021). Extractive investibility in historical colonial perspective: the emerging market and its antecedents in Indonesia. *Review of International Political Economy*, 28(5), 1099-1118.

16 Dosi, G. (2016). Beyond the 'magic of the market': the slow return of industrial policy (but not yet in Italy). *Economia e Politica Industriale*, 43(3), 261-264.

17 Doch, S., Diepart, J. C., and Heng, C. (2015). A multi-scale flood vulnerability assessment of agricultural production in the context of environmental change: the case of the Sangkae River watershed, Battambang province. In Diepart, J. -C. (ed.). *Learning for Resilience: Insights from Cambodia's Rural Communities*. Phnom Penh: The Learning Institute, 19-49.

18 Short, P. (2005). *Pol Pot: Anatomy of a Nightmare*. New York: Macmillan.

19 World Bank (2014). *Clear Skies: Cambodia Economic Update*. Phnom Penh: World Bank.

20 International Labour Organisation (ILO) (2019). *Cambodia Garment and Footwear Sector Bulletin*, Issue 9, July.

21 World Bank (2022). World Bank Databank. 2022년 5월 18일 접속. [https://data.worldbank.org/country/KH].

22 Human Rights Watch (2015). '*Work Faster or Get Out!' Labour Rights Abuses in Cambodia's Garment Industry*. USA: Human Rights Watch.

23 Derks, A. (2008). *Khmer Women on the Move: Exploring Work and Life in Urban Cambodia*. Honolulu: University of Hawaii Press.

24 Asian Centre for Development [ACD] (2020). *A Survey Report on the Garment Workers of Bangladesh*. Dhaka: ACD.

25 Lee, E. S. (1966). A theory of migration. *Demography*, 3(1), 47-57.

26 Blake, W. (1808). And did those feet in ancient time. In Blake, W. *Milton: A Poem in Two Books*. London: Associated University Presses.

27 Beckert, S. (2014). *Empire of Cotton: A Global History*. New York: Penguin Random House USA[한국어판: 스벤 베커트, 《면화의 제국: 자본주의의 새로운 역사》, 김지혜 옮김, 주경철 감수, 휴머니스트, 2018].

28 Ibid.

29 Ibid.

30 Ibid.

31 Wittering, S. (2013). *Ecology and Enclosure: The Effect of Enclosure on Society, Farming and the Environment in South Cambridgeshire, 1798–1850*. Macclesfield: Windgather Press.

32 Dwyer, M. B. (2015). The formalization fix? Land titling, land concessions and the politics of spatial transparency in Cambodia. *Journal of Peasant Studies*, 42(5), 903-928.

33 Diepart, J. -C. (2016). *They Will Need Land! The Current Land Tenure Situation and Future Land Allocation Needs of Smallholder Farmers in Cambodia*. MRLG Thematic Study Series #1. Vientiane: Mekong Region Land Governance.

34 Merchant, C. (1980). *The Death of Nature: Women, Ecology, and the Scientific Revolution*. London: Harper Collins[한국어판: 캐롤린 머천트, 《자연의 죽음: 여성과 생태학, 그리고 과학혁명》, 전규찬·전우경·이윤숙 옮김, 미토, 2005].

35 Hickel, J., and Kallis, G. (2020). Is green growth possible? *New Political Economy*, 25(4), 469-486.

36 Szolucha, A. (2018). *Energy, Resource Extraction and Society*. London: Routledge.

37 United Nations Environment Programme [UNEP] (2016). *Global Material Flows and Resource Productivity. Assessment Report for the UNEP International Resource Panel*. Nairobi: United Nations Environment Programme.

38 Global Waste Cleaning Network (14 November 2021). *Global Waste Trade and its Effects on Landfills in Developing Countries*. By Mariam George.

39 Cotta, B. (2020). What goes around, comes around? Access and allocation problems in global North-South waste trade. *International Environmental Agreements: Politics, Law and Economics*, 20(2), 255-269.

2장

1 United Nations (2022). Least Developed Countries (LDCs). 2022년 9월 5일 접속. [www.un.org/development/desa/dpad/least-developed-country-category.html].

2 Cambodianess (13 January 2020). *Value of Construction Projects Doubles in 2019*. By Ou Sokmean.

3 HM Government. Modern Slavery. 2022년 2월 15일 접속. [www.gov.uk].

4 Parsons, L., and Ly, V. L. (2020). *A Survey of the Cambodian Brick Industry: Population, Geography, Practice*. Phnom Penh: Brick

Workers Trade Union of Cambodia.

5   Brickell, K., Parsons, L., Natarajan, N., and Chann, S. (2018). *Blood Bricks: Untold Stories of Modern Slavery and Climate Change from Cambodia.* Egham: Royal Holloway.

6   House of Commons (2021). *Investment Industry's Exposure to Modern Slavery.* Research Briefing Number CBP 9353. By Ali Shalchi, 2021년 10월 25일. 2022년 5월 20일 접속. [http://commonslibrary.parliament.uk].

7   Observatory of Economic Complexity [OEC] (2019). *Bricks/Brick Trade.* 2019년 11월 29일 접속. [https://oec.world].

8   Ibid.

9   Parsons, L., Safra de Campos, R., Moncaster, A., Siddiqui, T., Cook, I., Abenayake, C., Jayasinghe, A., Mishra, P., Bilah, T., and Scungio, L. (2021). *Disaster Trade: The Hidden Footprint of UK Production Overseas.* Egham: Royal Holloway.

10   Her Majesty's Revenue and Customs [HMRC] (2020). *UK Brick Import Data.* Private Communication via the Brick Development Association.

11   Ibid.

12   Mishra, D. K. (2020). Seasonal migration and unfree labour in globalising India: insights from field surveys in Odisha. *Indian Journal of Labour Economics*, 63(4), 1087-1106.

13   BBC News (2014년 9월 2일). *Why India's Brick Kiln Workers 'Live Like Slaves'.* By Humphrey Hawksley.

14   HM Government (2022). F*ood Statistics in your Pocket: Prices and Expenditure.* 2022년 2월 10일 접속. [www.gov.uk/government/statistics].

15   The Economist (29 January 2020). *Interest in Veganism is Surging.*

16   Falguera, V., Aliguer, N., and Falguera, M. (2012). An integrated approach to current trends in food consumption: moving toward functional and organic products? *Food Control*, 26(2), 274-281.

17   Ibid.

18   Sexton, A. E., Garnett, T., and Lorimer, J. (2022). Vegan food geographies and the rise of Big Veganism. *Progress in Human Geography*, 46(2), 605-628.

19   The New York Times (30 September 1970). *F. T. C. Says Chevron's Claims For a Gas Additive Are False.*

20   Ibid.

21   Corpwatch (2001). Greenwash Fact Sheet. 2021년 1월 20일 접속. [www.corpwatch.org/article/greenwash-fact-sheet].

22 Beckert, S. (2014). *Empire of Cotton: A Global History.* New York: Penguin Random House USA[한국어판: 스벤 베커트, 《면화의 제국》].

23 Temin, P. (2013). *The Roman Market Economy.* Princeton: Princeton University Press.

24 Hansen, V. (2012). *The Silk Road.* Oxford: Oxford University Press[한국어판: 발레리 한센, 《실크로드: 7개의 도시》, 류형식 옮김, 소와당, 2015].

25 Quiroga-Villamarin, D. R. (2020). Normalising global commerce: containerisation, materiality, and transnational regulation (1956-.68). *London Review of International Law,* 8(3), 457-477.

26 Rodrigue, J. P. (2012). The geography of global supply chains: evidence from third-party logistics. *Journal of Supply Chain Management,* 48(3), 15-23.

27 Jedermann, R., Praeger, U., Geyer, M., and Lang, W. (2014). Remote quality monitoring in the banana chain. *Philosophical Transactions of the Royal Society A: Mathematical, Physical and Engineering Sciences,* 372(2017), 1-21.

28 Silvestre, B. S., Viana, F. L. E., and de Sousa Monteiro, M. (2020). Supply chain corruption practices circumventing sustainability standards: wolves in sheep's clothing. *International Journal of Operations and Production Management,* 40(12), 1873-1907.

29 Lawreniuk, S. (2020). Necrocapitalist networks: COVID-19 and the 'dark side' of economic geography. *Dialogues in Human Geography,* 10(2), 199-202.

30 Brickell, K., Lawreniuk, S., Chhom, T., Mony, R., So, H., and McCarthy, L. (2022). 'Worn out': debt discipline, hunger, and the gendered contingencies of the COVID-19 pandemic amongst Cambodian garment workers. *Social & Cultural Geography,* 1-20.

31 Obinger, H., and Schmitt, C. (2020). World war and welfare legislation in western countries. *Journal of European Social Policy,* 30(3), 261-274.

32 Amengual, M., and Distelhorst, G. (2020). *Cooperation and Punishment in Regulating Labor Standards: Evidence from the Gap Inc Supply Chain.* SSRN 3466936: http://dx.doi.org/10.2139/ssrn.3466936에서 활용 가능.

33 Ibid.

34 Caro, F., Lane, L., and Saez de Tejada Cuenca, A. (2021). Can brands claim ignorance? Unauthorized subcontracting in apparel supply chains. *Management Science,* 67(4), 2010-2028.

35 Parsons, L., Safra de Campos, R., Moncaster, A., Siddiqui, T., Cook, I., Abenayake, C., Jayasinghe, A., Mishra, P., Bilah, T. and Scungio, L. (2021). *Disaster Trade: The Hidden Footprint of UK Production Overseas*. Egham: Royal Holloway.

36 Buller, A. (2022). *The Value of a Whale: On the Illusions of Green Capitalism*. Manchester: Manchester University Press.

37 Initiative Lieferkettengesetz (2022). *What the New SUPPLY CHAIN ACT Delivers – and What It Doesn't*. 2022년 9월 5일 접속. [https://lieferkettengesetz.de/].

3장

1 Kalandides, A., and Gresillon, B. (2021). The Ambiguities of 'Sustainable' Berlin. Sustainability, 13(4), 1666, 1-13.

2 Deloitte (2020). *Shifting Sands: The Changing Consumer Landscape*. London: Deloitte.

3 Praskievicz, S. (2021). How the environment became global. *Anthropocene*, 35, 100-305.

4 Cosgrove, D. (1994). Contested global visions: one-world, wholeearth, and the Apollo space photographs. *Annals of the Association of American Geographers*, 84(2), 270-294.

5 The Virginia Mercury (2019년 8월 21일). *On Climate Change, We're All In This Together*. By Ivy Main.

6 Pope Francis (2015). Laudato Si. 2022년 5월 25일 접속. [www.vatican.va/]. [옮긴이: 2024년 2월 1일 접속 시 vatican.va/content/vatican/en.html로 리디렉션]

7 The Independent (2021년 1월 11일). '*Abusing Our Planet as if We Had a Spare One': UN Chief Leads Call for Action on Nature Crisis at Summit*. By Daisy Dunne.

8 Ritchie, H. (2020). *Where in the World do People Have the Highest CO2 Emissions from Flying?* Our World in Data. 2022년 5월 26일 접속. [https://ourworldindata.org/].

9 Ritchie, H., Roser, M., and Rosado, P. (2020). *CO2 and Greenhouse Gas Emissions*. Our World in Data. 2022년 5월 26일 접속. [https://ourworldindata.org/].

10 National Oceanic and Atmospheric Administration [NOAA] (2022). *Trends in Atmospheric Carbon Dioxide*. 2022년 5월 26일 접속. [https://gml.noaa.gov/ccgg/trends/mlo.html].

11 co2levels.org (2021). *Atmospheric CO2 Levels Graph*. 2021년 7월 5일 접속. [http://co2levels.org].

12 Climate Action Tracker (2021). *Climate Action Tracker*. 2021년 7월 5일 접속. [https://climateactiontracker.org/].

13 Committee on Climate Change [CCC] (2019). *Reducing UK Emissions 2019: Progress Report to Parliament*. London: CCC.

14 Climate Action Tracker (2021). *Climate Action Tracker*. 2021년 7월 5일 접속. [https://climateactiontracker.org/].

15 Baumert, N., Kander, A., Jiborn, M., Kulionis, V., and Nielsen, T. (2019). Global outsourcing of carbon emissions 1995-2009: a reassessment. *Environmental Science & Policy*, 92, 228-236.

16 Moran, D., Hasanbeigi, A., and Springer, C. (2018). *The Carbon Loophole in Climate Policy: Quantifying the Embodied Carbon in Traded Products*. San Francisco: KGM & Associates, Global Efficiency Intelligence, Climate Work Foundations.

17 Peters, G. P., Andrew, R. M., and Karstensen, J. (2016). *Global Environmental Footprints: A Guide to Estimating, Interpreting and Using Consumption-Based Accounts of Resource Use and Environmental Impacts*. Copenhagen: Nordic Council of Ministers.

18 Dehm, J. (2016). Carbon colonialism or climate justice: interrogating the international climate regime from a TWAIL perspective. *Windsor Yearbook of Access to Justice*, 33(3), 129-161.

19 Office of National Statistics [ONS] (2019). *The Decoupling of Economic Growth from Carbon Emissions: UK Evidence*. 2019년 10월 23일 접속. [www.ons.org.uk]. [옮긴이: 2024년 2월 1일 접속 시 접속 불가. www.ons.gov.uk에는 접속 가능]

20 Ward, M. (2020). Statistics on UK-EU Trade. Briefing Paper Number 7851. London: House of Commons Library.

21 Department for Environment, Food and Rural Affairs [Defra] (2017). *The UK's Carbon Footprint 1997–2016*. 2019년 12월 2일 접속. [https://assets.publishing.service.gov.uk]. [옮긴이: 2024년 2월 1일 접속 시 접속 불가. www.gov.uk/government/organisations/department-for-environment-food-rural-affairs에는 접속 가능]

22 World Wildlife Fund (2020). *Carbon Footprint: Exploring the UK's Contribution to Climate Change*. London: WWF.

23 Intergovernmental Panel on Climate Change [IPCC] (2018). *Global Warming of 1.5°C: An IPCC Special Report on the Impacts of Global Warming of 1.5°C Above Pre-industrial Levels and Related Global Greenhouse Gas Emission Pathways, in the Context of Strengthening*

the Global Response to the Threat of Climate Change, Sustainable Development, and Efforts to Eradicate Poverty. Geneva: IPCC.

24 Open Apparel Registry (2022). The Open Apparel Registry. 2022년 9월 5일 접속.[http://openapparel.org].

25 Nature Climate Change Editorial (2018). The price of fast fashion. Nature Climate Change, 8(1), 1.

26 World Bank (2019년 9월 23일). How Much Do Our Wardrobes Cost to the Environment? Feature Story. 2021년 7월 5일 접속. [http:// worldbank.org]. [옮긴이: 2024년 2월 1일 접속 시 www.worldbank.org/ en/home으로 리디렉션]

27 Nature Climate Change Editorial (2018). The price of fast fashion. Nature Climate Change, 8(1), 1.

28 Human Rights Watch [HRW] (2017). Tracing the Thread: The Need for Supply Chain Transparency in the Garment and Footwear Industry. New York: Human Rights Watch.

29 Zenz, A. (2020). Coercive Labor in Xinjiang: Labor Transfer and the Mobilization of Ethnic Minorities to Pick Cotton. Washington: Center for Global Policy.

30 The Independent 2020년 4월 23일). UK Government Urged to Ban Import of Chinese Cotton Made Using Uighur Muslim Forced Labour. By Adam Withnall.

31 Parsons, L., Safra de Campos, R., Moncaster, A., Siddiqui, T., Cook, I., Abenayake, C., Jayasinghe, A., Mishra, P., Bilah, T., and Scungio, L. (2021). Disaster Trade: The Hidden Footprint of UK Production Overseas. Egham: Royal Holloway.

32 Ibid.

33 Reuters (2020). UK to Big Brands: Do More to Avoid Forced Labour in China's Xinjiang. By Kieran Guilbert.

34 BBC (2021년 12월 9일). China Committed Genocide Against Uyghurs, Independent Tribunal Rules. By Joel Gunter.

35 Parsons, L., Safra de Campos, R., Moncaster, A., Siddiqui, T., Cook, I., Abenayake, C., Jayasinghe, A., Mishra, P., Bilah, T., and Scungio, L. (2021). Disaster Trade: The Hidden Footprint of UK Production Overseas. Egham: Royal Holloway.

36 Her Majesty's Revenue and Customs [HMRC] (2020). UK Brick Import Data. Private Communication via the Brick Development Association.

37 UN News (2008). Half of Global Population will Live in Cities by End of this Year, Predicts UN. 2021년 7월 5일 접속. [http://news.un.org]. [옮긴이: 2024년 2월 1일 접속 시 news.un.org/en/로 리디렉션]

38 World Green Building Council [WGBC] (2019). *Bringing Embodied Carbon Upfront: Coordinated Action for the Building and Construction Sector to Tackle Embodied Carbon.* London: WGBC.

39 World Green Building Council [WGBC] (2021). *Principle One: Protect Health and Wellbeing.* 2021년 7월 5일 접속. [https://worldgbc.org/].

40 Climate and Clean Air Coalition (2020). *Bricks: Mitigating Black Carbon and Other Pollutants from Brick Production.* 2021년 7월 5일 접속. [www.ccacoalition.org/].

41 United Nations Environment Programme [UNEP] (2020). *Sustainable Trade in Resources: Global Material Flows, Circularity and Trade.* Nairobi: UNEP.

42 Brown, D., Boyd, D. S., Brickell, K., Ives, C. D., Natarajan, N., and Parsons, L. (2021). Modern slavery, environmental degradation and climate change: fisheries, field, forests and factories. *Environment and Planning E: Nature and Space,* 4(2), 191-207.

43 Turner and Townsend (2019). *International Construction Market Survey 2019.* London: Turner and Townsend.

44 World Freight Rates (2021). *Freight Calculator.* 2021년 7월 5일 접속. [https://worldfreightrates.com/]. [옮긴이: 2024년 2월 1일 접속 시 접속 불가]

45 Her Majesty's Revenue and Customs [HMRC] (2020). *UK Brick Import Data.* Private Communication via the Brick Development Association.

46 Department for Environment, Food and Rural Affairs [Defra] (2018). *Clean Air Strategy 2018.* 2021년 7월 5일 접속. [https://assets.publishing service.gov.uk]. [옮긴이: 2024년 2월 1일 접속 시 접속 불가. www.gov.uk/government/organisations/department-for-environment-food-rural-affairs에는 접속 가능]

47 World Bank (2018). *Enhancing Opportunities for Clean and Resilient Growth in Urban Bangladesh: Country Environmental Analysis.* Washington: World Bank.

48 Eil, A., Li, J., Baral, P., and Saikawa, E. (2020). *Dirty Stacks, High Stakes: An Overview of Brick Sector in South Asia.* Washington: World Bank.

49 Becqué, R., Dubsky, E., Hamza-Goodacre, D., and Lewis, M. (2018). *Europe's Carbon Loophole.* San Francisco: Climate Works Foundation.

50 World Green Building Council [WGBC] (2019). *Bringing Embodied Carbon Upfront: Coordinated Action for the Building and Construction Sector to Tackle Embodied Carbon.* London: WGBC.

51 Ibid.

52　Moore, S. A., Rosenfeld, H., Nost, E., Vincent, K., and Roth, R. E. (2018). Undermining methodological nationalism: cosmopolitan analysis and visualization of the North American hazardous waste trade. *Environment and Planning A: Economy and Space*, 50(8), 1558-1579.

53　Hickel, J., Dorninger, C., Wieland, H., and Suwandi, I. (2022). Imperialist appropriation in the world economy: drain from the global South through unequal exchange, 1990-2015. *Global Environmental Change*, 73, 102467.

54　Batel, S., and Devine-Wright, P. (2017). Energy colonialism and the role of the global in local responses to new energy infrastructures in the UK: a critical and exploratory empirical analysis. *Antipode*, 49(1), 3-22.

55　Lyons, K., and Westoby, P. (2014). Carbon colonialism and the new land grab: plantation forestry in Uganda and its livelihood impacts. *Journal of Rural Studies*, 36, 13-21.

56　Alexander, C., and Stanley, A. (2021). The colonialism of carbon capture and storage in Alberta's Tar Sands. *Environment and Planning E: Nature and Space*, 5(4), 2112-2131.

57　Hoefle, S. W. (2013). Beyond carbon colonialism: frontier peasant livelihoods, spatial mobility and deforestation in the Brazilian Amazon. *Critique of Anthropology*, 33(2), 193-213.

58　Moran, D., Hasanbeigi, A., and Springer, C. (2018). *The Carbon Loophole in Climate Policy: Quantifying the Embodied Carbon in Traded Products*. San Francisco: KGM and Associates, Global Efficiency Intelligence, Climate Work Foundations.

59　Liboiron, M. (2021). *Pollution Is Colonialism*. Durham: Duke University Press.

60　Eurostat (2020). *Waste Shipment Statistics*. 2021년 7월 6일 접속. [https://ec.europa.eu/eurostat/].

61　Bachram, H. (2004). Climate fraud and carbon colonialism: the new trade in greenhouse gases. *Capitalism Nature Socialism*, 15(4), 5-20.

62　Alexander, C., and Stanley, A. (2021). The colonialism of carbon capture and storage in Alberta's Tar Sands. *Environment and Planning E: Nature and Space*, 25148486211052875.

63　Liboiron, M. (2021). *Pollution Is Colonialism*. Durham: Duke University Press.

64　Novotny, V., and Krenkel, P. A. (1975). A waste assimilative capacity model for a shallow, turbulent stream. *Water Research*, 9(2), 233-241.

65　Moran, D., Hasanbeigi, A., and Springer, C. (2018). *The Carbon*

Loophole in Climate Policy: Quantifying the Embodied Carbon in Traded Products. San Francisco: KGM & Associates, Global Efficiency Intelligence, Climate Work Foundations.

66 Bhojvaid, V. (2021). Hazy clouds: making black carbon visible in climate science. *Journal of Material Culture*, 1-16. DOI: 10.1177/1359183521994864.

67 Harris, P. (2021). *Pathologies of Climate Governance: International Relations, National Politics and Human Nature*. Cambridge: Cambridge University Press.

68 Bhambra, G. K., Gebrial, D., and Nişancıoğlu, K. (2018). *Decolonising the University*. London: Pluto Press.

69 Simmonds, N. (2011). Mana wahine: decolonising politics. *Women's Studies Journal,* 25(2), 11-25.

70 Pahuja, S. (2011). *Decolonising International Law: Development, Economic Growth and the Politics of Universality*. Cambridge: Cambridge University Press.

71 Chao, S., and Enari, D. (2021). Decolonising climate change: a call for beyond-human imaginaries and knowledge generation. *eTropic: Electronic Journal of Studies in the Tropics*, 20(2), 32-54.

4장

1 Hinson, S., and Bolton, P. (2021). *Fuel Poverty*. House of Commons Library Research Briefing, 8 July 2021. 2023년 1월 16일 접속. [https://commonslibrary.parliament.uk/].

2 BBC (2016년 3월 20일). *Fuel poverty: An Anatomy of a Cold Home*. By Datshiane Navanayagam.

3 Hinson, S., and Bolton, P. (2021). *Fuel Poverty*. House of Commons Library Research Briefing, 8 July 2021. 2023년 1월 16일 접속. [https://commonslibrary.parliament.uk/].

4 Science Norway (2016년 2월 26일). *Humans are Tropical Animals*. By Georg Mathison.

5 World Bank (2021). *Climate Knowledge Portal: Cambodia*. 2022년 5월 24일 접속. [https://climateknowledgeportal.worldbank.org/].

6 Eyler, B., and Weatherby, C. (2019). *Letters from the Mekong: Toward A Sustainable Water-Energy Food Future in Cambodia*. Washington, DC: The Stimson Center.

7 Ibid.

8   Behringer, W. (2010). *A Cultural History of Climate*. Cambridge: Polity[한국어판: 볼프강 베링어, 《기후의 문화사》, 안병욱·이은선 옮김, 공감in, 2010].

9   Solomon, S. (2007). IPCC (2007): *Climate Change The Physical Science Basis*. In American Geophysical Union Fall Meeting Abstracts (Vol. 2007), U43D-01.

10   Weber, E. U. (2010). What shapes perceptions of climate change? *Wiley Interdisciplinary Reviews: Climate Change*, 1(3), 332-342.

11   Parsons, L., and Nielsen, J. Ø. (2021). The subjective climate migrant: climate perceptions, their determinants, and relationship to migration in Cambodia. *Annals of the American Association of Geographers*, 111(4), 971-988.

12   Boyd, D. S., Jackson, B., Wardlaw, J., Foody, G. M., Marsh, S., and Bales, K. (2018). Slavery from space: demonstrating the role for satellite remote sensing to inform evidence-based action related to UN SDG number 8. *ISPRS Journal of Photogrammetry and Remote Sensing*, 142, 380-388.

13   Ayeb-Karlsson, S., Van der Geest, K., Ahmed, I., Huq, S., and Warner, K. (2016). A people-centred perspective on climate change, environmental stress, and livelihood resilience in Bangladesh. *Sustainability Science*, 11(4), 679-694.

14   Parsons, L., Safra de Campos, R., Moncaster, A., Siddiqui, T., Cook, I., Abenayake, C., Jayasinghe, A., Mishra, P., Bilah, T., and Scungio, L. (2021). *Disaster Trade: The Hidden Footprint of UK Production Overseas*. Egham: Royal Holloway.

5장

1   Shatkin, G. (1998). 'Fourth World' cities in the global economy: the case of Phnom Penh, Cambodia. *International Journal of Urban and Regional Research*, 22(3), 378-393.

2   Natarajan, N., Parsons, L., and Brickell, K. (2019). Debt-bonded brick kiln workers and their intent to return: towards a labour geography of smallholder farming persistence in Cambodia. *Antipode*, 51(5), 1581-1599.

3   Global Forest Watch (2022). *Cambodia*. 2022년 5월 30일 접속. [https://globalforestwatch.org].

4   Sultana, F. (2011). Suffering for water, suffering from water: emotional

geographies of resource access, control and conflict. *Geoforum*, 42(2), 163-172.

5   Royal Government of Bhutan (2019). *National Strategic Development Plan (2019–2023)*. Thimpu: Royal Government of Bhutan.

6   World Bank (2022). *Bhutan Overview: Development News, Research, Data*. 2022년 2월 28일 접속. [https://worldbank.org]. [옮긴이: 2024년 2월 1일 접속 시 www.worldbank.org/en/home로 리디렉션]

7   World Bank South Asia (2020년 2월 13일). 트윗.

8   Ritchie, H., and Roser, M. *Deforestation and Forest Loss: Which Countries are Gaining and Which are Losing Forest*. Our World in Data. 2021년 4월 28일 접속. [https://ourworldindata.org].

9   World Bank (2022). *Bhutan Overview: Development News, Research, Data*. 2022년 2월 28일 접속. [https://worldbank.org]. [옮긴이: 2024년 2월 1일 접속 시 www.worldbank.org/en/home로 리디렉션]

10 Katel, O. (2016). *Addressing Climate Change Concerns in Bhutan Himalaya*. Governance Today. 2023년 1월 16일 접속. [www.governancetoday.co.in/]. [옮긴이: 2024년 2월 1일 접속 시 접속 불가]

11 The Guardian (2014년 7월 24일). *Put a Price on Nature? We Must Stop this Neoliberal Road to Ruin*. By George Monbiot.

12 Hardin, G. (1968). The tragedy of the commons: the population problem has no technical solution; it requires a fundamental extension in morality. *Science*, 162(3859), 1243-1248.

13 Cox, S. J. B. (1985). No tragedy of the commons. *Environmental Ethics*, 7(1), 49-61.

14 Wall, D. (2014). The commons in history: culture, conflict, and ecology. *International Journal of the Commons*, 9(1): 466-468.

15 The Phnom Penh Post (2015년 5월 19일). *Tigers, Cobras Wished on Firm*. By Phak Seangly.

16 Kent, A. (2020년 11월 9일). *The Desertion of Cambodia's Spirits*. New Mandala. 2022년 4월 5일 접속. [https://newmandala.org].

17 Bird-David, N. (1999). 'Animism' revisited: personhood, environment, and relational epistemology. *Current Anthropology*, 40(S1), S67-S91.

18 Borràs, S. (2016). New transitions from human rights to the environment to the rights of nature. *Transnational Environmental Law*, 5(1), 113-143.

19 Ibid.

20 Cullinane, C., and Montacute, R. (2018). *Pay as You Go? Internship Pay, Quality and Access in the Graduate Jobs Market*. London: The

Sutton Trust.

21 Ibid.

22 The Sutton Trust (2019). *Elitist Britain: The Educational Backgrounds of Britain's Leading People.* London: The Sutton Trust.

23 Morgan, A., Clauset, A., Larremore, D., LaBerge, N., and Galesic, M. (2021). *Socioeconomic Roots of Academic Faculty. Preprint.* 2022년 5월 26일 접속. [https://doi.org/10.31235/osf.io/6wjxc]. [옮긴이: 2024년 2월 1일 접속 시 osf.io/preprints/socarxiv/6wjxc로 리디렉션]

24 Webometrics (2022). *Ranking Web of Universities.* 2022년 5월 26일 접속. [https://webometrics.org]. [옮긴이: 2024년 2월 1일 접속 시 접속 불가]

25 Collyer, F. M. (2018). Global patterns in the publishing of academic knowledge: Global North, global South. *Current Sociology,* 66(1), 56-73.

26 Nielsen, M. W., and Andersen, J. P. (2021). Global citation inequality is on the rise. *Proceedings of the National Academy of Sciences,* 118(7), e2012208118.

27 National Geographic (2020년 1월 31일). *Southeast Asia's Most Critical River is Entering Uncharted Waters.* By Stefan Lovgren.

28 Hoang Thi Ha and Farah Nadine Seth (2020). The Mekong River ecosystem in crisis: ASEAN cannot be a bystander. *ISEAS Yusof Ishak Institute Perspective,* 2021(69), 1-9.

29 Seiff, A. (2022). *Troubling the Water: A Dying Lake and a Vanishing World in Cambodia.* Lincoln: University of Nebraska Press.

30 Eyler, B., and Weatherby, C. (2019). *Letters from the Mekong: Toward A Sustainable Water-Energy Food Future in Cambodia.* Washington, DC: The Stimson Center.

31 Ibid.

32 Gerlak, A. K., and Haefner, A. (2017). Riparianization of the Mekong River Commission. *Water International,* 42(7), 893-902.

33 Turnhout, E. (2018). The politics of environmental knowledge. *Conservation and Society,* 16(3), 363-371.

34 Pereira, M. D. M. (2017). *Power, Knowledge and Feminist Scholarship: An Ethnography of Academia.* London: Taylor & Francis.

35 Boisselle, L. N. (2016). Decolonizing science and science education in a postcolonial space (Trinidad, a developing Caribbean nation, illustrates). *Sage Open,* 6(1), 2158244016635257.

36 Lotz-Sisitka, H. B. (2017). Decolonising as future frame for environment and sustainability education. In Corcoran, P., and

Weakland, J. (eds). Envisioning Futures for Environment and Sustainability Education. Wageningen: Wageningen Academic Publishers, 45-62.

37 Merchant, C. (1980). *The Death of Nature: Women, Ecology, and the Scientific Revolution. London: Harper Collins*[한국어판: 캐롤린 머천트, 《자연의 죽음》].

38 Fanon, F. (1970: 18). *Black Skin, White Masks*. London: Pluto Press[한국어판: 프란츠 파농,《검은 피부, 하얀 가면》, 노서경 옮김, 문학동네, 2022].

39 Fanon, F., Sartre, J. P., and Farrington, C. (1963: 188). *The Wretched of the Earth* (Vol. 36). New York: Grove Press[한국어판: 프란츠 파농, 《대지의 저주받은 사람들》, 남경태 옮김, 그린비, 2010].

40 Wa Thiong'o, N. (1992). *Decolonising the Mind: The Politics of Language in African Literature*. Nairobi: East African Publishers.

41 Higham, C., and Kerry, H. (2022). Taking Companies to Court over Climate Change: Who is Being Targeted? LSE Commentary. 2022년 9월 6일 접속. [www.lse.ac.uk/granthaminstitute]

42 Ibid.

6장

1 Nordhaus, W. D. (1991). To slow or not to slow: the economics of the greenhouse effect. Economic Journal, 101(407), 920-937; Ekins, P. (1999). *Economic Growth and Environmental Stewardship: The Prospects for Green Growth*. London: Routledge.

2 Hickel, J., and Kallis, G. (2020). Is green growth possible? *New Political Economy*, 25(4), 469-486.

3 Dittrich, M., Giljum, S., Lutter, S., and Polzin, C. (2012). *Green Economies around the World: Implications of Resource Use for Development and the Environment*. Vienna: Sustainable Europe Research Institute.

4 Hickel, J. (2020). *Less Is More: How Degrowth Will Save the World*. London: Random House[한국어판: 제이슨 히켈, 《적을수록 풍요롭다: 지구를 구하는 탈성장》, 김현우·민정희 옮김, 창비, 2021].

5 Thunberg, G. (2019). *No One Is Too Small to Make a Difference*. London: Penguin.

6 Wallace, J. (2011년 3월 17일). *In Cambodia, Gambling on the Rain*. The Atlantic.

7   The Financial Times (2016년 6월 3일). *Britain Has Had Enough of Experts, Says Gove*. By Henry Mance.

8   Trump, D. J. (2012년 11월 6일). 트윗.

9   Edwards, P. N. (2010). *A Vast Machine: Computer Models, Climate Data, and the Politics of Global Warming*. Cambridge: MIT Press.

10   Demeritt, D. (2001). The construction of global warming and the politics of science. *Annals of the Association of American Geographers*, 91(2), 307-337.

11   Pincebourde, S., Murdock, C. C., Vickers, M., and Sears, M. W. (2016). Fine-scale microclimatic variation can shape the responses of organisms to global change in both natural and urban environments. *Integrative and Comparative Biology*, 56(1), 45-61.

12   Staal, A., Flores, B. M., Aguiar, A. P. D., Bosmans, J. H., Fetzer, I., and Tuinenburg, O. A. (2020). Feedback between drought and deforestation in the Amazon. *Environmental Research Letters*, 15(4), 1-9.

13   Hulme, M. (2009). *Why we Disagree about Climate Change: Understanding Controversy, Inaction and Opportunity*. Cambridge: Cambridge University Press.

14   Ward, B. (2012). *Desperate Shenanigans as Climate Change 'Sceptics' Try to Misrepresent IPCC Report*. Grantham Institute Commentary. 2023년 1월 17일 접속. [www.lse.ac.uk/granthaminstitute/news/desperate-shenanigans-as-climate-change-sceptics-try-to-misrepresent-ipcc-report/].

15   Chow, W., Dawson, R., Glavovic, B., Haasnoot, M., Pelling, M., and Solecki, W. (2022). *IPCC Sixth Assessment Report (AR6): Climate Change 2022-Impacts, Adaptation and Vulnerability: Factsheet Human Settlements*. Geneva: Intergovernmental Panel on Climate Change; Allen, M., Babiker, M., Chen, Y., and de Coninck, H. C. (2018). *IPCC SR15: Summary for Policymakers. In IPCC Special Report Global Warming of 1.5 ℃*. Geneva: Intergovernmental Panel on Climate Change.

16   Smith, J., Tyszczuk, R., and Butler, R. (2014). *Culture and Climate Change: Narratives (Vol. 2)*. Cambridge: Shed.

17   Mann, M. E. (2021). *The New Climate War: The Fight to Take Back our Planet*. London: Hachette UK.

18   Shell (2022). What Sustainability Means at Shell. 2022년 9월 6일 접속. [www.shell.com/sustainability/our-approach/sustainabilityat-shell.html]. [옮긴이: 2024년 2월 1일 접속 시 접속 불가. www.shell.com/

sustainability/our-approach.html에는 접속 가능]

19   BP (2022). *Reimagining Energy for People and our Planet*. 2022년 9월
     6일 접속. [www.bp.com/].

20   Gilbert, K. (2021). *Are Governments at COP26 Guilty of
     'Greenwashing?'* Columbia Business School. 2022년 9월 30일 접속.
     [https://leading.gsb.columbia.edu/].

21   The National (2022년 2월 17일). *UK Government 'Greenwashing to
     Extreme' over North Sea Oil and Gas Production.* By Abbi Garton-
     Crosbie.

22   Mongabay (2022년 3월 15일) *Amazon Deforestation Starts 2022 on
     the Fastest Pace in 14 Years.* By Mongabay.

23   Greenpeace (2021년 11월 19일). *Amazon Deforestation Rate 22%
     Higher Than Last Year.* By Katie Nelson.

에필로그

1   Summers, L. (1991). *The Memo*. World Bank Office of the Chief
    Economist. 2008년 12월 1일 접속. [www.whirledbank.org/
    ourwords/summers.html]. [옮긴이: 2024년 2월 1일 접속 시 접속 불가.
    whirledbank가 철자 오류로 판단돼 www.worldbank.org/ourwords/
    summers.html로 재접속했으며, worldbank.org/404_response.htm로
    리디렉션]

2   Baumeister, R. F., and Juola Exline, J. (1999). Virtue, personality,
    and social relations: self-control as the moral muscle. *Journal of
    Personality*, 67(6), 1165-1194.

3   Fein, H. (1979). *Accounting for Genocide: National Responses and
    Jewish Victimization during the Holocaust*. New York: Free Press.

4   Sultana, F. (2007). Reflexivity, positionality and participatory ethics:
    negotiating fieldwork dilemmas in international research. *ACME: An
    International Journal for Critical Geographies*, 6(3), 374-385.

5   Greenpeace UK (2021). *Trashed: How the UK is Still Dumping Plastic
    Waste on the Rest of the World*. London: Greenpeace UK.

6   Deloitte (2022). *Shifting Sands: Are Consumers Still Embracing
    Sustainability? Changes and Key Findings in Sustainability and
    Consumer Behaviour in 2021*. 2022년 5월 27일 접속. [https://
    deloitte.com]. [옮긴이: 2024년 2월 1일 접속 시 www.deloitte.com/
    global/en.html로 리디렉션]

7   Kantar (2021). Our planet issue: accelerating behaviour change for a

sustainable future. *Public*, 4(10월).

8   Kelman, I. (2020). *Disaster by Choice: How our Actions Turn Natural Hazards into Catastrophes*. Oxford: Oxford University Press.

9   Munasinghe, M., Deraniyagala, Y., Dassanayake, N., and Karunarathna, H. (2017). Economic, social and environmental impacts and overall sustainability of the tea sector in Sri Lanka. *Sustainable Production and Consumption*, 12, 155-169.

10   Berners-Lee, M. (2020). *How Bad are Bananas? The Carbon Footprint of Everything*. London: Profile Books.

11   Senanyake, K. (1993). Causes and mechanism of landslides in Sri Lanka. *International Conference on Environmental Management, Geo-Water and Engineering Aspects*, 323-326.

12   UNISDR (2019). *DesInventar Database*. 2021년 2월 1일 접속. [www.desinventar.lk].

13   Ibid.

14   Yuan, J., Lu, Y., Wang, C., Cao, X., Chen, C., Cui, H., (···) and Du, D. (2020). Ecology of industrial pollution in China. *Ecosystem Health and Sustainability*, 6(1), 1779010.

15   Ntiamoah, A., and Afrane, G. (2008). Environmental impacts of cocoa production and processing in Ghana: life cycle assessment approach. *Journal of Cleaner Production*, 16(16), 1735-1740.

16   Flysjö, A. (2011). Potential for improving the carbon footprint of butter and blend products. *Journal of Dairy Science*, 94(12), 5833-5841.

17   Bananalink.org (2022). *The Problem with Bananas*. 2022년 5월 27일 접속. [www.bananalink.org.uk/].

18   Kantar (2021). Our planet issue: accelerating behaviour change for a sustainable future. *Public*, 4(10월).

19   Mark Dolan, GB News, 2022년 4월 3일.

20   Dyke, J., Watson, R., and Knorr, W. (2021년 4월 22일). *Climate Scientists: Concept of Net Zero is a Dangerous Trap*. The Conversation.

21   The Ecologist (2015년 10월 1일). *For Climate Change Action, we Must Fight Back against the Media Billionaires*. By Donnachadh McCarthy.

22   Parsons, L. (2021). Climate migration and the UK. *Journal of the British Academy*, 9, 3-26.

23   Boas, I. (2021). *Climate Migration Myths*. 'The Battle for the Borders of Climate Science: Agnotology, Epistemology and the Contested Politics of Environmental Ignorance'의 패널 발표, RGS-IBG Annual Conference, September 2021.

24 Nag, P. K., Ashtekar, S. P., Nag, A., Kothari, D., Bandyopadhyay, P., and Desai, H. (1997). Human heat tolerance in simulated environments. *Indian Journal of Medical Research*, 105, 226-234.

25 The Guardian (2022년 8월 18일). *The Century of Climate Migration: Why we Need to Plan for the Great Upheaval*. By Gaia Vince.

26 De Bruyn, B. (2020). The great displacement: reading migration fiction at the end of the world. *Humanities*, 9(1), 1-16.

27 National Oceanic and Aerospace Administration (2022). *Global Monitoring Laboratory: Trends in Atmospheric Carbon Dioxide*. 2022년 5월 27일 접속. [https://gml.noaa.gov/].

28 Skuce, A. G., Cook, J., Richardson, M., Winkler, B., Rice, K., Green, S. A., Jacobs, P., and Nuccitelli, D. (2016). Does it matter if the consensus on anthropogenic global warming is 97% or 99.99%? *Bulletin of Science, Technology & Society*, 36(3), 150-156.

재앙의 지리학

초판 1쇄 펴낸날   2024년 9월 2일
초판 4쇄 펴낸날   2024년 11월 7일
지은이   로리 파슨스
옮긴이   추선영
펴낸이   박재영
편집   임세현·이다연
마케팅   신연경
디자인   조하늘
제작   제이오
펴낸곳   도서출판 오월의봄
주소   경기도 파주시 회동길 363-15 201호
등록   제406-2010-000111호
전화   070-7704-2131
팩스   0505-300-0518
이메일   maybook05@naver.com
X(트위터)   @oohbom
블로그   blog.naver.com/maybook05
페이스북   facebook.com/maybook05
인스타그램   instagram.com/maybooks_05

ISBN   979-11-6873-123-3 03300

만든 사람들
책임편집   임세현
디자인   조하늘